Martina Brandt

Hilfe zwischen Generationen

Martina Brandt

Hilfe zwischen Generationen

Ein europäischer Vergleich

Bibliografische Information der Deutschen Nationalbibliothek
Die Deutsche Nationalbibliothek verzeichnet diese Publikation in der
Deutschen Nationalbibliografie; detaillierte bibliografische Daten sind im Internet über
<http://dnb.d-nb.de> abrufbar.

1. Auflage 2009

Alle Rechte vorbehalten
© VS Verlag für Sozialwissenschaften | GWV Fachverlage GmbH, Wiesbaden 2009

Lektorat: Katrin Emmerich / Tilmann Ziegenhain

VS Verlag für Sozialwissenschaften ist Teil der Fachverlagsgruppe
Springer Science+Business Media.
www.vs-verlag.de

Das Werk einschließlich aller seiner Teile ist urheberrechtlich geschützt. Jede Verwertung außerhalb der engen Grenzen des Urheberrechtsgesetzes ist ohne Zustimmung des Verlags unzulässig und strafbar. Das gilt insbesondere für Vervielfältigungen, Übersetzungen, Mikroverfilmungen und die Einspeicherung und Verarbeitung in elektronischen Systemen.

Die Wiedergabe von Gebrauchsnamen, Handelsnamen, Warenbezeichnungen usw. in diesem Werk berechtigt auch ohne besondere Kennzeichnung nicht zu der Annahme, dass solche Namen im Sinne der Warenzeichen- und Markenschutz-Gesetzgebung als frei zu betrachten wären und daher von jedermann benutzt werden dürften.

Umschlaggestaltung: KünkelLopka Medienentwicklung, Heidelberg
Druck und buchbinderische Verarbeitung: Krips b.v., Meppel
Gedruckt auf säurefreiem und chlorfrei gebleichtem Papier
Printed in the Netherlands

ISBN 978-3-531-16623-0

Danksagung

Hilfeleistungen sind nicht allein Eltern-Kind-Beziehungen vorbehalten und betreffen nicht nur die Haushaltsführung. Auch diese Arbeit und ihre Autorin wurden von einer Reihe unterschiedlichster Unterstützungsleistungen getragen, nicht zuletzt was emotionale, formale, inhaltliche und technische Angelegenheiten angeht. Ich möchte einer Reihe wichtiger Helfer von Herzen danken, und zwar in alphabetischer Reihenfolge:

Franziska Andrä für den unermüdlichen Beistand,
Hans-Jürgen Andreß für die fesselnde Einführung in die quantitative Forschung,
Dirk Brandt für das intragenerationale Verständnis,
Gabriele und Peter Brandt für alles,
Christian Deindl für das allumfassende Dasein,
Andrea Diem für die Lektoratshilfe,
Elinor und Manfred Epple für den fachfremden Blick auf die Materie,
Patrik Ettinger für die Gespräche und den Schuss Galgenhumor,
Klaus Haberkern für die großartige Zusammenarbeit,
François Höpflinger für die zwanglose Förderung und Unterstützung,
Corinne Igel für das Büroteilen der Extraklasse,
Bettina Isengard für die Ruhe und Zuversicht,
Daniela Klaus für den fachkundigen Blick auf die Materie,
Kerstin Neurohr für das spontane Korrektureinspringen,
Peter Rusterholz für das Layout-Auge und die EDV-Unterstützung,
Silke Schneider für die gemeinsame Zeit in & außerhalb der Soziologie,
Stephanie Stuck für die unkomplizierte Hilfe mit dem SHARE,
Marc Szydlik für die fachkundige Begleitung in die Welt der Wissenschaft,
Evelyn Thielmann für das Mitfiebern
und nicht zuletzt *Eleonore Thielmann*.

Außerdem gilt mein Dank allen KollegInnen am Soziologischen Institut der Universität Zürich, wo meine Dissertation und damit die Vorlage für dieses Buch entstanden ist, allen Freunden und Bekannten, die mir zur Seite stehen sowie allen geduldigen Zuhörern, Herausgebern und Gutachtern, die wertvolles Feedback gegeben haben und hier leider namenlos bleiben aber nicht ungenannt sein sollen.

Inhalt

Abbildungsverzeichnis 9
Tabellenverzeichnis 11
Vorwort 12

1 Einleitung 13

2 Solidarität zwischen Generationen 18
    2.1 Ansätze zur Beschreibung intergenerationaler Beziehungen 19
    2.2 Hilfeleistungen in der Familie: Motive und Einflüsse 21
    2.3 Individuelle und familiale Einflüsse auf intergenerationale Hilfe 25

3 Hilferegimes in Europa? 31
    3.1 Kulturell-kontextuelle Strukturen und Familie 32
    3.2 Die Spezialisierungsthese: Staat, Markt und Familie 35
    3.3 Kontextbedingungen für private Unterstützung in Europa 38
    3.4 Intergenerationale Unterstützung und Kontext: Forschungsstand ... 46
    3.5 Hilfe zwischen Generationen in Europa: Hypothesen 50

4 Daten und Methoden 52
    4.1 SHARE 52
    4.2 Die Analyse hierarchischer Daten 56
    4.3 Kritische Betrachtung der Methode 60

5 Geleistete Hilfe und Wohlfahrtsstaat 64
    5.1 Sozial- und Familienpolitik 65
    5.2 Staat, Markt und Hilfe an Eltern 69
    5.3 Staat, Markt und Hilfe an Kinder 84
    5.4 Zwischenfazit 98

6 Erhaltene Hilfe und professionelle Dienste 103
    6.1 Ambulante Pflege und Haushaltshilfe 104
    6.2 Hilfe von Kindern 108

	6.3	Hilfe von Kindern und professionellen Dienstleistern 111
	6.4	Zwischenfazit 124
7		Intergenerationale Hilfe und Kultur 126
	7.1	Familienwerte und Religion 126
	7.2	Hilfe zwischen Eltern und Kindern 131
	7.3	Werte, Normen und Hilfemuster 134
	7.4	Staat, Markt und Unterstützungsmotivationen 138
	7.5	Zwischenfazit 141
8		Fazit 143

Anhang 149
Literatur und Quellen 162

Abbildungsverzeichnis

2.1	Formen intergenerationaler Solidarität	20
2.2	Einflüsse auf intergenerationale Hilfe	24
3.1	Kulturell-kontextuelle Strukturen im Zusammenspiel	34
3.2	Staat, Markt und intergenerationale Hilfe	37
4.1	Hilfe zwischen Eltern und Kindern	55
4.2	Ebenenstruktur	57
5.1	Hilfe an Personen außerhalb des Haushalts	64
5.2	Sozialstaaten im SHARE	68
5.3	Hilfearten an betagte Eltern	69
5.4	Häufigkeit der Hilfe an Eltern	71
5.5	Intensität der Hilfe an Eltern	72
5.6	Staat, Markt und Häufigkeit der Hilfe an Eltern	75
5.7	Staat, Markt und Intensität der Hilfe an Eltern	76
5.8	Hilfearten an erwachsene Kinder	85
5.9	Häufigkeit der Hilfe an Kinder	86
5.10	Intensität der Hilfe an Kinder	87
5.11	Staat, Markt und Häufigkeit der Hilfe an Kinder	91
5.12	Staat, Markt und Intensität der Hilfe an Kinder	92
6.1	Hilfe von Personen außerhalb des Haushalts	103
6.2	Empfangene professionelle Dienste	105
6.3	Zeitliches Ausmaß professioneller Dienste	107
6.4	Hilfearten von erwachsenen Kindern	108
6.5	Häufigkeit der Hilfe von Kindern	109
6.6	Intensität der Hilfe von Kindern	110
6.7	Hilfebedarf (Einschränkungen)	112
6.8	Hilfemix in sieben Ländern	113
6.9	Hilfebedarf und Hilfeempfang	114
6.10	Intensität der Hilfe von Kindern und professionelle Dienste	123

7.1	Familienwerte	127
7.2	Konfessionszugehörigkeit	129
7.3	Religiöse Erziehung und Gebetshäufigkeit	130
7.4	Geben und Nehmen generationenübergreifender Hilfe	132
7.5	Unterstützungsmotivationen	138
7.6	Staat, Markt und Hilfeverpflichtung	139
7.7	Staat, Markt und freiwillige Hilfe	140

Tabellenverzeichnis

3.1 SHARE – Sozialstaatliche Dimensionen im Überblick 45

5.1 Sozial- und familienpolitische Indikatoren 67
5.2 Hilfe an Eltern je Land (M1) 73
5.3 Länderunterschiede zwischen Hilfeleistungen an Eltern (M2) 74
5.4 Staat, Markt und Wahrscheinlichkeit der Hilfe an Eltern (M3) 78
5.5 Staat, Markt und Intensität der Hilfe an Eltern (M4) 82
5.6 Hilfe an Kinder je Land (M5) 88
5.7 Länderunterschiede zwischen Hilfeleistungen an Kinder (M6) 90
5.8 Staat, Markt und Wahrscheinlichkeit der Hilfe an Kinder (M7) 93
5.9 Staat, Markt und Intensität der Hilfe an Kinder (M8) 96

6.1 Länderunterschiede zwischen Hilfeleistungen von Kindern (M9) 111
6.2 Erhaltener Hilfemix (M10) 116
6.3 Hilfe von Kindern und professionelle Dienste je Land (M11) 118
6.4 Hilfe von Kindern und professionelle Dienste (M12) 119
6.5 Kombinationen von Hilfearten 121

7.1 Länderunterschiede generationenübergreifender Hilfe (M13) 133
7.2 Generationenübergreifende Hilfe, Werte und Normen (M14) 136

A.1 Generationenbeziehungen und Wohnformen je Land 149
A.2 Variablen: Opportunitäten und Bedürfnisse der Befragten (G2) 150
A.3 Variablen: Opportunitäten und Bedürfnisse der Eltern (G1) 150
A.4 Variablen: Opportunitäten und Bedürfnisse der Kinder (G3) 151
A.5 Variablen: Familienstrukturen 151
A.6 Variablen: Kulturell-kontextuelle Strukturen 1 (Makro) 152
A.7 Variablen: Kulturell-kontextuelle Strukturen 2 (Mikro) 153
A.8 Beschreibung der Stichprobe M3 (Hilfe an Eltern) 154
A.9 Beschreibung der Stichprobe M7 (Hilfe an Kinder) 156
A.10 Beschreibung der Stichprobe M10 (erhaltener Hilfemix) 158
A.11 Beschreibung der Stichprobe M12 (Hilfe von Kindern) 159
A.12 Beschreibung der Stichprobe M13 (generationenübergreifende Hilfe) 161

Vorwort

Martina Brandt betritt mit ihrem Buch neues Terrain. Im Gegensatz zu Studien, die 'care' allgemein fassen und darunter vor allem Pflegeleistungen subsumieren, beschäftigt sie sich ausdrücklich mit Hilfen unterhalb der Pflegeschwelle. Solche alltäglichen Leistungen wurden bislang noch kaum detailliert in den Blick genommen. Dabei stellen eher kurzfristige Hilfen im Haushalt, bei Gartenarbeiten, Reparaturen und bürokratischen Angelegenheiten bedeutende Unterstützungen dar. Sie erfolgen – ebenfalls im Gegensatz zu medizinisch anspruchsvoller Pflege – zwischen allen Familienmitgliedern zu allen Zeitpunkten und in alle Richtungen. Damit sind sie auch ein wichtiger Teil der Generationensolidarität unter Erwachsenen.

Innovativ an der Studie ist auch, dass sie sich nicht allein auf ein einziges Land bezieht, sondern den internationalen Vergleich sucht. Dabei bietet sie sowohl wichtige komparative Befunde als auch neue Erkenntnisse zu den einzelnen elf europäischen Ländern – von Schweden über Deutschland, Österreich und die Schweiz bis hin zu Griechenland. Ein Ziel des Buches ist es, das Modell intergenerationaler Solidarität auf Hilfen im europäischen Kontext zu übertragen. Dabei wird insbesondere dem Einfluss kulturell-kontextueller Strukturen nachgegangen. Wie wirkt der Wohlfahrtsstaat auf den Generationenzusammenhalt in der Familie? Werden Familienleistungen verdrängt, gefördert, oder existiert vielmehr eine spezifische Kombination aus öffentlichen und privaten Unterstützungen? Es wird nicht nur die Hilfewahrscheinlichkeit, sondern auch deren (Zeit-) Intensität in Abhängigkeit von verschiedenen Faktorengruppen untersucht.

Die Studie ist im Rahmen des vom Schweizerischen Nationalfonds geförderten Forschungsprojektes „Generationen in Europa" an der Universität Zürich entstanden, in dem Generationenbeziehungen unter Erwachsenen im internationalen Vergleich umfassend behandelt werden. Martina Brandts Analysen zu Hilfeleistungen liefern somit auch einen wichtigen Beitrag zur Erschließung der komplexen Bedingungen und Folgen des intergenerationalen Zusammenhalts insgesamt. Ich wünsche dem Buch eine breite Leserschaft.

Zürich, Februar 2009   Marc Szydlik

1 Einleitung

Die Generationenforschung gewinnt innerhalb der Diskussion um die Zukunft des Wohlfahrtsstaates rasant an Bedeutung, kündigen sich doch im Zuge der Bevölkerungsalterung in den meisten europäischen Staaten weitreichende Veränderungen im Generationengefüge an. Dieser gesellschaftliche Wandel birgt sowohl Konfliktstoff als auch Potenziale.

Einerseits scheint der 'Generationenvertrag', auf dem der Sozialstaat gründet, an seine Grenzen zu kommen: Immer weniger Erwerbstätige müssen immer mehr Rentner[1] finanzieren. Zusätzlich tragen steigende Frauenerwerbstätigkeit, Bildungsexpansion und sinkende Geburtenraten ihren Teil dazu bei, dass sich die Versorgungslage in der Familie im Hinblick auf die Unterstützung betagter Personen zu verschärfen droht (vgl. z. B. Bengtson, Achenbaum 1993; Walker 1996). Das Hilfe- und Pflegeaufkommen steigt, während die Versorgungsmöglichkeiten in der Familie langfristig abnehmen (Bender 1994; Höpflinger 2005). Manch einer vertritt sogar die Ansicht, es stehe im Zuge dieser gesellschaftlichen Entwicklungen „außer Frage, dass der Generationengedanke [...] fast völlig verlorengegangen ist. Familie wird nur in ihrer kleinstmöglichen Größe (Eltern mit Kindern) begriffen, wobei sich selbst diese wieder mit der Gründung einer neuen Familie durch die Kinder dialektisch auflöst und somit nicht einmal lebenslangen Bestand hat" (Lee-Linke 1996: 247; s. schon Parsons 1943).

Andererseits lassen sich solche Warnungen vor dem 'Zerfall der Familie' in der individualisierten Gesellschaft (z. B. Schubert 1990: 6f.; Hoffmann-Nowotny 1995) bis zum heutigen Tage empirisch nicht stützen. Im Gegenteil: Trotz weitreichender struktureller Veränderungen herrscht noch immer ein starker Familienzusammenhalt (z. B. Allmendinger et al. 2006). Im Zuge des Rückgangs intragenerationaler und haushaltsgebundener Beziehungen und der gestiegenen gemeinsamen (Lebens-) Zeit gewinnen dabei die Beziehungen zwischen Großeltern, Eltern, Kindern und Enkelkindern an Bedeutung (Nave-Herz 1998; Szydlik 2000; Bengtson 2001): „Nicht das Zusammenwohnen, sondern die Generationsbeziehungen bestimmen den Begriff Familie" (Bertram 2000: 106). Beziehungen zwischen Familiengenerationen bilden die Grundlage des vertikalen Zusammenhalts in der modernen Ge-

---

[1] Im Sinne des Leseflusses wird durchgehend die männliche Form verwendet.

sellschaft und zeichnen sich durch „Intimität auf Abstand" (Rosenmayr, Köckeis 1965) oder „innere Nähe durch äußere Distanz" (Tartler 1961) aus. Vor diesem Hintergrund werden in der folgenden Arbeit Unterstützungsleistungen zwischen erwachsenen Kindern und ihren Eltern in der so genannten „multilokalen Mehrgenerationenfamilie" (Bertram 1997) untersucht. Aus der bisherigen Forschung weiß man, dass „Familienarbeit" (Gerstel, Gallagher 1993: 606) ein anspruchsvoller, aber – noch immer – ganz normaler Teil des Alltags in Familien ist: „Wherever the family persists, family support persists" (Hashimoto et al. 1992: 297). Zwischen Eltern und Kindern werden alle möglichen Unterstützungsarten ausgetauscht, angefangen bei Geldgeschenken über emotionalen Beistand bis hin zu Pflegeleistungen (z. B. Bengtson, Harootyan 1994; Attias-Donfut 2000; Szydlik 2000), und das über den gesamten Lebenslauf und Familienzyklus hinweg (z. B. Norris, Tindale 1994; Brandt et al. 2008; 2009a). Dabei findet aber in der Forschung gerade alltägliche[2] Hilfe zwischen Familiengenerationen wenig Beachtung. Obwohl solche Leistungen ein ausgesprochen wichtiger Teil der Beziehung und des gesamten gemeinsamen Lebens sind, wird die Thematik in der Soziologie in den meisten Fällen in einem Zuge mit der Pflege Angehöriger unter den Stichworten „support", „assistance" oder „care" abgehandelt (z. B. Kleban et al. 1989; Hogan et al. 1993; Qureshi 1996; Lin 2004). Unterstützungsleistungen wie Hilfe und Pflege werden nicht klar voneinander abgegrenzt und definiert (Spitze, Logan 1992), obwohl tatsächlich deutliche Unterschiede existieren.

Körperliche Pflege erfolgt bei einer Bedürftigkeit im Bereich der „activities of daily living" (ADL) und ist dann zumeist regelmäßig notwendig. Hilfe im Sinne tatkräftiger Unterstützung bei „instrumental activities of daily living" (IADL; zum Beispiel Kochen, Putzen, Einkaufen, Regelung der Finanzen) erfolgt auch unregelmäßig und ist an Empfänger gerichtet, die nicht unbedingt einen umfassenden Unterstützungsbedarf aufweisen (Walker et al. 1995). Hilfeleistungen sind also in vielen Fällen nicht vergleichbar mit der Pflege Angehöriger. Letztere ist häufig (lebens-) notwendig und erfordert tagtägliche Präsenz. Hilfeleistungen hingegen können auch sporadisch und allein aus Zuneigung, Dankbarkeit oder im Sinne der Gegenseitigkeit erfolgen, wenn keine aktuelle Notwendigkeit besteht. Aufgrund der Fokussierung intensiver Pflegeleistungen geht es in nahezu allen Studien um die Unterstützung, die betagten Menschen zuteilwird, wobei zudem häufig nur eine Hauptunterstützungsperson Berücksichtigung findet. Die Untersuchung von Hilfe erlaubt demgegenüber, die Alten und Älteren als 'aktive' Familienmitglieder zu betrachten. In Zeiten verbesserter medizinischer Versorgung und mit dem Anstieg behinderungsfreier Lebensjahre (Höpflinger, Hugentobler 2003) stellt sich nämlich

---

[2] Der Begriff 'alltäglich' bedeutet hier 'im Alltag anzutreffen', impliziert also keine bestimmte Regelmäßigkeit von Hilfe.

auch im Sinne der viel besprochenen „Generationengerechtigkeit" (z. B. Liebig, Scheller 2007) die (Gegen-) Frage: Wie engagiert sind die Alten und Mittelalten, wenn es um tatkräftige Hilfe an ihren erwachsenen Nachwuchs geht?

An diesen Punkten setzt die folgende Arbeit an: Wie solidarisch verhalten sich Familiengenerationen in Europa hinsichtlich alltäglicher Hilfe bei der Haushaltsführung? Welche Einflussfaktoren auf Beziehungs- und Familienebene bestimmen, *ob* und *wie intensiv* Hilfeleistungen in einer Eltern-Kind-Beziehung erbracht werden? Sind es auch hinsichtlich praktischer Hilfe zwischen Generationen vorwiegend die Frauen, denen die 'kinkeeper'-Rolle zukommt? Welchen Einfluss haben Bildung und Einkommen auf Hilfeleistungen? Wie hängen Wohndistanz und Hilfe zusammen? Auf welche Weise beeinflusst Krankheit das Geben und Nehmen in der Familie? Teilen Geschwister Hilfeleistungen an Eltern untereinander auf? Wie wirkt sich eine Familiengründung der Kinder auf Hilfe von den alternden Eltern aus? Sind intergenerationale Hilfeleistungen über den gemeinsamen Lebenslauf ausbalanciert? Sollten sich Unterschiede zwischen Beziehungen, Individuen und Familien finden lassen, die auf ungleich verteilte Ressourcen (oder genauer Bedürfnis-, Opportunitäts- und Familienstrukturen; Szydlik 2000; 2008) zurückzuführen sind, können Hinweise auf die Versorgungs- und Versorgerlage von Alt und Jung, verschiedenen Sozialschichten und Geschlechtern abgeleitet werden. Das Thema soziale Ungleichheit wurde schon häufig im Zusammenhang mit finanziellen Transfers und Erbschaften (z. B. Motel, Szydlik 1999; Szydlik 1999; 2004; Szydlik, Schupp 2004; Künemund et al. 2005), und seltener im Bezug auf Pflege (z. B. Blinkert 2005; Bauer, Büscher 2008) in den Blick genommen – aber noch nie in Verbindung mit alltäglichen Hilfeleistungen gebracht.

Gerade in Zeiten gesellschaftlichen Wandels ist zudem der Einfluss „kulturell-kontextueller Strukturen" (Szydlik 2000) auf Generationenbeziehungen von besonderem Interesse. Man ist sich weitgehend einig, dass der gesellschaftliche (wirtschaftliche, politische, kulturelle) Kontext – direkt und indirekt – eine bedeutende Rolle für intergenerationale Beziehungen spielt (z. B. Höllinger, Haller 1990; Hashimoto et al. 1992). Das Verhalten von Individuen hängt nicht nur von persönlichen Eigenschaften und familialen Hintergründen ab, sondern eben auch von ihrer Einbindung in die Gesellschaft und von den gesellschaftlichen Rahmenbedingungen. Die zentralen Stichworte lauten dabei 'Staat' (1), 'Markt' (2) und 'Kultur' (3).

(1) „The state may have a direct influence on the quality of intergenerational relations within the family by the sorts of welfare policies it adopts" (Pfau-Effinger 2005: 28). Hinsichtlich des Wohlfahrtsstaatskontextes lassen sich in den letzten Jahrzehnten weitreichende Veränderungen in Europa feststellen. Angestoßen durch die demografische Entwicklung in nahezu allen westlichen Gesellschaften fokussieren wohlfahrtsstaatliche Instrumente heute verstärkt den (fehlenden) Nachwuchs und die (zunehmend kritische) Versorgungslage älterer Menschen, wobei die europäischen Staaten jedoch ganz unterschiedliche Pfade eingeschlagen haben. Wie sich

welche sozialpolitischen Strategien aber konkret auf Generationenbeziehungen auswirken, bleibt noch immer der – politischen und wissenschaftlichen – Spekulation überlassen: Kann Solidarität zwischen Generationen im Sinne familialer Hilfe durch die wohlfahrtsstaatlichen Rahmenbedingungen gefördert werden („crowding in")? Oder ist es – wie die durch Ökonomen geprägte „crowding out"-These vorhersagt – wahrscheinlicher, dass sich Familienmitglieder aus der gegenseitigen Verantwortung zurückziehen, wenn der Staat mehr Unterstützung für Familien anbietet (vgl. z. B. Künemund, Rein 1999; Reil-Held 2006)?

(2) In diesem Zusammenhang sind nicht nur staatliche Ausgaben und Unterstützungsangebote für Familien von Belang. Wenn es um den Einfluss öffentlicher Unterstützung auf familiale Leistungen geht, müssen alle verfügbaren Alternativen berücksichtigt werden, und dazu gehören eben auch (semi-) privatwirtschaftliche soziale Dienste, die am Markt angeboten werden – ein neues Forschungsgebiet in der Wohlfahrtsstaatsforschung (Alber 1995b), das auch für die Generationenforschung fruchtbar gemacht werden kann.

(3) Auch im Bereich der Kultur eröffnet sich ein weites Forschungsfeld: So existieren zwar Beschreibungen der (Familien-) Kulturen in den europäischen Staaten (z. B. Reher 1998; Gerhards, Hölscher 2006). Die Auswirkungen kultureller Unterschiede auf die Gestaltung von Generationenbeziehungen bleiben aber bis heute weitgehend unterbelichtet. Dabei dürften diese mannigfaltig sein, ist doch Kultur einerseits eine wichtige Grundlage politischer, wirtschaftlicher und gesellschaftlicher Entwicklungen, und hat andererseits direkte Auswirkungen auf individuelles Verhalten (van Oorschot et al. 2008b).

Die komparative Untersuchung von Generationenbeziehungen kann konkrete Hinweise darauf liefern, wie Gesellschaften mit dem viel diskutierten „Generationenproblem" (z. B. Leisering 2002) umgehen können. Daher werden in dieser Arbeit auf Basis des Survey of Health, Ageing and Retirement (SHARE) Hilfeleistungen zwischen erwachsenen Generationen in elf europäischen Ländern (Belgien, Dänemark, Deutschland, Frankreich, Griechenland, Italien, Niederlande, Österreich, Schweden, Schweiz und Spanien) verglichen. Die Untersuchung reiht sich in eine Serie aktueller Arbeiten zum Thema Familiengenerationen in Europa mit den SHARE-Daten (z. B. Ogg, Renaut 2006; Albertini et al. 2007; Bonsang 2007; Hank 2007) ein. Keine dieser Studien beschäftigt sich jedoch detailliert mit praktischen Hilfeleistungen auf Beziehungs- oder Dyadenebene. Zudem existieren zum jetzigen Zeitpunkt noch keine Analysen, die Wahrscheinlichkeit und Intensität der Unterstützung zwischen Familiengenerationen direkt auf öffentliche und privatwirtschaftliche Leistungen sowie den kulturellen Kontext zurückführen.

Nachdem alltägliche Hilfe als ein Indikator für Solidarität zwischen Generationen begrifflich, theoretisch und empirisch eingeordnet wurde (Kapitel 2), steht der Einfluss kulturell-kontextueller Strukturen auf solche Unterstützungsleistungen in Europa im Zentrum (Kapitel 3). Die Erfassung der Mehrebenenstruktur ist eine theoretische, methodische und technische Herausforderung an diese Arbeit: Nach der Verknüpfung von Konzepten wie Kultur oder Wohlfahrtsstaat (Makro) mit Familienstrukturen (Meso) und individuellem Verhalten (Mikro) werden Indikatoren herausgearbeitet, die in multivariaten Mehrebenenmodellen hinsichtlich ihrer Auswirkungen auf Generationenhilfe untersucht werden. Im Anschluss an die Beschreibung der verwendeten Daten und Methoden (Kapitel 4) werden diese Mehrebenenmodelle präsentiert; und zwar im Hinblick auf Hilfe der befragten mittleren Generation (G2) für ihre betagten Eltern (G1, Abschnitt 5.1) und für ihre erwachsenen Kinder (G3, Abschnitt 5.2) sowie Hilfe, die die Befragten von ihren erwachsenen Kindern erhalten (Kapitel 6). Dabei wird nicht nur die Wahrscheinlichkeit von Hilfeleistungen, sondern auch ihre zeitliche Intensität in Abhängigkeit von verschiedenen Kontextstrukturen (Staat und Markt) unter die Lupe genommen. Im letzten empirischen Kapitel 7 erfolgt eine Integration der Ergebnisse anhand der Untersuchung generationenübergreifender Hilfeleistungen im Drei-Generationen-Kontext. Hierbei geht es um das Zusammenspiel von Geben und Nehmen in der Familie unter besonderer Berücksichtigung von kulturellen Strukturen (Werte und Normen). Eine abschließende Diskussion erfolgt im Fazit (Kapitel 8).

2 Solidarität zwischen Generationen

„Die Beschäftigung mit Generationen hat Konjunktur" (Szydlik 2000: 19). Dies verwundert nicht, berührt doch die Diskussion um Generationen in Familie und Gesellschaft eine Vielzahl brisanter und gesellschaftlich relevanter Themen: Aus mikrosoziologischer Sicht sind dies Erziehung und Sozialisation, Autonomie und Abhängigkeit, Emotionalität und Zusammengehörigkeit, Geschlechterrollen und Arbeitsteilung sowie letztlich die Ressourcenausstattung und damit auch die Lebenschancen des Einzelnen über den gesamten Lebenslauf. Familie ist die 'Keimzelle der Gesellschaft', und aus makrosoziologischer Perspektive sind Fragen des sozialen Zusammenhalts, der Gleichstellung und der Ressourcenverteilung zwischen Alt und Jung wichtige Felder der Generationenforschung. Unabhängig davon, um welchen Zusammenhang es geht und welchen Generationenbegriff man zugrunde legt: Jedes menschliche Leben findet im Generationenkontext statt (Höpflinger 1999: 9).

Als 'Generation' werden seit Karl Mannheim (1928) sowohl „historisch-soziale Gruppierungen" als auch „Abstammungsfolgen in der Familie" bezeichnet (Liebau 1997: 20). Es lassen sich demnach zwei Ebenen unterscheiden: Auf der gesellschaftlichen Ebene spricht man von Generationenverhältnissen, also die „für die Beteiligten nicht unmittelbar erfahrbaren, im wesentlichen durch *Institutionen des Sozialstaats vermittelten Zusammenhänge* zwischen den Lebenslagen und kollektiven Schicksalen unterschiedlicher Altersklassen oder Kohorten" (Kaufmann 1993: 97, Hervorh. im Orig.). Auf der Mikroebene hingegen stehen Generationenbeziehungen im Vordergrund: „Wie auch immer Familien im einzelnen leben und ihren Alltag organisieren, so basieren sie auf Generationenbeziehungen zwischen Kindern, Eltern und Großeltern, bei denen alle Beteiligten im Grundsatz bereit sind, füreinander zu sorgen, ohne dafür eine unmittelbare Belohnung zu erwarten" (Bertram 2000: 101). „Familiale Generationen" lassen sich als vermittelnde Instanz zwischen Individuum und Gesellschaft untersuchen und geben über die Zeit Aufschluss über weitreichende gesellschaftliche Entwicklungen („gesellschaftliche Generationen", z. B. Kohli, Szydlik 2000).

Im Folgenden wird zunächst beleuchtet, wie sich Beziehungen zwischen familialen Generationen generell beschreiben und untersuchen lassen. Nach der Darstellung unterschiedlicher Forschungsperspektiven werden Hilfeleistungen zwischen Generationen als Ausdruck von Solidarität eingeordnet (Abschnitt 2.1). Im Anschluss daran werden mögliche Hilfemotive und Einflussfaktoren auf Beziehungs-,

Personen- und Familienebene aus der bisherigen Forschung abgeleitet (Abschnitt 2.2), die im letzten Abschnitt des Kapitels (2.3) in Hypothesen gebündelt werden, bevor es in Kapitel 3 um den Einfluss kulturell-kontextueller Strukturen auf intergenerationale Hilfeleistungen geht.

2.1 Ansätze zur Beschreibung intergenerationaler Beziehungen

Die Beziehungen zwischen Enkeln, Kindern, Eltern und Großeltern kann man auf vielerlei Arten erfassen und beschreiben. In der Literatur finden sich im Wesentlichen drei Forschungsperspektiven im Bezug auf „familial-verwandtschaftliche" und „historisch-gesellschaftliche" Generationen: „negative Interdependenz (Generationenkonflikt)", „positive Interdependenz (Generationensolidarität)" und „Independenz/Unabhängigkeit (Segregation der Generationen)" (Höpflinger 1999: 22). Dabei geht es also um die Frage, in welcher Form Eltern, Kinder und Kindeskinder oder auch Jung und Alt miteinander in Verbindung stehen. Ist die Beziehung zwischen Generationen vorwiegend solidarisch, konflikthaft, oder gar in ihrer Auflösung begriffen?

Lüscher und Pillemer (1998) schlagen vor, in diesem Zusammenhang von der „Generationenambivalenz" auszugehen, da Konflikt und Harmonie Dimensionen einer Beziehung sein können, die sich nicht gegenseitig ausschließen. So ist es beispielsweise möglich, dass ein Kind zwar die finanzielle, emotionale oder auch tatkräftige Unterstützung der Eltern in der Ausbildungszeit wertschätzt, aber gleichzeitig gerade aufgrund der Abhängigkeit von elterlicher Hilfe einen Leistungsdruck verspürt, der zu Konflikten führt und die Beziehung zu den Eltern belastet. Ambivalenzen entstehen aufgrund von Gegensätzen und Spannungen auf der Ebene sozialer Strukturen, aber auch im Hinblick auf Emotionen und Motivationen (Höpflinger 1999). Gerade Generationenbeziehungen bewegen sich zwischen Kontinuität und Wandel, Autonomie und Abhängigkeit, Normen und Opportunitäten, Verpflichtung und Eigeninteressen, und sind damit inneren (personellen) und äußeren (institutionellen) Spannungen ausgesetzt (Lüscher 2002).

Ambivalenzansatz und Solidaritätsperspektive widersprechen einander keineswegs.[3] Die Beziehungen zwischen Generationen in der Familie sind geprägt von Solidarität, dem „Prinzip gegenseitiger sozialer Hilfe und wechselseitigem sozialem

---

[3] Für Lüscher (2002: 590) ist Solidarität im Sinne von Harmonie ein der Ambivalenz untergeordneter Begriff, und Konsensorientierung ein Weg, mit Ambivalenzen umzugehen. Die Solidaritätsforschung berücksichtigt (mögliche) Ambiguitäten insofern, als – entsprechend der personellen und der institutionellen Dimension im Ambivalenzkonzept – unterschiedliche Bedürfnis- und Opportunitätslagen der Beziehungspartner, wie auch strukturelle Bedingungen (Familie und Kontext) als wichtige Einflüsse auf die Beziehung aufgefasst werden. Zur Verbindung der beiden Konzepte s. z. B. Steinbach (2008).

Austausch" (Höpflinger et al. 2008). Solidarische Beziehungen können jedoch nicht per se als harmonisch gelten: Je enger die Beziehung und je größer die Erwartungen aneinander, desto höher ist die Wahrscheinlichkeit von Spannungen und Konflikten. „Harmonie und Konflikt sind somit zwei Seiten derselben Medaille Solidarität" (Szydlik 2000: 41).

Im Folgenden gilt die Konzentration vor allem der Generationensolidarität, die im Hinblick auf die Wahrscheinlichkeit von Hilfeleistungen zwischen Generationen die größte Erklärungskraft verspricht. Solidarität als Basis von Generationenbeziehungen kann als multidimensionales latentes Konstrukt verstanden werden (van Gaalen, Dykstra 2006). Ein umfassendes Solidaritätsmodell unter Berücksichtigung sechs verschiedener Dimensionen entwerfen Bengtson und Kollegen (assoziativ, affektuell, konsensuell, funktional, normativ und strukturell; Bengtson, Schrader 1982).

Abbildung 2.1   Formen intergenerationaler Solidarität

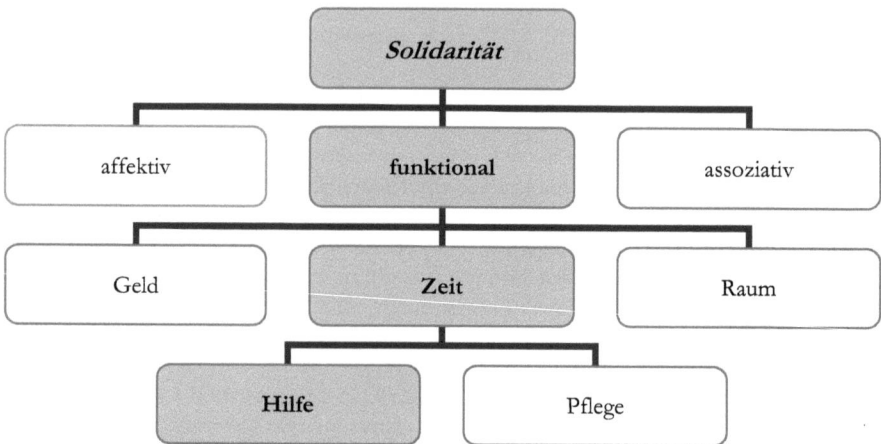

Quelle: Eigene Darstellung auf Basis von Szydlik (2000).

Auf Basis der Kritik, diese Typologisierung differenziere nicht zwischen Solidaritätsausdruck und Solidaritätspotenzial, lassen sich drei Hauptausprägungen herauskristallisieren: die affektive Solidarität (Zusammengehörigkeitsgefühl), die funktionale Solidarität (Geben und Nehmen von Geld, Zeit und Raum) und die assoziative Solidarität (gemeinsame Aktivitäten; Szydlik 2000: 34ff.). Dabei werden normative, konsensuelle und strukturelle Beziehungskomponenten nicht als Ausdruck eines Verbundenheitsgefühls, sondern als Potenzial für aufeinander bezogene solidarische Handlungen eingestuft. Familiale Werte, geteilte Überzeugungen, aber auch strukturelle Aspekte wie beispielsweise die Wohnentfernung oder die Zahl der

Nachkommen werden demnach als exogene Variablen eingeordnet, welche solidarisches Verhalten erleichtern oder behindern.

In Abbildung 2.1 werden die drei zentralen Solidaritäts(unter)formen in einem Organigramm dargestellt. Der Austausch von Zeit ist dabei ein Schlüsselaspekt der Familiensolidarität (Bengtson, Mangen 1988: 228). 'Hilfe' ist im Modell als Oberbegriff und in dieser Arbeit als spezifische zeitliche Unterstützungsleistung gemeint, nämlich als 'alltägliche Hilfe bei der Haushaltsführung'. Diese Unterstützungsform wird in Abgrenzung zu (körperbezogenen) Pflegeleistungen betrachtet (s. hierzu Brandt, Haberkern 2008; Brandt et al. 2009b; z. B. Haberkern, Szydlik 2008). Sie unterscheidet sich aber auch von anderen zeitlichen Solidarleistungen wie zum Beispiel der Betreuung der Enkelkinder, die in einem triadischen Generationenzusammenhang stattfindet (s. z. B. Hank, Buber 2009; Igel 2008, Igel et al. 2009), oder finanziellen Leistungen zwischen Eltern, Kindern und Enkeln (s. z. B. Deindl, Szydlik 2008) sowie der Vergabe von (Wohn-) Raum (s. z. B. Isengard 2008). Hilfeleistungen zwischen Eltern und Kindern umfassen in dieser Arbeit tatkräftige Unterstützung bei Haushaltstätigkeiten wie Putzen oder Kochen, bei Einkäufen, Reparaturen und der Gartenarbeit oder auch bei der Regelung finanzieller und rechtlicher Angelegenheiten, zum Beispiel im Umgang mit Behörden oder bei der Bezahlung von Rechnungen

2.2 Hilfeleistungen in der Familie: Motive und Einflüsse

Alltägliche Hilfe zeichnet sich verglichen mit anderen praktischen Unterstützungsleistungen wie zum Beispiel der Pflege dadurch aus, dass sie von allen Familienmitgliedern zu allen Zeitpunkten und in allen Lebenslagen geleistet werden kann (z. B. Schwarz 2000; Silverstein et al. 2002) – und so auch von älteren Menschen geleistet wird (z. B. Gallagher 1994; Ingersoll-Dayton et al. 2001). Hilfe erstreckt sich über den gesamten Familienzyklus und „im Alltag existieren bisher keine Alternativen zu den langfristigen Hilfeverflechtungen im Beziehungsfeld der Familie" (Schubert 1990: 189).

Warum aber sind Familiengenerationen über den gesamten gemeinsamen Lebenslauf hinweg solidarisch und helfen sich gegenseitig? Aus psychologischer Perspektive wird hinsichtlich der Unterstützung älterer Eltern zum einen auf Bindungsstile und -repräsentationen rekurriert, und erklärt: Je sicherer und besser die Bindung, desto eher wird ein Kind im Erwachsenenalter die Betreuung der bedürftigen Eltern übernehmen. Zuneigung und emotionale Motive sind demnach wichtige Faktoren, die intergenerationale Unterstützung mitbestimmen. Zum anderen werden die Konzepte der „filialen" und der „parentalen Reife" beschrieben, die die Grundlage dafür sind, dass mit dem Altern der Eltern ein verändertes Austauschverhältnis zwischen Eltern und Kindern zum Ausdruck kommen kann. Abhängig vom Grad der Reife übernehmen die Kinder beispielsweise die Unterstützung für ihre Eltern im Alter, mit unterschiedlichen (emotionalen) Konsequenzen (Ziegler 2000). Zudem spielen zwischen Eltern und erwachsenen Kindern Autonomiebestrebungen – auch aus Sicht der Eltern – eine immer wichtigere Rolle (Daatland 1990: 11; Tornstam 1992: 142f.). Allerdings wird im Lichte der „intergenerational stake"-Hypothese darauf hingewiesen, dass die Einschätzung des gegenseitigen Zusammenhalts durch Eltern und Kinder durchaus systematisch differieren kann. Eltern sind üblicherweise (auch heute noch) stärker an der Kontinuität der Bindung zu den Kindern interessiert als umgekehrt, und bewerten somit die Beziehung tendenziell besser als ihr Nachwuchs (z. B. Bengtson, Kuypers 1971; Bengtson et al. 1995; Trommsdorff, Schwarz 2007).[4]

Aus soziologischer Sicht werden vor allem die in der psychologischen Forschung unterbelichteten normativen Aspekte familialer Unterstützungsleistungen in den Blick genommen, denen jedoch keine determinierende Wirkung zugeschrieben wird. Vielmehr beeinflussen Normen auf individuellen Motiven basierende Handlungen und den Austausch von Unterstützungsleistungen. Dallinger (1997) entwirft im Zusammenhang mit der Pflegeübernahme für Ältere das Bild des „pragmatischen Moralisten": Kinder gehen mit rationalem Kalkül vor, und entscheiden pragmatisch, ob und unter welchen Umständen sie familialen Solidaritätsnormen Folge leisten. Hilfeleistungen werden nämlich abgesehen von den Bedürfnissen der Empfänger auch durch Verpflichtungsgefühle und Reziprozitätserwartungen beeinflusst (Künemund, Rein 1999: 95f.).

Reziprozität oder „die Logik des Gebens, Nehmens und Erwiderns" (Adloff, Mau 2005: 9) spielt zwar in ihrer direkten, unmittelbaren Form als gegenseitiger Austausch zeitnaher äquivalenter Leistungen gerade in der Familie eine eher untergeordnete Rolle.[5] Eine weniger restriktive, generalisierte Form der Reziprozität kann aber durchaus auch in Verwandtschaftsbeziehungen zum Ausdruck kommen, wenn Kinder beispielsweise Vorleistungen der Eltern in Form von Pflegeleistungen im Alter zumindest teilweise 'vergelten' (Hollstein 2005b: 192f.). „The norm of reciprocity so structures social relations that, between the time of Ego's provision of a gratification and the time of Alter's repayment, falls the shadow of indebtedness" (Gouldner 1960: 174). Die Reziprozitätsnorm gilt unter diesen Umständen sogar in (momentan) asymmetrischen Beziehungen, wie denjenigen zwischen pflegebedürftigen Eltern und erwachsenen Kindern.[6] Dabei stehen die Beziehung und die Be-

---

[4] Das ändert zwar nichts an den Motiven, wohl aber an den empirischen Ergebnissen je Generation.

[5] Hierbei muss unterschieden werden zwischen der Reziprozitätsnorm, Reziprozitätsmotiven und ihrer Umsetzung. In dieser Arbeit wird die Reziprozitätsnorm als ein Motiv für den empirisch gemessenen Austausch von Leistungen zwischen Eltern und Kindern gesehen, der aber auch ökonomisch motiviert sein kann.

[6] Gouldner (1960: 178) selbst verneint dies allerdings.

dürfnisse und Möglichkeiten der Tauschpartner im Vordergrund, nicht der ausgeglichene Austausch an sich (Hollstein 2005b: 195f.). Außerdem kommen in einer Solidargemeinschaft wie der Familie auch indirekt reziproke Gaben vor, beispielsweise aus einer Verpflichtung zur Gegenleistung, wenn ein anderes Familienmitglied etwas erhalten hat (Hollstein 2005b: 197ff.). Dies liegt vor allem daran, dass Familienbeziehungen im Unterschied zu denjenigen zu Freunden, Bekannten, Kollegen oder Nachbarn langfristige und zumeist verlässliche Bindungen sind, in denen die aktuelle Ausgeglichenheit der Leistungen vergleichsweise weniger Bedeutung hat. So werden Beziehungen zwischen Familienmitgliedern über den Lebenslauf hinweg häufig als reziprok empfunden, selbst wenn in Momentaufnahmen kein Austausch stattfindet (Alt 1994).

Eine Verbindung der erläuterten Erklärungsstränge – allerdings für generatives Verhalten – bietet der Value-of-Children-Ansatz (VOC). Dieser auf dem Theorem rationalen Handelns basierende Ansatz berücksichtigt normative, wirtschaftlich-instrumentelle und emotionale Motive, um die Entscheidung für ein Kind zu erklären (Trommsdorf, Nauck 2005). Kinder werden in dieser Theorie als Gut betrachtet, das eine soziale Produktionsfunktion („social production function") hat, indem es das psychische Wohlbefinden und das Selbstbewusstsein der Eltern und damit den subjektiven Nutzen („subjective utility") steigern kann. Zudem wird auch darauf eingegangen, inwieweit strukturelle Gegebenheiten diese individuellen Entscheidungsprozesse rahmen und beeinflussen: „The respective social production functions within the social contexts determine the (positive) value of children and their potential benefits [...]" (Nauck 2006: 14). Dieser Ansatz eignet sich also besonders für international vergleichende Fertilitätsstudien. Die VOC-Überlegungen lassen sich aber auch in Verbindung mit Unterstützungsleistungen zwischen Generationen bringen. Warum sich Personen für ein Kind entscheiden und eine solch langfristige Verpflichtung eingehen, hat unter anderem damit zu tun, inwieweit ein späterer Nutzen, zum Beispiel in Form von Unterstützung, vom Nachwuchs erwartet wird.

Nicht nur die soziale Rahmung und der erwartete Nutzen, auch Eigenschaften der Beziehung und der Familie beeinflussen Entscheidungen wie die Familiengründung, aber auch Hilfeleistungen zwischen Generationen. Dies wird im „heuristischen Modell familialer Generationensolidarität" berücksichtigt, nach dem intergenerationale Solidarität durch Opportunitäts- und Bedürfnisstrukturen sowie familiale und kulturell-kontextuelle Strukturen beeinflusst wird (Szydlik 2000: 45). Opportunitätsstrukturen reflektieren hierbei Gelegenheiten oder Ressourcen für Solidarität. Sie „ermöglichen, fördern, behindern oder verhindern soziale Interaktion" (Szydlik 2000: 44). Bedürfnisstrukturen verweisen auf den individuellen Solidaritätsbedarf, zum Beispiel aufgrund gesundheitlicher Beeinträchtigungen. Die Beziehung zwischen den Generationen ist in familiale Strukturen eingebettet – dabei spielt beispielsweise die Kinder- und Geschwisterzahl eine wichtige Rolle. Damit ist auch der Lebenslaufaspekt von Generationenbeziehungen im Sinne lebenslaufbezogener

Ereignisse, die im Zusammenhang mit Opportunitäts-, Bedürfnis- und Familienstrukturen stehen, ins Modell integriert. Nicht zuletzt sind es die kulturell-kontextuellen Strukturen, die gesellschaftliche oder gruppenspezifische Bedingungen repräsentieren, innerhalb derer sich Familien- und Generationenbeziehungen entwickeln und ausdrücken.

Abbildung 2.2   Einflüsse auf intergenerationale Hilfe

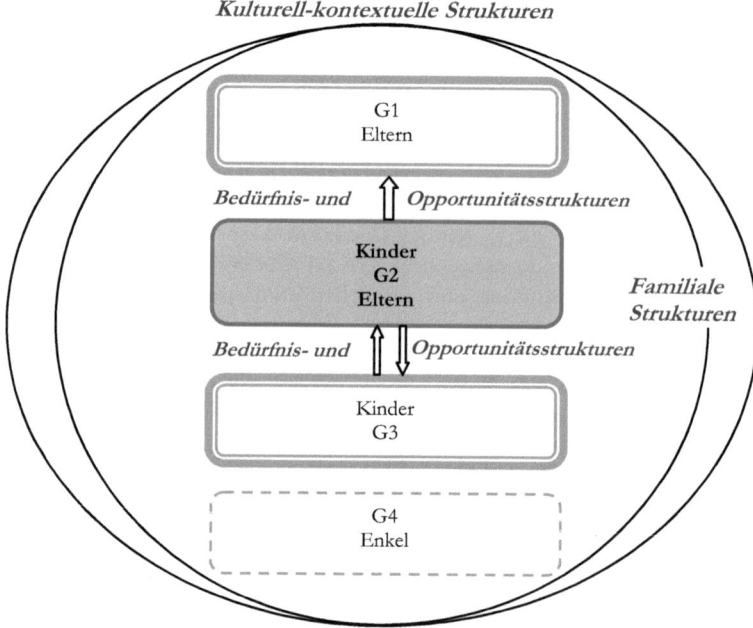

Quelle: Eigene Darstellung auf Basis von Szydlik (2000).

Hierbei stehen im Prinzip alle verschiedenen Ebenen in Verbindung miteinander: Der Kontext beeinflusst sowohl die Familie als auch die Bedürfnisse und Möglichkeiten der Individuen. So werden zum Beispiel in einer Gesellschaft, in der der Nachwuchs als Altersvorsorge und Arbeitskraft benötigt wird, durchschnittlich mehr Kinder geboren als in modernen Sozialstaaten, wo der rein ökonomische Wert von Kindern abgenommen hat oder Kinder sogar zur finanziellen Belastung geworden sind. Die Zahl der Geschwister hat wiederum Auswirkungen darauf, wie viel das einzelne Kind mithelfen muss, und welche Möglichkeiten die Eltern ihrem Nachwuchs beispielsweise hinsichtlich der Ausbildung bieten können. Familienstrukturen haben aber zum Beispiel auch Einfluss auf die Tatsache, ob und inwiefern der Staat in das Familienleben eingreift oder vielmehr einzugreifen versucht (s. z. B. gerade die niedrigen Geburtenraten in den westlichen Industrienationen). Unterstützungsmotive wie Verpflichtungsgefühle und Reziprozitätsnormen hängen einerseits mit kulturell-kontextuellen Strukturen wie sozialen Werten und Normen zusammen, und andererseits mit individuellen Opportunitäten und Bedürfnissen, die Gaben und Gegengaben ermöglichen oder behindern. Zudem beeinflussen sich natürlich auch Möglichkeiten und Bedürfnisstrukturen der Familienmitglieder gegenseitig und sind im Einzelfalle gar nicht zu trennen: Eine Person, die finanziell gut gestellt ist, hat mehr Möglichkeiten, Dienstleistungen für den eigenen Bedarf oder auch für Familienangehörige einzukaufen. Damit eröffnet sich allen Familienmitgliedern wiederum mehr Raum für gemeinsame Aktivitäten, die nicht bedarfszentriert sind.

In Abbildung 2.2 wird dieses Modell schematisch dargestellt, und zwar angepasst an die folgenden empirischen Analysen, die sich mit dem Einfluss der unterschiedlichen Faktorengruppen auf Hilfe zwischen Befragten (G2) und ihren Kindern (G3) sowie Hilfe an die Eltern (G1) befassen. Die verschiedenen Einflussfaktoren müssen letztendlich in ihrem Zusammenspiel betrachtet werden. Aus dem dargestellten Modell in Verbindung mit Ergebnissen empirischer Studien werden im folgenden Abschnitt 2.3 Einflüsse auf das Hilfeverhalten zwischen Eltern und ihren Kindern auf Individual-, Beziehungs- und Familienebene abgeleitet.

Einerseits soll auf Basis der daran anschließenden Erwartungen in eigenen empirischen Analysen geprüft werden, inwieweit sich das oben beschriebene Modell auf intergenerationale Hilfe im europäischen Rahmen übertragen lässt, beziehungsweise ob individuelle und familiale Einflussfaktoren in allen Untersuchungsländern vergleichbare Auswirkungen auf intergenerationale Hilfe haben. Andererseits müssen Mikro- und Meso-Zusammenhänge erfasst werden, um den (übrigen) Einfluss des Kontextes auf Hilfebeziehungen zwischen Generationen adäquat untersuchen zu können, der in Kapitel 3 zunächst theoretisch im Zentrum steht.

2.3 Individuelle und familiale Einflüsse auf intergenerationale Hilfe

Geht es um alltägliche Hilfeleistungen zwischen Generationen, sind empirische Studien bisher eher rar und kommen je nach Untersuchungsanlage zu sehr unterschiedlichen Ergebnissen. So rangiert beispielsweise der Anteil der Beziehungen zwischen betagten Eltern und ihren Kindern, in denen Hilfeleistungen erfolgen, je nach Hilfeart und -richtung, Zeitraum, Alter, Kohorte und befragter Generation allein in nordamerikanischen Studien zwischen 10 und 85 Prozent (Rosenthal, Stone 1999). Weder das „Kaskadenmodell" (Transfers fließen von Alt nach Jung) noch das „Sandwichmodell" (die mittlere Generation versorgt Alt und Jung) kann für alle

Unterstützungsarten über die gemeinsame Lebenszeit bestätigt werden (Diewald 1994: 129f.). Kein verwunderliches Ergebnis, sind solche Modelle doch statisch und fokussieren eine bestimmte Phase im Beziehungsverlauf. Für eine treffende Beschreibung von Generationentransfers muss vielmehr die ganze Bandbreite intergenerationaler Leistungen zwischen verschiedenen Altersgruppen in den Blick genommen und (weiter) erforscht werden (Spitze, Logan 1992: 292). Im Folgenden wird daher zunächst der Forschungsstand zu praktischen Hilfeleistungen zwischen erwachsenen Kindern und ihren Eltern in unterschiedlichen Transferrichtungen zusammengetragen und in Hypothesen zu möglichen Einflüssen auf Beziehungs-, Personen- und Familienebene gebündelt, die später als Grundlage der Analysen dienen.

Es besteht weitgehend Einigkeit darin, dass Partner und Kinder die wichtigsten Helfer der Älteren sind (z. B. Eggebeen 1992: 428; Diewald 1993: 734; Künemund, Hollstein 2000: 202). Bisher wurden hauptsächlich intergenerationale Unterstützungsleistungen untersucht, die erwachsene Kinder ihren betagten Eltern zukommen lassen (Spitze, Logan 1992), da sie am häufigsten in diese Richtung fließen (Szydlik 2000: 100; Attias-Donfut 2003: 220; Kohli et al. 2005: 193f.). Dabei erfolgte jedoch selten eine analytische Trennung zwischen unterschiedlichen Unterstützungsarten wie Hilfe und Pflege. Diese Konzentration der Forschung auf Pflegeleistungen von Kindern erzeugt ein falsches Bild von Beziehungen zwischen Jung und Alt, denn über die gesamte Lebenszeit hinweg helfen Eltern ihren Kindern mehr als dies umgekehrt der Fall ist (Spitze, Logan 1992: 301f.; Künemund, Motel 2000: 134). Studien über zeitliche Transfers von Alt nach Jung finden sich weit seltener, hauptsächlich unter den Schlagworten 'Potenziale Älterer' oder 'Reziprozität in Eltern-Kind-Beziehungen' (z. B. Alt 1994; Künemund 2006b).[7] Dort zeigt sich, dass bis zu einem Alter von 75 Jahren Haushaltshilfe eher von Eltern an Kinder geht als umgekehrt (Spitze, Logan 1992). Kinder sind auch nach dem Auszug keineswegs unabhängig von ihren Eltern, auch was praktische Hilfe im Haushalt betrifft. Nach einer deutschen Pilotstudie erhalten beispielsweise nur acht Prozent junger Erwachsener außerhalb des elterlichen Haushalts von ihren Eltern keine Hilfe in Form von Arbeitsleistungen (Vaskovics 1993: 189f.). Im internationalen Vergleich zeigt sich, dass betagte Eltern in allen Sozialschichten ihrem Nachwuchs praktische Hilfe bei Reparaturen, im Garten oder bei der Hausarbeit zukommen lassen (Shanas 1967). Die mittlere Generation (G2) ist insgesamt Netto-Geber (Marbach 1994b). Mit zunehmendem Alter wird instrumentelle Hilfe (auch an die Kinder) aber immer weniger geleistet (Künemund 2006b). Erst wenn die Eltern in ein hohes Alter

---

[7] Zudem findet die Betreuung von Enkelkindern, die man auch als praktische Hilfe der Eltern an die Kinder auffassen kann, wachsende Aufmerksamkeit. Diese Hilfe wird in der vorliegenden Arbeit nicht genauer untersucht, erste Ergebnisse auf Basis der SHARE-Daten lassen sich bei Hank und Buber (2009) und Igel (2008; et al. 2009) finden.

kommen, übernehmen neben dem Partner dann auch die Kinder alltägliche Hilfeleistungen. Es ist also zu erwarten, dass junge Erwachsene nach dem Auszug aus dem Elternhaus vorrangig Hilfe von ihren Eltern erhalten und sich die (Haupt-)Hilferichtung erst mit der Zeit umkehrt.

Zusätzlich zu Alter, Lebens- und Familienphase – aber natürlich damit in Verbindung stehend – wirken sich die Möglichkeiten der Geber, allen voran die Wohnentfernung zum Familienmitglied (Marbach 1994a)[8] und ihre gesundheitliche Verfassung (Gallagher 1994), auf Hilfeleistungen aus: Je mehr Möglichkeiten ein Geber hat, desto eher hilft er. Dabei darf man nicht vergessen, dass Hilfeleistungen durchaus Kosten verursachen können, weshalb vermutlich auch ökonomische Ressourcen einen positiven Einfluss auf Hilfe haben. Zudem könnten eine höhere Bildung und/oder ein höherer Bildungshintergrund eher mit prosozialem Verhalten und damit Hilfsbereitschaft einhergehen (Bekkers, de Graaf 2005). Umgekehrt ist allerdings auch denkbar, dass sozioökonomische Ressourcen sich im Sinne gesteigerter Opportunitätskosten negativ auf Hilfeleistungen auswirken. Zudem erbringen Erwerbstätige aufgrund geringerer Zeitressourcen vermutlich ebenfalls weniger intergenerationale Hilfe, auch wenn sie finanziell besser gestellt sein sollten als Arbeitslose.

In der ökonomischen Literatur werden finanzielle Transfers und Erbschaften an Kinder als Strategien zur Motivierung von Unterstützungsleistungen beschrieben (Becker 1981; Bernheim et al. 1985). Auf der Empfängerseite dürften Familienmitglieder mit größeren (finanziellen) Ressourcen also eher die Möglichkeiten haben, instrumentelle Gegenleistungen anzuregen – beziehungsweise über Geschenke zu 'vergelten'. So könnte es auch sein, dass Personen mit geringeren finanziellen Mitteln eher helfen, um im Gegenzug finanzielle Unterstützung zu erhalten. Erhaltene und erwartete finanzielle Transfers stehen dann in positivem Zusammenhang mit Hilfe, da Eltern-Kind-Beziehungen (über den Lebenslauf hinweg) reziproken Charakter haben (Hollstein 2005b). Dabei kann sowohl die Erwartung zukünftiger Gegenleistungen als auch die Dankbarkeit für schon erhaltene Gaben eine Rolle spielen (s. bereits Simmel 1958). Ähnliches ist auch für den Austausch zeitlicher Unterstützung zu vermuten: Wer hilft, dem wird eher geholfen.

Alles in allem lassen sich sowohl negative als auch positive Effekte des sozialen Status' auf Austausch in Netzwerken belegen (Plickert et al. 2007: 411), die mit dem Zusammenwirken von Reziprozitätserwartungen, Möglichkeiten und Bedürfnissen zu erklären sind. So haben auch Gesundheitszustand und Erwerbsstatus (z. B. Erwerbsunfähigkeit, Arbeitslosigkeit, Rente) der potenziellen Hilfeempfänger einen

---

[8] Wobei man hier auch kausal entgegengesetzte Hypothesen aufstellen kann: Je nach Beziehungsqualität und Kontakthäufigkeit wird der Wohnort gewählt. Die Beziehung bestimmt also (auch) die Wohndistanz (Engstler 2008).

Einfluss auf Unterstützungsleistungen (Spitze, Logan 1990; Schütze, Wagner 1995; Wurm, Tesch-Römer 2006): Je größer die eigenen Bedürfnisse sind, desto eher empfängt man intergenerationale Hilfe. Andersherum gilt aber wohl in vielen Fällen auch: Je größer der eigene Bedarf, desto weniger Hilfe kann man leisten. Hilfe von Kindern erhält man vor allem, wenn kein (Ehe-) Partner die Hilfeaufgaben übernehmen kann (Diewald 1993: 734; auch Hollstein 2005a: 573). In der Gegenrichtung ist im Unterschied zu vermuten, dass sowohl Singles als auch Verheiratete eher Hilfe von den Eltern erhalten als Kinder, die mit ihrem Partner unverheiratet zusammenleben (Eggebeen 2005). Dies deutet schon darauf hin, dass all diese Opportunitäts- und Bedürfnisstrukturen in Familienzusammenhänge eingebettet sind.

Das Zusammenspiel von Familiengröße und -konstellation hat Einfluss auf intergenerationale Hilfe (z. B. Matthews, Rosner 1988; Eggebeen 1992; Gerstel, Gallagher 1993; Lin 2004): Bei Verheirateten bieten sich nämlich durch das häufigere Vorhandensein gemeinsamer Nachkommen mehr Kontakt- und somit auch mehr Hilfegelegenheiten.[9] Während Eltern ihren Kindern also vermutlich eher helfen, wenn diese Nachkommen (und die Eltern damit Enkel) haben, können Hilfeleistungen in der Gegenrichtung durch die konkurrierende Verpflichtung der Kinderbetreuung verringert werden. Zudem spielt eine Rolle, wie Geschwister Hilfeleistungen untereinander aushandeln (Finch, Mason 1990). Je mehr Geschwister vorhanden sind, desto seltener wird der Einzelne den Eltern helfen, da die Aufgaben untereinander aufgeteilt werden können. Im Hinblick auf den rechtlichen Status der Verwandtschaft ist zu vermuten, dass Stiefkinder aufgrund schwächerer Familienbindungen und Verpflichtungsnormen weniger in Hilfebeziehungen mit ihren Stiefeltern involviert sind, als dies bei den biologischen Kindern der Fall ist (s. hierzu White 1994; Furstenberg et al. 1995; Coleman et al. 2005).

Nicht zuletzt werden Geschlechterunterschiede als ein zentrales Element von Generationenbeziehungen (z. B. Höpflinger 1999: 18) in etlichen Studien untersucht, wobei Frauen oder genauer Mutter-Tochter-Verhältnisse weit mehr Beachtung finden als Männer beziehungsweise Vater-Sohn-Verhältnisse (Ausnahmen bilden z. B. Kleban et al. 1989; Campbell, Martin-Matthews 2003). Frauen leisten als familiale Integrationsfigur („kinkeeper") mehr Unterstützung und erhalten auch mehr (Rossi, Rossi 1990; Hogan et al. 1993). Töchter helfen zumeist mehr im Haushalt, und ältere Frauen (Mütter) nehmen häufiger Hilfe in Anspruch als Männer (Wurm, Tesch-Römer 2006), was allerdings zumindest teilweise auf ihre höhere Lebenserwartung zurückzuführen ist. Zudem führt die häufige Konzentration empirischer Studien auf Hauptpflegepersonen vermutlich zu Verzerrungen zuunguns-

---

[9] In Verbindung mit der Heirat kommt auch schon der im weiteren besprochene Einfluss kultureller Strukturen ins Spiel, wenn nämlich eine traditionellere Familienorientierung Verheirateter mit mehr Hilfe in der Familie einhergeht.

ten männlicher (Mit-) Helfer: Sowohl im Hinblick auf die Tätigkeiten als auch im Hinblick auf die Intensität von Hilfeleistungen unterscheiden sich die Geschlechter deutlich (Martin-Matthews, Campbell 1995: 132). Werden 'männerspezifische Tätigkeiten' wie zum Beispiel Reparaturen oder Fahrdienste sowie Unterstützung bei bürokratischen und finanziellen Angelegenheiten (z. B. Spitze, Logan 1990: 421; Walker et al. 1995: 406; Vaskovics 1997: 152) und/oder Hilfe geringerer Intensität untersucht, lässt sich daher eine vergleichsweise höhere Beteiligung der Männer an Hilfeleistungen zwischen Generationen finden. Vor allem ist aber die Geschlechterkombination zwischen Kind und Elternteil als Teil der Beziehungs- und Familienstruktur für den Austausch intergenerationaler Unterstützung von Bedeutung. Beziehungen zwischen Vätern und Söhnen, Vätern und Töchtern, Müttern und Söhnen, und Müttern und Töchtern sind schließlich in vielerlei Hinsicht von ganz unterschiedlichem Charakter (z. B. Rossi, Rossi 1990; Spitze, Logan 1992: 302ff.).

Von Bedeutung ist jedoch nicht nur, ob geholfen wird, sondern auch, wie zeitintensiv Hilfeleistungen jeweils sind. Matthews und Rosner (1988: 188f.) finden beispielsweise fünf verschiedene Intensitätsmuster von Hilfe in Eltern-Kind-Beziehungen: „routine help", „backup help", „circumscribed help", „sporadic help" und „dissociation". Je intensiver die Hilfeleistungen sind, desto eher spricht man im Alltagsgebrauch von 'Pflege' und desto schwieriger ist es auch in der Forschung, diese Transferarten klar zu trennen. Es ist davon auszugehen, dass regelmäßige, intensive und notwendige Hilfe ähnlichen Mechanismen folgt wie andere intensive Pflege- und Betreuungsleistungen (s. hierzu Brandt, Haberkern 2008; Brandt et al. 2009b).

Trotz gegenläufiger Entwicklungstendenzen übernehmen noch immer vorwiegend Frauen die Pflege Angehöriger (z. B. Höpflinger 2005), weshalb davon ausgegangen werden kann, dass Frauen in ihrer 'kinkeeper'-Rolle nicht nur häufiger sondern auch zeitintensiver intergenerationale Hilfe erbringen als Männer. Frauen leben zudem länger allein und nehmen eher Hilfeleistungen in Anspruch (s. oben), was sie damit vermutlich auch eher zu Empfängern zeitintensiver Hilfe von den Kindern macht. Die Möglichkeitsstruktur dürfte hierbei – abgesehen von der Wohnentfernung – in den Hintergrund treten und es sollte vor allem der Bedarf maßgeblich sein: Hilfe erfolgt dann intensiv, wenn die dringende Notwendigkeit besteht. Muss einem Bedarf entsprochen werden, kann dies allerdings mit Belastungen einhergehen, die sich negativ auf die Gesundheit des Helfers auswirken (Borchers, Miera 1993: 120ff.).[10] Sogar die Existenz betagter Eltern an sich (Unger, Schulze 2007; 2008) und die Nicht-Übernahme der Pflege kann zur gesundheitlichen Beeinträchtigung der Nachkommen führen ('noncaregiver-stress', Amirkhanyan, Wolf 2003).

---

[10] Natürlich kann Hilfe auch für die Empfänger zum Problem werden, wenn diese in einem unerwünschten Abhängigkeitsverhältnis zum Helfer stehen (Weick 2006).

Diese Zusammenhänge sind ein sehr intensiv beforschtes Feld in der Pflegeliteratur (z. B. Pinquart, Sörensen 2005), wurden in Bezug auf Hilfe, wie sie in dieser Arbeit behandelt wird, jedoch bisher nicht untersucht.

Im Bereich der Opportunitäts-, Bedürfnis- und Familienstrukturen lassen sich wichtige Einflüsse auf die Wahrscheinlichkeit und die Intensität von Hilfeleistungen zwischen Generationen belegen, die sich über den gemeinsamen Lebenslauf und mit der Beziehungskonstellation immer wieder verändern können. Strukturelle Bedingungen auf Beziehungs-, Personen- und Familienebene stehen in Wechselwirkung mit dem gesellschaftlichen Kontext und müssen soweit möglich berücksichtigt werden, wenn der Einfluss kulturell-kontextueller Strukturen auf intergenerationale Hilfe erfasst werden soll, um den es im Folgenden geht.

3 Hilferegimes in Europa?

Außerhalb der USA, wo eine Reihe grundlegender theoretischer und empirischer Analysen zu Generationenbeziehungen durchgeführt wurden (z. B. Rossi, Rossi 1990; Bengtson, Achenbaum 1993; Silverstein, Bengtson 1997; Bengtson 2001; Bengtson, Lowenstein 2003), wurde das Thema Generationen bis dato vor allem im französischsprachigen (z. B. Segalen 1991; Attias-Donfut 1995; Clokeur et al. 1995) und im deutschsprachigen Raum (z. B. Bien 1994; Roux et al. 1996; Rosenmayr et al. 1997; Kohli, Künemund 2000; Szydlik 2000; Lüscher, Liegle 2003; Wanner et al. 2004; Szydlik 2008) untersucht. Auch für Skandinavien gibt es Studien zum Thema 'Generationen in der Familie', vor allem aber über die Pflege betagter Angehöriger (z. B. Daatland 1990; Tornstam 1992; Jensen et al. 2004; Leeson 2005; Sundström et al. 2006). In den Niederlanden existiert ebenfalls eine längere Forschungstradition (z. B. Knipscheer 1992; Komter, Volleberg 2002; Dykstra et al. 2006). Bis vor kurzem fehlten jedoch fundierte empirische Erkenntnisse zu Generationenbeziehungen in den südlichen Ländern weitgehend, da die Familie als Privatsache mit 'natürlicher' Funktionalität dort kein wichtiges Forschungsobjekt darstellte. Erst in neuerer Zeit wird mindestens aufgrund der niedrigen Fertilität die Generationenproblematik auch zum wissenschaftlich beachteten Gegenstand (z. B. Sarikaki 2001; Rusconi 2005; Fraboni 2006; Kertzer et al. 2006; Meil 2006). So existiert mittlerweile eine Fülle von Länderstudien zum Thema Generationen, eine Integration der Ergebnisse ist allerdings nahezu unmöglich (s. auch Rosenthal, Stone 1999). Die Untersuchung des Einflusses kulturell-kontextueller Strukturen auf Generationenbeziehungen im europäischen Vergleich ist auf Basis einer Zusammenführung der vorliegenden Einzelergebnisse nicht durchführbar. Genau an dieser Stelle knüpft diese Arbeit an.

Das Feld der vergleichenden Alters- und Generationenforschung ist durch ein deutliches Theoriedefizit gekennzeichnet, obwohl es durchaus fruchtbare Ansätze gäbe: Namentlich sind dies beispielsweise die Theorien der „kulturellen Syndrome" und der „ökologischen Systeme" oder die wohlfahrtsstaatsvergleichende Forschung (Tesch-Römer, von Kondratowitz 2006). Kultur, Umwelt und Wohlfahrtsstaat sind (zum Teil überlagernde) Konzepte, aus deren jeweiliger Perspektive die Einbettung intergenerationaler Beziehungen in die Gesellschaft untersucht werden kann. Zumindest was Wohlfahrtsstaatsvergleiche angeht, existiert mittlerweile eine rege Forschung und somit auch eine Vielzahl verschiedener Typologisierungen (s. z. B. Bambra 2007: 328). Hier bietet gerade Europa aufgrund der relativen Diversität wohlfahrtsstaatlicher Institutionen ein ideales Untersuchungsfeld: Geht man davon aus, dass der Wohlfahrtskontext einen Einfluss auf Generationenbeziehungen hat, können Wohlfahrtsstaatsvergleiche fruchtbar gemacht werden für die Beschreibung europäischer Generationenmuster und die Untersuchung des Einflusses kulturell-kontextueller Strukturen auf Generationenbeziehungen. Was Kultur und ihren Einfluss auf Generationenbeziehungen angeht, gibt es bislang weder fundierte theoretische Arbeiten noch umfassende empirische Studien – und schon gar nicht solche, welche einen komparativen Ansatz verfolgen. Nicht zuletzt mag das daran liegen, dass sich in diesem Bereich ein komplexes Gefüge verschiedener Rahmenbedingungen und Pfadabhängigkeiten eröffnet (vgl. Pfau-Effinger 2005; Fux 2008). Dabei kann die quantitative Messung kulturell-kontextueller Strukturen ein durchaus geeigneter Zugang sein, um generelle Unterschiede zwischen Gesellschaften zu erfassen. Ländervergleiche erlauben, mögliche Ursachen für gesellschaftliche Tatbestände wie soziale Ungleichheiten abzuleiten und alternative Lösungswege aufzuzeigen.

In den folgenden beiden Abschnitten wird zunächst die Relevanz kulturell-kontextueller Strukturen für Generationensolidarität und -hilfe theoretisch näher beleuchtet, und zwar zuerst allgemein (Abschnitt 3.1), und dann konkret im Hinblick auf öffentliche und privatwirtschaftliche Leistungen für Familien (Abschnitt 3.2). Im dritten Abschnitt (3.3) wird ein Überblick über unterschiedliche kulturelle Bedingungen und wohlfahrtsstaatliche Arrangements in Europa gegeben. Unter Berücksichtigung des Forschungsstands zu strukturellen Einflüssen auf Generationenbeziehungen (Abschnitt 3.4) werden dann die Erwartungen hinsichtlich des Zusammenhangs zwischen intergenerationaler Hilfe und kulturellem und wohlfahrtsstaatlichem Kontext in Europa abgeleitet (Abschnitt 3.5), die anschließend an die Methodenbeschreibung (Kapitel 4) im empirischen Teil der Arbeit (Kapitel 5 bis 7) überprüft werden.

3.1 Kulturell-kontextuelle Strukturen und Familie

Die Hilfsbereitschaft einer Person hängt nicht nur von ihren Möglichkeiten und Bedürfnissen oder von ihren Kosten-Nutzen-Erwartungen ab (s. Kapitel 2), sondern auch von kulturellen Normen und Hilfeverpflichtungen (Triandis 1994: 221). Ist Hilfsbereitschaft eine Norm, die in wichtigen Sozialisationsinstanzen zum Tragen kommt, also zum Beispiel in der Schule und im Gottesdienst oder von Eltern und Freunden vermittelt wird, so wird der Einzelne sich dieser Norm nur in Ausnahmefällen widersetzen, schon allein um den Erwartungen seiner Mitmenschen gerecht zu werden (Bierhoff 1980: 209). Die in Kapitel 2 beschriebenen Unterstützungsprozesse sind demnach in kulturelle Strukturen eingebettet. 'Kultur' kann aufgefasst werden als ein in einer geografischen Region zu einer bestimmten Zeit gültiges Bedeutungssystem, das geteilte Glaubensvorstellungen, Normen und Werte einer Gesellschaft und damit auch bestimmte Verhaltensweisen ihrer Mitglieder zur Folge hat (Triandis 1994). Sie umfasst also gewissermaßen das gesamte gemeinsame Interpretationssystem einer Gesellschaft oder Gruppe.

Eine trennscharfe Abgrenzung zwischen Religion, Kultur, Werten und Normen ist kaum möglich (s. auch Edgell 2006: 146ff.). In dieser Arbeit wird 'Kultur' als Sammelbegriff für religiös motivierte und familienbezogene Werte und Normen gebraucht, die wiederum untereinander in engem Zusammenhang stehen. Während Werte sich auf erwünschte Verhaltensweisen und/oder Ergebnisse beziehen, sind soziale Normen Verhaltensregeln im Hinblick auf bestimmte Situationen (Rokeach 1973: 17ff.). Dabei wird davon ausgegangen, dass sich solche Werte und Normen mithilfe individueller Einstellungen zu bestimmten Objekten oder Sachverhalten verstehen und messen lassen, die dann wiederum bestimmte Handlungen (wie die Hilfe an Angehörige) begünstigen oder behindern (Rokeach 1976: 157). Beispielsweise entstehen individuelle Einstellungen zur Verantwortungsaufteilung von Staat, Gesellschaft und Familie gegenüber hilfebedürftigen Personen unter anderem auf Basis familialer Werte und religiöser Hintergründe.[11] Diese haben wiederum Einfluss darauf, inwiefern öffentliche Leistungen für Bedürftige angeboten, wahrgenommen, akzeptiert und genutzt werden (Eurofamcare Consortium 2006: 25).

Kultur oder genauer Werte und Normen zeigen sich demnach nicht nur auf der individuellen Ebene im Handeln Einzelner, sondern auch auf Familien- und Gesellschaftsebene, wie in der Ausbildung von staatlichen Institutionen: „Families as well as the welfare state are moral entities which are circumscribed with loyalties, commitments and moral obligations. These are structured along gender, generation (life course stage) and culture" (Björnberg, Ekbrand 2007: 4f.). Was mit dem Begriff 'Wohlfahrtsstaat' gemeint ist, differiert je nach theoretischer Perspektive. Ganz allgemein gesprochen geht es um ein Gemeinwesen, das die Gleichberechtigung und soziale Teilhabe ('Wohlfahrt') aller seiner Bürger zum Ziel hat (Butterwegge 1999: 15). Dahinter verbergen sich verschiedene Sektoren, die sich im Spannungsfeld zwischen Gesellschaft, Staat und Markt auf einem Kontinuum bewegen. Man kann unter wohlfahrtsbildenden Maßnahmen beispielsweise rein öffentliche Maßnahmen, durch Steuergelder bezahlte Leistungen, durch Staatsverträge geregelte und durch den Staat und/oder Kunden finanzierte Dienste oder auch marktwirtschaftliche Dienstleistungen fassen (Abrahamson et al. 2005: 11ff.). Der Staat beeinflusst damit auch den Markt beziehungsweise das Angebot an öffentlich zugänglichen Dienstleistungen, auf das die Bürger zurückgreifen können. Umgekehrt basiert die Ausrichtung eines Wohlfahrtsstaates aber auch zu einem gewissen Grad auf institutionalisierten Normen, Praktiken und den Erwartungen der Bürger (Björnberg,

---

[11] Zum Zusammenhang zwischen Religion, Familie und Gesellschaft s. z. B. Domsgen (2004), Edgell (2006) und Houseknecht und Pankhurst (2000).

Latta 2007: 417). Wohlfahrtsstaatliche Sozialpolitik hat demnach nicht nur eine Schutzfunktion gegen die Lebensrisiken der Individuen, sie ist auch Gesellschaftspolitik (Naegele, Tews 1993: 347f.) und hat aufgrund ihrer gesellschaftsgestaltenden Wirkung nicht zuletzt auch symbolische Funktion für die Konstruktion und Reproduktion gesellschaftlicher (Sozial-) Normen (Guillemard 1992: 619). Zusammenfassend lässt sich sagen: Wohlfahrtsstaatliche Entwicklungen sind religiös, historisch und kulturell geprägt und haben ihrerseits Auswirkungen auf die Werte und Normen der Bürger (van Oorschot et al. 2008a, 2008b).

Abbildung 3.1 Kulturell-kontextuelle Strukturen im Zusammenspiel

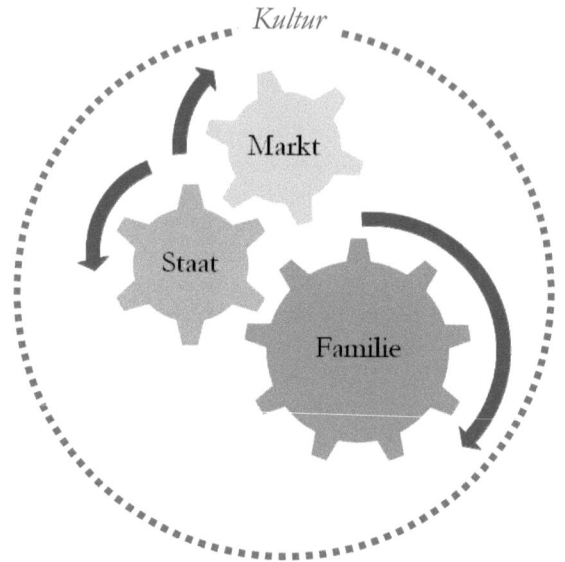

Quelle: Eigene Darstellung.

Es ist letztlich nicht trennscharf zu entscheiden, inwiefern die Familie den Staat oder der Staat die Familie beeinflusst, zumal sich die Verflechtungen zwischen den Teilsystemen auf Mikro-, Meso- und Makroebene finden lassen und der kulturelle Hintergrund bei all dem eine wichtige Rolle spielt. Gewiss sollte daher im Hinblick auf den Zusammenhang von Familie, Staat, Markt und Kultur nicht von klaren Kausalitäten gesprochen werden, denn über die Zeit sind diese Teilsysteme in ständiger Bewegung und Entwicklung, sie greifen ineinander und formen die Gesellschaft weiter (Abbildung 3.1). Zum Gesamtkontext, in den (Hilfe-) Beziehungen in der Familie eingebettet sind, gehören jedenfalls „Bedingungen des Gesellschafts-,

Wirtschafts- und Steuersystems, des Wohlfahrtsstaates und des Arbeits- und Wohnungsmarktes genauso wie die spezifischen Regeln und Normen von bestimmten Institutionen und Gruppen" (Szydlik 2000: 50). Im Folgenden soll dem Einfluss spezifischer wohlfahrtsstaatlicher Rahmenbedingungen auf Hilfe zwischen Familiengenerationen in den europäischen Ländern weiter auf den Grund gegangen werden.

3.2 Die Spezialisierungsthese: Staat, Markt und Familie

Während die zugrunde liegende Kultur eine kaum kurzfristig beeinflussbare Variable darstellt, sind im Hinblick auf die *intendierte Beeinflussung* intergenerationaler Beziehungen sicherlich wohlfahrtsstaatliche und marktwirtschaftliche Kontextbedingungen von besonderem Interesse. Zu den Auswirkungen solcher Strukturen auf die Familie existieren grundsätzlich zwei gegenläufige Thesen.

(1) Je mehr Unterstützung der (Wohlfahrts-) Staat für Familien bereitstellt, desto mehr zieht sich die Familie aus der Verantwortung zurück (Substitution oder 'crowding out'). Der Ausbau des Wohlfahrtsstaates wird demnach als „moralisches Risiko" (Wolfe 1989) und eine Gefahr für die Familiensolidarität gesehen. Es „lässt sich sogar argumentieren, dass der Staat die Austauschform der reziproken Hilfeleistung unterminiert, denn monetäre Transfers werden durch staatliche und institutionelle Vermittlung anonymisiert und von sozialen Beziehungen abgetrennt, während gleichzeitig soziale Dienstleistungen mehr und mehr von professionellen Anbietern übernommen werden, die auf die Existenz sozialer Bindungen zwischen Hilfeleistenden und Hilfeempfangenden nicht mehr angewiesen sind" (Lessenich, Mau 2005: 258). In diesem Zuge wird auch die Schaffung von Abhängigkeiten durch den Staat kritisiert (z. B. Murray 1984).

(2) Dagegen wird argumentiert, dass Abhängigkeiten ebenso zwischen Familienmitgliedern entstehen können, wenn keine öffentliche Unterstützung angeboten wird (Schmidtz, Goodin 1998) und *gerade* die Entlastung der Familie dazu führt, dass Angehörige mehr Leistungen füreinander erbringen ('crowding in'). Denn selbst wenn durch öffentliche Unterstützung manche Notlagen beseitigt werden, so gilt dies noch lange nicht für alle möglichen Hilfebedürfnisse – zumal Bedürfnisse allgemein nicht klar begrenzt sind und sich immer ausdehnen können (Lingsom 1997: 23ff.). Wenn erwachsene Kinder nun bei der Betreuung ihrer betagten Eltern staatlich entlastet werden, können sie sich auch bei beschränkten Möglichkeiten noch engagieren. Wenn aber eine Entscheidung zwischen dem Wohlergehen der Eltern oder der eigenen Existenzsicherung gefällt werden muss, kann dies zu psychisch und physisch belastenden Situationen auf beiden Seiten führen. Die Unterstützung der Familie durch den Staat ermöglicht folglich mehr „Intimität auf Abstand", da Familienmitglieder weniger bedarfszentriert handeln müssen, wenn alter-

native Hilfequellen existieren (Rosenmayr, Köckeis 1965; Künemund, Rein 1999: 101). Zudem kann man mutmaßen, dass „gerade, weil so viele unserer Transaktionen in einem unpersönlichen Kontext stattfinden, der Bedarf an persönlichen Beziehungen [...] zu[nimmt]" (Bauman 2000: 136).

Die beschriebenen Wirkungszusammenhänge sind aber keineswegs unidirektional. Staat und Familie beeinflussen sich wechselseitig, wie auch die der Substitution (beziehungsweise dem 'crowding out') entgegengesetzte These der „Kompensation" illustriert (Daatland, Lowenstein 2005): Wenn die Familie eine Leistung nicht mehr in vollem Umfang erbringt oder erbringen kann, springt entsprechend der Staat ein. Öffentliche und familiale Leistungen können sich somit gegenseitig ergänzen („Komplementarität"). Geschieht dies (analog zur Hilfeaufteilung im sozialen Netzwerk, s. Spitze, Logan 1990: 422f.) aufgabenspezifisch, lässt sich die Verdrängung von Leistungen einerseits und die Erleichterung von Leistungen andererseits theoretisch vereinen.

Nach dem „task-specifity"-Modell (Litwak 1985) wird davon ausgegangen, dass eine Spezialisierung der Unterstützungsträger auf diejenigen Aufgaben stattfindet, für die sie am besten geeignet sind (Daatland, Herlofson 2003: 283f., 299; auch „funktionale Differenzierung", Motel-Klingebiel, Tesch-Römer 2006). Staatliche und marktwirtschaftlich orientierte formale Organisationen im Bereich sozialer Dienste verfolgen zwar durchaus ähnliche Ziele wie die Familie, können aber aufgrund ihrer differierenden Grundstruktur andere Leistungen erbringen. In Organisationen werden vor allem spezifische fachliche Qualifikationen („technisches Wissen" wie z. B. medizinische und juristische Kenntnisse) akkumuliert, während Familienangehörige eher nicht-technisches 'Know-how' wie zum Beispiel Informationen über Interessen und spezielle Bedürfnisse des Angehörigen besitzen. In Kooperation zwischen beiden kann der technische und nicht-technische Unterstützungsbedarf von Familienmitgliedern daher am besten gedeckt werden (Litwak et al. 2003). So können zum Beispiel Pflegedienste ungeachtet dessen, ob sie wohlfahrtsstaatlich organisiert sind oder rein marktorientiert arbeiten, die Familie bei der körperbezogenen und medizinisch unter Umständen anspruchsvollen Betreuung Bedürftiger entlasten, sodass Familienmitglieder dann mehr Zeit haben, sich um sporadische Hilfe im Haushalt oder formale Angelegenheiten zu kümmern, aber auch emotionale Zuwendung zu geben (Bazo, Ancizu 2004). Bei dieser „Funktionsteilung" (Bäcker et al. 2008: 577) ist es nicht nur wichtig, welche Tätigkeiten welches Wissen erfordern. Weitere Attribute wie beispielsweise die Planbarkeit, die Intensität oder die Dauer des Unterstützungsbedarfs beeinflussen, welcher Unterstützungsträger oder welcher 'Mix' zur Erfüllung der Bedürfnisse am effizientesten beitragen kann (Petermann 2005: 202f.). So sind Dienstleister in vielen Fällen besser geeignet, dauerhaft benötigte, regelmäßige Unterstützungsleistungen zu erbringen als Angehörige, die weiteren Verpflichtungen und Aufgaben nachkommen müssen.

Abbildung 3.2   Staat, Markt und intergenerationale Hilfe

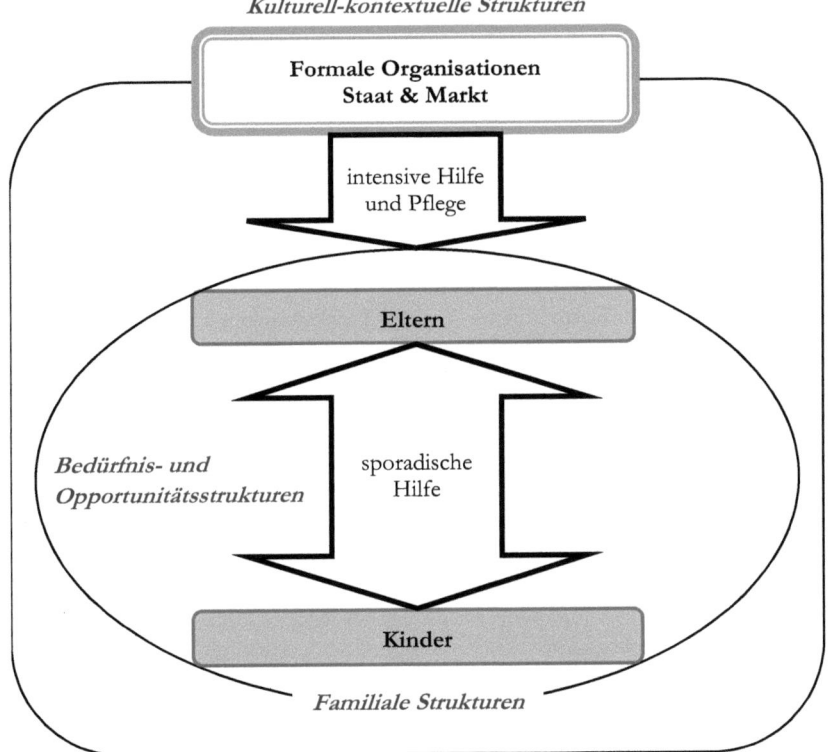

Quelle: Eigene Darstellung auf Basis von Szydlik (2000) und Litwak et al. (2003).

Nach einem solchen Spezialisierungsmodell muss zudem das gesamte Anforderungsprofil an die Helfer unter Berücksichtigung weiterer Kausaleinflüsse (z. B. Gesundheit, Geschlecht oder soziale Schicht; Litwak et al. 2003) in den Blick genommen werden. Es ergibt sich im Einklang mit dem in Abbildung 2.2 dargestellten Modell intergenerationaler Solidarität ein Gesamtkonzept, nach dem Mikro-, Meso- und Makrostrukturen synchron Einfluss auf Unterstützungsleistungen in der jeweiligen Familie im jeweiligen Land haben. Das Modell in Abbildung 3.2 wurde an die Spezialisierungsthese angepasst und auf kulturell-kontextueller Ebene um öffentlich zugängliche Leistungen und Dienste durch Organisationen erweitert. Überträgt man die beschriebenen Zusammenhänge auf Hilfe bei der Haushaltsführung, handelt es sich bei der durch Organisationen geleisteten 'technischen' Unterstützung vornehmlich um gut planbare, längerfristige und zeitintensive Hilfe und Pflege, während in der Familie eher sporadische, weniger zeitintensive Hilfeleistungen erbracht werden. Letzteres gilt vor allem dann, wenn der Grundbedarf durch institutionelle soziale Dienste gedeckt wird.

Die Familie wird durch die Inanspruchnahme sozialer sowie medizinischer Dienstleistungen – und damit indirekt auch durch finanzielle Transfers, die den Einkauf von Diensten ermöglichen – von der anspruchsvollen Unterstützung bedürftiger Angehöriger entlastet. Es verändern sich in der Folge sowohl die Bedürfnis- und Opportunitätsstrukturen als auch die Unterstützungsleistungen der Familie: Schon die Organisation der institutionellen Leistungen ist eine (andere) Form der Hilfe, und in ihrer Folge sind mehr (Zeit-) Ressourcen vorhanden, die dann zum Beispiel für die emotionale Unterstützung Angehöriger oder auch für zusätzliche Hilfe eingesetzt werden können, wenn diese kurzfristig nötig ist. Ob und wie institutionelle Leistungen in Form von Geld- oder Sachleistungen angeboten werden, ist aber ebenso wie die Inanspruchnahme durch die Familie wiederum abhängig vom kulturellen Kontext. Dessen Einfluss ist allerdings noch immer ein weitgehend blinder Fleck, nicht nur hinsichtlich familialer Unterstützungsleistungen (s. auch Trommsdorff 1993), sondern auch in der Wohlfahrtsstaatsdebatte (Pfau-Effinger 2005), auf die im Folgenden genauer eingegangen wird.

3.3 Kontextbedingungen für private Unterstützung in Europa

Welche kontextuellen Bedingungen für intergenerationale Hilfe bestehen nun konkret in den europäischen Ländern? Im Folgenden werden generelle Unterschiede hinsichtlich Kultur und Wohlfahrtsstaat sowie spezifische Ausgestaltungen (Sozial- und Familienpolitik, soziale Dienste, Pflegeregimes) dargestellt, die sich infolge der Spezialisierungsthese (auch) auf private Hilfe auswirken sollten. Abschließend werden die Länder auf dieser Basis in 'Hilferegimes' gruppiert.

Nach einer historischen Phase der Expansion der europäischen Wohlfahrtsstaaten (Therborn 2000) wird nun vielerorts von 'Deinstitutionalisierung', 'Deregulierung' und 'Privatisierung' gesprochen – was sich aber empirisch bis zum heutigen Tage nicht umfassend bestätigen lässt (Bahle 2008). Auch wird immer wieder betont, dass sich sozialpolitische Maßnahmen im Zuge der 'Europäisierung' insgesamt angleichen. Von einer Uniformisierung europäischer Wohlfahrts- und Familienregimes ist aber auch vor dem Hintergrund kultureller und historischer Unterschiede sicherlich noch lange nicht zu sprechen (Wolf, Ballal 2006): Verschiedene Sozialstaaten verfolgen weiterhin unterschiedliche Lösungswege, auch im Hinblick auf die infolge der (im Westen beinahe universellen) Bevölkerungsalterung zu erwartende Generationenproblematik. Es ist eine unbeantwortete Frage, ob diese unterschiedlichen politischen Lösungsversuche auch tatsächlich zu unterschiedlichen Ergebnissen führen. Zudem ist auch „die Prognose mancher Soziologen, dass sich in westlichen Industriegesellschaften ein Einheitstyp der Familie herausbilden wird, bisher nicht einmal für Europa selbst zu bestätigen" (Gestrich et al. 2003: 652). Sowohl wohlfahrtsstaatliche Maßnahmen, die auf Familien und Bedürftige abzielen, als auch Familienstrukturen selbst unterschieden sich zwischen den europäischen Staaten auch heute noch beträchtlich.

Ob und inwiefern sich Unterschiede auch im Zusammenhang mit Hilfe zwischen Generationen finden lassen, und welche Gründe dafür geltend gemacht werden können, ist eine Forschungsfrage und nicht Voraussetzung dieser Arbeit. Daher soll der folgende Überblick über die SHARE-Staaten und ihre Sozialsysteme ausdrücklich nicht einer idealtypischen Kategorisierung a priori dienen, da eine solche Vorab-Kategorisierung trotz aller Meriten sicherlich zu statisch ist, um die komplexen Wirkungszusammenhänge zwischen Staat, Markt, Kultur und Familie adäquat erfassen zu können (s. auch Antonucci, Jackson 2003). Vielmehr sollen unterschiedliche kulturell-kontextuelle Strukturen charakterisiert werden, um einen Überblick über mögliche hilferelevante Faktoren auf gesellschaftlicher Ebene zu bieten. Dabei erfolgt die Unterteilung der Einflussfaktoren formal vom Allgemeinen zum Speziellen (Kultur, Religion, Wohlfahrtsstaat, Sozialpolitik, Familienpolitik, soziale Dienste und Pflege).

Kultur und Religion

Die wenigen Arbeiten zum Thema 'Familienkultur' kommen übereinstimmend zum Ergebnis, dass sich Familienbindungsmuster in Europa von Nord nach Süd verteilen. Auf Basis der Daten der European Values Study EVS (1999-2004) können die westeuropäischen Länder im Hinblick auf die Stärke von Familienbindungen in 3 Regionen eingeteilt werden: Skandinavien mit schwach und Mitteleuropa (inklusive Niederlande) mit nur wenig stärker ausgeprägten Familienbindungen sowie Südeuropa mit einer stark bindenden Familienkultur (Alesina, Giuliano 2007: 43). Allerdings lassen sich die Niederlande in einer weiteren Studie auf Basis derselben Datenquelle hinsichtlich der Art und Ausprägung der Familienwerte in dasselbe Cluster einordnen wie die skandinavischen Staaten (Georgas et al. 2004: 178). Unterschiedliche Familiensysteme sind unter anderem wichtig für die Ausgestaltung der Sozialpolitik in einem Staat (Reher 1998). Im Norden Europas herrscht die 'Norm der kollektiven Verantwortung', während die Verantwortung für Bedürftige nach Süden hin immer stärker auf der Familie lastet. In diesem Zusammenhang ist auch von Bedeutung, wie Markt- und Familienarbeit zwischen Partnern aufgeteilt wird beziehungsweise werden sollte, und welche Rolle der Staat hierbei spielt. Auch da scheint sich die angesprochene Nord-Süd-Verteilung empirisch bestätigen zu lassen: In Skandinavien wird die Gleichberechtigung der Frau von den Bürgern stärker unterstützt als in Mittel- und vor allem Südeuropa (Gerhards, Hölscher 2006: 115). Damit übereinstimmend folgt auch die teilweise religiös geprägte Orientierung der Frauen am männlichen Versorgermodell in Europa einer Nord-Süd-Verteilung. Der

Anteil der Befürworterinnen geht jedoch in den letzten Jahrzehnten vor allem in Mittel- und Südeuropa deutlich zurück (Lück, Hofäcker 2008). Dagegen scheint man sich über die europäischen Länder hinweg weitgehend einig, dass Ältere (eher als Kranke, Behinderte, Arbeitslose und Migranten) die Unterstützung der Gesellschaft und des Staates verdienen (van Oorschot 2008).

Beim Zusammenspiel zwischen Familie und Staat spielt zudem der jeweilige religiöse Hintergrund eine tragende Rolle, insofern Religion ein „Zentralbestand der Kultur einer Gesellschaft" ist (Gerhards, Hölscher 2006: 57). Historisch lassen sich wohlfahrtsstaatliche Entwicklungen damit auch aus der Religionsperspektive analysieren und verstehen (z. B. Opielka 2008). In Staaten wie Schweden oder Frankreich haben (sehr unterschiedliche) Konstellationen zwischen Kirche und Staat zur Expansion der zentralstaatlichen Verantwortung für Familien geführt. Heutige Praktiken und Wertvorstellungen in Schweden lassen sich beispielsweise historisch bis zu einem gewissen Grad auf die frühe Säkularisierung und die relativ schwache Stellung der lutherischen Kirche gegenüber dem Staat zurückführen (Morgan 2006: 44ff.). Dagegen hat sich infolge des religiösen Pluralismus in den Niederlanden auf Basis der Dezentralisierung eine Vielfalt von Freiwilligenorganisationen gebildet, die (auch) Familiendienstleistungen anbieten (Morgan 2006: 67). Die katholische Kirche hat hingegen das Subsidiaritätsprinzip, nach dem die Eigenverantwortung der Familie vor staatlichem Handeln steht, in den südlichen Ländern stark gefördert (Naldini 2003: 25f.). Wichtig ist also nicht nur, wie ausgeprägt religiöse Werte sind, sondern auch, welche Religion in der jeweiligen Gesellschaft vorherrschend ist (Gerhards, Hölscher 2006: 57ff.). In westlichen protestantischen Gesellschaften (inklusive dem laizistischen Frankreich) wird die EU-Leitlinie, welche religiöse Toleranz und die Trennung von Staat und Religion favorisiert, zum Beispiel stärker befürwortet, als in den katholischen und christlich-orthodoxen Ländern. Familienkultur und Religion haben also direkt Anteil daran, wie sich unterschiedliche Staaten im Hinblick auf verschiedene wohlfahrtsstaatliche Dimensionen entwickelt haben.

Wohlfahrtsstaat

Die jüngere Wohlfahrtsstaatsforschung zielt basierend auf der Arbeit von Esping-Andersen (1990) primär darauf ab, dessen Wohlfahrtstypologie („sozialdemokratisch", „liberal", „konservativ") zu bestätigen, zu verbessern und/oder zu verfeinern – zumal sich einige westeuropäische Staaten schon hinsichtlich der relevanten Pfeiler seiner Grundtypologie, „Dekommodifizierung" und „Stratifizierung", in unterschiedliche Regimes einordnen lassen (z. B. Schweiz, Österreich, Belgien, Finnland; Kohl 1999: 322f.). Dekommodifizierung steht für die Ablösung individueller Wohlfahrt vom Arbeitsmarkt, sprich die soziale Absicherung eines jeden, unabhängig von der eigenen Erwerbstätigkeit. Im Zentrum der Wohlfahrtsstaatsforschung stehen das Verhältnis von Familie, Staat und Markt bei der Wohlfahrtsproduktion und dessen Auswirkungen auf soziale Ungleichheit, sei es zwischen Erwerbstätigen und

Nicht-Erwerbstätigen, Gesunden und Kranken, Männern und Frauen, Kinderlosen und Kinderreichen oder Jungen und Alten. Die Diversifizierung der typologierelevanten Wohlfahrtsindikatoren führte unter anderem zur inzwischen weitgehend anerkannten Erweiterung der drei „worlds of welfare" oder „families of nations" (Castles, Mitchell 1993) um eine vierte, nämlich das „südliche", „rudimentäre" oder auch „familialistische" Wohlfahrtsregime (z. B. Ferrera 1998; Esping-Andersen 1999).

Sozial- und Familienpolitik: Als eine erste wichtige Ergänzung der zentralen Wohlfahrtsindikatoren wurden Gleichstellungsfragen zwischen Frau und Mann sowie Familien und Kinderlosen diskutiert (z. B. Leitner, Obinger 1996; Lessenich, Ostner 1998; Korpi 2001; Esping-Andersen 2002; Künzler 2002), die sich auch unter dem Begriff „Familialismus" subsumieren lassen (Leitner 2003). Familienpolitik hat sich in Zeiten sinkender Geburtenraten zu einem zentralen Moment der europäischen Wohlfahrts- und Sozialpolitik entwickelt, auch wenn die familienpolitische Gestaltungskompetenz der EU gering und eine europäische Familiencharta noch nicht in Sicht ist (Gerlach 2004: 303). Familienpolitisch lässt sich Europa dabei in fünf Cluster und eine Restkategorie einteilen (Gauthier 1996; Pfenning, Bahle 2000): (1) die sozialdemokratischen skandinavischen Länder, (2) das liberale Großbritannien und Irland, (3) die konservativen Länder Belgien und Frankreich, die – im Gegensatz zu ihren (4) konservativen Nachbarn Deutschland und Österreich – eine stark ausgeprägte, „explizite" Familienpolitik betreiben.[12] Südeuropäische Staaten (5) werden im Hinblick auf ihre Sozial- und Familienpolitik als familialistische Regimes bezeichnet. Schließlich bleibt eine Restkategorie (6), bestehend aus Luxemburg, den Niederlanden und der Schweiz, die als familienpolitische Mischformen eingeordnet werden.

Skandinavische Staaten zeichnen sich allgemein durch einen besonders hohen Stellenwert des Universalismus (Recht eines jeden Bürgers auf Unterstützung) aus (Cox 2004: 208ff.), und es existiert ein vergleichsweise hohes Maß an „kollektiver Solidarität" (Björnberg, Latta 2007: 417). Umfassende steuerfinanzierte sozialpolitische Bemühungen richten sich in Skandinavien damit an alle sozial Benachteiligten („socially excluded"; Anheier, Kumar 2003: 438). Typus (1) basiert also auf einer egalitär-universalistischen Grundhaltung mit impliziter Familienpolitik, insofern

---

[12] Als „explizit" werden hierbei „policies" bezeichnet, die sich ausdrücklich an Familien richten und denen ein familienpolitischer Diskurs zugrunde liegt; „implizit" sind Maßnahmen dann, wenn sie auch auf Familien Auswirkungen haben (Pfenning, Bahle 2000: 1). Beispiele wären Elternurlaub, Mutterschutz oder Kindergeld, im Gegensatz zu Gleichstellungsanstrengungen, Bildungs- oder Wohnungspolitik, die sich zwar in besonderem Maße auf das Familienleben auswirken, aber grundsätzlich an alle Bevölkerungsgruppen gerichtet sind. An diesen Beispielen zeigt sich auch, dass eine Trennung von Familien- und Sozialpolitik kaum möglich ist: Sozialpolitik kann im Prinzip immer als implizite Familienpolitik aufgefasst werden.

jedes bedürftige Individuum ungeachtet seiner Familiensituation unterstützungsberechtigt ist. Die familienpolitische Orientierung gilt vor allem dem Nachwuchs und der Geschlechtergleichstellung, daher ist auch die Vereinbarkeit von Familie und Beruf ein zentrales (familien-) politisches Ziel. Ein wichtiger Pfeiler der Familien- und Wohlfahrtspolitik sind im skandinavischen Modell hoch entwickelte soziale Dienstleistungen, die Familienmitglieder bei der Pflege und Betreuung Angehöriger entlasten sollen.

(2) In den liberalen Staaten wird hingegen nur in Ausnahmefällen in die Gesetze des Marktes eingegriffen, zum Beispiel, wenn es um Kinder- und Familienarmut geht. Die private Autonomie ist ein wichtiges Gut, weshalb auch nur sehr begrenzt öffentliche Dienste und Leistungen angeboten werden. Es handelt sich im Grunde also ebenfalls um eine implizite Familienpolitik, insofern die wenigen Maßnahmen selten speziell Familien fokussieren.

(3) Frankreich und Belgien unterscheiden sich mit ihrer ausgeprägten staatlichen Förderung von Familien deutlich vom liberalen Regime. Beide Länder können als Pioniere der Familienpolitik bezeichnet werden, die traditionelle und progressive Elemente vereinen (Pfenning, Bahle 2000: 2). Familie wird dort als wichtige soziale Institution gesehen, weshalb umfangreiche Leistungen und Dienste explizit für Familien angeboten werden, zum Beispiel in Form von ausgebauten Betreuungseinrichtungen für Kinder jeden Alters.

(4) Deutschland und Österreich betreiben zwar ebenfalls eine explizite Familienpolitik, die Unterstützung von Familien ist jedoch im Vergleich zu den konservativen Nachbarn weniger stark entwickelt. Finanzielle Leistungen sind der wichtigste familienpolitische Pfeiler. Es werden nur begrenzte Dienstleistungen angeboten, was unter anderem zu einer relativ schlechten Vereinbarkeit von Familie und Beruf führt. Das konservative Bild der Hausfrauen- oder Versorgerehe hat hier noch immer einigen Bestand und traditionelle Werte stehen im Vordergrund.

(5) In Südeuropa gilt das Subsidiaritätsprinzip: Der Staat springt nur ein, wenn die Familie eine Leistung nicht mehr übernehmen kann. Auf dieser Grundlage gibt es kaum öffentliche Dienste und Leistungen; ein starker Familienzusammenhalt ist die Basis der familialistischen Wohlfahrtsstaaten. Sozial- und familienpolitische Unterstützung funktioniert hier wie in den deutschsprachigen Ländern vorrangig über (vergleichsweise geringere) finanzielle Leistungen und weniger über Dienste.

(6) Luxemburg ähnelt familienpolitisch Frankreich und Belgien, während sich die Niederlande hinsichtlich ihrer Familienpolitik zwischen Großbritannien, Skandinavien, Deutschland und Österreich ansiedeln lassen. Die Schweiz gleicht ihren deutschsprachigen Nachbarn weitgehend, wobei dort ein starker Einfluss des Wirtschaftsliberalismus die Familienpolitik mit steuert. Die Eidgenossenschaft zeichnet sich mit Ausnahme der französischsprachigen Kantone daher gegenüber den konservativen Nachbarländern noch immer durch ein vergleichsweise geringes öffentli-

ches Angebot an finanziellen und ökologischen Beihilfen für Familien aus (Pfau-Effinger 2008).

Soziale Dienste: Wenn nicht klar von (impliziter) Familien- und Sozialpolitik trennbar, so doch mit anderem Fokus (Bedürftige statt Familie, Dienste statt finanzielle Leistungen) beschäftigt sich ein weiterer Forschungsstrang neuerdings mit der Frage nach den Arten und Auswirkungen sozialer Dienstleistungsangebote (s. Alber 1995a, 1995b). Wichtig ist nämlich nicht allein, wie hoch die Staatsausgaben hinsichtlich verschiedener Bereiche der Wohlfahrtspolitik sind, sondern auch wer unter welchen Umständen auf soziale Dienste zurückgreifen kann (Bahle 2008: 27). Es besteht ein deutlicher Unterschied zwischen der Höhe staatlicher Transfers und konkreten Dienstleistungsangeboten, und der Zusammenhang zwischen beiden auf Makroebene ist gering (Jensen 2008). Es ist zudem zu beachten, dass soziale Dienste sich meist zwischen Staat und Markt ansiedeln lassen (Bäcker et al. 2008: 512ff.) und demnach eine Schnittstelle zwischen beiden Teilbereichen bilden: Soziale Dienstleistungen werden zwar häufig öffentlich (mit-) finanziert oder bereitgestellt, doch tritt der Staat nicht immer originär als Dienstleister auf. In Folge werden solche Dienste häufig am Markt, aber selten zu Marktpreisen angeboten, und die verschiedenen Anbieter bilden eine äußerst heterogene Gruppe. Selbst innerhalb einzelner europäischer Länder fehlt sowohl eine eindeutige Definition, was unter 'sozialen Dienstleistungen' zu fassen ist, als auch eine klare Regulation und Koordination (Anheier, Kumar 2003: 438ff.). Grob lässt sich Europa im Hinblick auf soziale Dienste aber in vier Gruppen einteilen, die die bekannten vier Wohlfahrtsstaatstypen widerspiegeln (Bäcker et al. 2008: 593ff.):

(1) das egalitaristische Skandinavien mit einem quantitativ und qualitativ hoch entwickelten, nahezu ausschließlich öffentlich getragenen und kommunal verwalteten System sozialer Dienste, mit Dänemark als dem absoluten Vorreiter (Bahle, Pfenning 2001a).

(2) Im liberalen Regime dominieren entsprechend im vorrangig kommunal verwalteten Bereich sozialer Dienste kommerzielle Anbieter, während

(3) das neo-korporatistische Kontinentaleuropa sich als Servicekultur der „Sozialpartner" bezeichnen lässt (Moreno 2003: 276). In den konservativen Staaten bestimmen vergleichsweise viele Non-Profit-Organisationen und kirchliche Träger das subsidiäre Angebot an sozialen Dienstleistungen, das damit auch weitgehend dezentral organisiert ist. Die romanisch-mitteleuropäischen Länder zeichnen sich dabei durch hoch entwickelte familienbezogene Dienste aus, während in den religiös-gemischten Ländern Deutschland und Niederlande Dienste eher subsidiärer Natur sind. Allerdings existieren in den Niederlanden vergleichsweise hohe Betreuungsquoten für ältere Menschen (Bahle, Pfenning 2001b: 12).

In (4) Südeuropa werden hingegen nur sehr begrenzte soziale Dienstleistungen angeboten, vor allem hinsichtlich der Betreuung älterer Personen. Aufgrund fehlender öffentlicher Leistungen konnte sich in Italien und Griechenland mit zunehmendem Pflegebedarf ein 'neuer Markt' für Migranten entwickeln, die in großer Zahl die häusliche Altenpflege übernehmen (Mestheneos, Triantafillou 2005; Da Roit et al. 2007). Während beispielsweise in der auf Egalität ausgerichteten schwedischen Kultur die Ausbeutung schlecht bezahlter illegaler Pflegekräfte verpönt ist, wird ein solches Arrangement in Italien durchaus als legitim angesehen („Diener-Kultur", Pfau-Effinger 2004).[13] Soziale Dienstleistungsangebote sind in den Mittelmeerländern dezentral organisiert und vergleichsweise wenig reguliert und koordiniert (Anheier, Kumar 2003).[14]

Pflege: Auch die spezifische Erfassung von Pflegeleistungen und die Identifizierung von Pflegeregimes (z. B. Anttonen et al. 2003; Anttonen, Sipilä 2005) gewinnt im Zuge der Gesellschaftsalterung immer stärker an Bedeutung. Zudem werden in der Pflegeforschung auch Gleichstellungs- und Wertefragen – auch im Hinblick auf informelle oder sogar illegale Pflegearrangements – immer häufiger diskutiert (s. z. B. Pfau-Effinger, Geissler 2005). Ein weiteres wichtiges Forschungsfeld ist die Frage nach der Auswirkung verschiedener Pflegeregimes auf die Qualität der Pflege und die Beziehung zwischen Pflegern und Gepflegten (z. B. Ungerson 2004). In diesem Zusammenhang werden in neuerer Zeit in den meisten Ländern vorrangig ambulante Leistungen gefördert, die einerseits Kostenersparnisse mit sich bringen und andererseits den Älteren möglichst lange ein selbst bestimmtes Leben in den eigenen vier Wänden ermöglichen sollen (Bahle, Pfenning 2001b: 13). Betrachtet man „social care services" als alle Betreuungsdienste, die die Autonomie von Pflegern und Pflegeempfängern erhöhen (wie zum Beispiel Kinderbetreuungseinrichtungen, institutionelle Altenpflege, ambulante Hilfe), lassen sich in Westeuropa in Übereinstimmung mit den obigen Ausführungen fünf „care-regimes" (Anttonen, Sipilä 1996) herausarbeiten:

(1) das skandinavische Modell öffentlicher Pflegedienste,
(2) das anglo-sächsische Modell bedarfsgeprüfter Pflegeleistungen,
(3) das Subsidiaritätsmodell (Deutschland und die Niederlande),
(4) das französisch-belgische Modell familienpolitischer Leistungen sowie
(5) das traditionelle Modell der familialen Pflege (Südeuropa).

---

[13] In Italien haben schätzungsweise über 80 Prozent der häuslichen Langzeitpfleger einen Migrationshintergrund. Viele dieser Personen befinden sich trotz Legalisierungsanstrengungen seit 2002 entweder illegal in Italien oder zumindest in einem nicht-legalen Arbeitsverhältnis (Lamura et al. 2006).
[14] In Griechenland wurde 1992-98 allerdings die nationale Gesetzgebung im Hinblick auf soziale Dienstleistungen stark verändert, um klare Strukturen zu schaffen (Anheier, Kumar 2003: 151).

Es ist allerdings zu beachten, dass solche (Pflege-) Dienstleistungen nicht in allen Ländern gleichermaßen an ältere Personen und Kinder gerichtet sind: Staaten wie Belgien, Frankreich und Italien investieren eher in den Nachwuchs, während in den Niederlanden ein Hauptteil der Leistungen an Ältere geht. Gleichermaßen ausgeprägt sind die Dienste für Alt und Jung in Dänemark und Schweden und vergleichbar wenige Angebote existieren für diese Bevölkerungsgruppen in Griechenland, Spanien und Deutschland (Anttonen, Sipilä 1996: 94).

Tabelle 3.1   SHARE – Sozialstaatliche Dimensionen im Überblick

Wohlfahrt	liberal	sozial-demokratisch	konservativ		familialistisch
	-	SE, DK, (NL)	BE, FR, AU, DE, (CH)		ES, IT, GR
Sozial- und Familienpolitik	private Autonomie, Familie implizit	egalitär-universalistisch, Familie implizit	konservativ stützend, Familie explizit	konservativ, Familie explizit	subsidiär
	-	SE, DK, (NL)	BE, FR	AU, DE, (CH)	ES, IT, GR
Soziale Dienste	privatwirtschaftlich	öffentlich	öffentlich, familienbezogen	Non-Profit und Kirche, subsidiär	rudimentär-nachholend, privat
	-	SE, DK	BE, FR	AU, DE, NL	ES, IT, GR
Pflege	bedarfsgeprüfte Leistungen	öffentliche Dienste	familienpolitische Leistungen	subsidiär	familial
	-	SE, DK	BE, FR	DE, NL	ES, IT, GR

Quelle: Eigene Darstellung unter Verwendung der oben angegebenen Literatur.

Tabelle 3.1 fasst die unterschiedlichen Typologisierungen für die SHARE-Länder nochmals zusammen. Sie lassen sich aufgrund politischer und marktwirtschaftlicher Strukturen demnach in zwei distinkte Regionen (Nord, Süd) und eine 'Restkategorie' (Mitte) einteilen, die mit den eingangs genannten Regimetypologien weitgehend in Einklang stehen.

Hilferegimes?

Auch wenn alltägliche Hilfe – im Gegensatz zur Altenpflege, für die inzwischen in weiten Teilen Europas auch eine staatliche Verantwortung erkannt und signalisiert wird – weitgehend noch immer als 'private' Angelegenheit gilt, sind entsprechend der theoretischen Vorüberlegungen Zusammenhänge zwischen Unterstützungsleistungen in Familien, Staat und Markt (institutionelle Angebote/finanzielle Leistungen für Bedürftige und Familien) zu vermuten. Auch der kulturelle Kontext bestimmt intergenerationale Beziehungen. Allerdings hat eine komparative Studie über alltägliche Hilfeleistungen zum jetzigen Zeitpunkt explorativen Charakter, da im

Gegensatz zur Pflegeforschung kaum konkrete kontextuelle Einflüsse auf alltägliche Hilfe bekannt oder belegt sind. Der Zugang zu Unterstützungsleistungen unterhalb der Pflegeschwelle ist noch weitgehend unbekanntes Terrain in der Wohlfahrtsforschung. Haushaltsnahe Dienste – als direktes Substitut für private Hilfe im Haushalt – wurden beispielsweise selten explizit unter die Lupe genommen, schon gar nicht im europäischen Vergleich.[15]

Auf Basis der beschriebenen Unterschiede zwischen Sozialstaaten sollten sich jedoch fünf 'Hilferegimes' ausmachen lassen, insofern wie oben ausgeführt private Hilfeleistungen (und damit auch Hilfe zwischen Generationen) von Familienkultur und Religion, Wohlfahrtspolitik, sozialem Dienstleistungs- und Pflegeangebot beeinflusst werden. Man kann demnach vermuten, dass sporadische private Hilfeleistungen vor allem in Staaten mit einer ausgedehnten öffentlichen Unterstützung der Familie und/oder Bedürftiger stattfinden sollten. In Ländern, in denen der Staat hohe Mitverantwortung trägt, können Individuen eher Hilfe an Verwandte und Bekannte leisten, wenn, wann und wie sie wollen. Dies gilt vermutlich vor allem für die skandinavischen Länder, Belgien, Frankreich – und in eingeschränktem Maße für die Niederlande. In Staaten, in denen die Verantwortung für (bedürftige) Familienmitglieder vor allem bei der Familie selbst liegt, sind eher weniger, aber dafür zeit- und betreuungsintensive private Unterstützungsleistungen zu erwarten, die aufgrund der Konzentration auf Notlagen auf Kosten der Diversität der geleisteten Hilfe gehen. Dieses Wohlfahrts-, Familien-, Dienstleistungs- und Hilferegime dürfte sich vor allem in Mitteleuropa (Deutschland, Österreich, Schweiz) und in Südeuropa (Spanien, Italien, Griechenland) finden.

Im Folgenden wird dargestellt, inwieweit sich die Spezialisierungsthese und die darauf gründende theoretische Einteilung von Hilferegimes auf Basis der Forschung bis dato empirisch stützen lassen. Dabei werden die Ergebnisse nationaler und internationaler Studien hinsichtlich des Einflusses von Kultur, Staat und Markt auf intergenerationale Unterstützungsleistungen zusammengefasst.

3.4 Intergenerationale Unterstützung und Kontext: Forschungsstand

Schon Shanas (1967) beschreibt unterschiedliche Hilfemuster in der Familie in Abhängigkeit von der beruflichen Stellung im Ländervergleich (Dänemark, Großbritannien, USA), eine Weiterführung komparativer Analysen findet aber erst in jüngerer Zeit statt. Die bisherigen Studien zu den Auswirkungen kulturell-kontextueller Strukturen auf private Generationensolidarität kommen zu sehr un-

---

[15] Eine Ausnahme bilden z. B. Bahle und Pfennig (2001a; 2001b), die sich aber vor allem mit den Trägerschaften und der Integration verschiedener Dienste beschäftigen.

einheitlichen Ergebnissen. Dies ist auf Basis unterschiedlicher Definitionen, Operationalisierungen und Untersuchungsanlagen nicht verwunderlich, zumal 'crowding in' und 'crowding out' sich auch theoretisch und empirisch nicht ausschließen (Künemund, Rein 1999: 116; Reil-Held 2004: 24): Wenn die Familie eine Aufgabe an den Staat 'abgibt', übernimmt sie, wie in Abschnitt 3.2 beschrieben, möglicherweise im Sinne der Spezialisierungsthese eine andere, und das führt unter Umständen sogar insgesamt zu einer effizienteren, weniger belastenden und umfassenderen Versorgung von Hilfebedürftigen.

Intergenerationale Beziehungen, Kultur und Religion

Die wenigen Studien zum Einfluss von Kultur und Religion auf Generationenbeziehungen beschäftigen sich nicht explizit mit intergenerationaler Hilfe und prüfen Zusammenhänge auf der individuellen Ebene. Demnach hat die Bedeutung von Religion und die Kirchgangshäufigkeit der Mutter unabhängig von der Konfession einen positiven Einfluss auf die wahrgenommene Beziehungsqualität zwischen Mutter und Kind (Pearce, Axinn 1998). Es lässt sich für Deutschland zudem zeigen, dass Katholiken und Angehörige anderer Glaubensgemeinschaften (nicht aber Protestanten) über engere Beziehungen zu ihren erwachsenen Kindern berichten als Konfessionslose; befragt man Kinder zu ihren Eltern, gilt dies auch für Protestanten (Szydlik 2000: 184ff.). Die Konfession selbst scheint also eine geringere Rolle zu spielen als die Zugehörigkeit zu einem Glauben an sich und die Glaubensausübung. Der positive Zusammenhang zwischen Kirchgang und Kontakt, Wohnentfernung, Koresidenz sowie gemeinsamen Aktivitäten lässt sich international bestätigen (Murphy 2004: 49f.). Mindestens ebenso bedeutend scheinen aber Wertvorstellungen und Einstellungen gegenüber der Familie zu sein, die eine wichtige Unterstützungsmotivation sind (Henger 2005).

Allerdings kann hinsichtlich der Stärke familialer Werte auf Länderebene auch ein gegenteiliger Zusammenhang belegt werden, wenn man bedenkt, dass ein starker Familialismus häufig mit wenig staatlicher Unterstützung der Familie einhergeht (s. Abschnitt 3.3). Die Familie reagiert dann auf Be- und Überlastungen unter anderem mit einer Konzentration auf wenige Familienmitglieder, wie dies auch im Rahmen der „too-much-family"-Hypothese (Livi-Bacci 2001) hinsichtlich der niedrigen Fertilität in Italien bemerkt wird: „The irony is that what is considered as a profamily social policy in these countries, maintains family responsibilities by force (lack of alternatives), but at the expense of family formation" (Daatland 2001: 19). Je mehr die Familie auf sich allein gestellt ist, desto größer ist auch die Gefahr, dass sie die ihr übertragenen Aufgaben nicht mehr leisten kann. Kultur, Religion und Familienwerte beeinflussen demnach private intergenerationale Unterstützungsleistungen einerseits direkt, haben andererseits aber auch einen wesentlichen Einfluss auf öffentliche Ausgaben und Dienste.

Öffentliche Ausgaben: 'Crowding in' und 'crowding out'

Die Forschung zum Einfluss des Staates auf intergenerationale Transfers konzentriert sich bisher vor allem auf wohlfahrtsstaatliche (Renten-) Ausgaben. Während beispielsweise in Deutschland die Alterssicherung über die Nachkommenschaft im Laufe des 19. und 20. Jahrhunderts durch die staatliche Rentenversicherung ersetzt wurde, hat heute das Niveau wohlfahrtsstaatlicher Sicherung einen positiven Einfluss auf die Geldsummen, die nach dem „Kaskadenprinzip" vor allem von Eltern an ihre Kinder fließen (z. B. Kohli 1999). Je mehr finanzielle Ressourcen ältere Menschen haben, desto mehr können sie an ihre Kinder weitergeben, und desto mehr Hilfe erhalten sie im Zuge von Reziprozitätserwägungen von ihren Kindern (Künemund, Rein 1999: 116).

Auf der anderen Seite zeigt sich mit den deutschen Einkommens- und Verbrauchsstichproben unter Berücksichtigung unterschiedlicher Abhängigkeitsstufen von öffentlichen (Renten-) Transfers, dass neben einem 'crowding in' aufseiten geleisteter finanzieller Transfers von den betagten Eltern auch aktuell ein 'crowding out' stattfindet, was die von ihnen empfangenen Transfers angeht (Reil-Held 2006). „Die ökonomische Kooperation unter Familienmitgliedern ist in der Regel nicht mehr von vitaler Bedeutung, da der staatliche Generationenvertrag in Form der Rentenversicherung die Generationenbeziehung weitgehend von dringenden materiellen Verpflichtungen entlastete. Jedoch sind Familienmitglieder bezüglich [...] Dienstleistungen, Kommunikation und emotionaler Unterstützung in hohem Maße voneinander abhängig" (Dallinger, Walter 1999: 68).

Öffentliche Dienste: Komplementarität und Spezialisierung

Was gilt nun für alltägliche Hilfe? Erste international vergleichbare Ergebnisse mit den SHARE-Daten zeigen, dass sich Unterstützungsleistungen von erwachsenen Kindern in Europa der Häufigkeit nach von Nord (häufig) nach Süd (selten) und der Intensität nach von Süd (hoch) nach Nord (niedrig) verteilen (Ogg, Renaut 2006; Albertini et al. 2007; Bonsang 2007). Allerdings werden dabei Hilfe- und Pflegeleistungen gemeinsam untersucht, sodass letztendlich nicht zu ermitteln ist, ob beide Unterstützungsarten demselben Muster folgen.

Wenn es um Unterstützung für ältere Menschen geht, wird im Sinne der Komplementarität staatlicher und familialer Leistungen festgestellt, dass Familienmitglieder sich auch weiterhin unterstützen, wenn der Staat mehr Verantwortung im privaten Bereich übernimmt (z. B. Attias-Donfut, Wolff 2000; Daatland, Herlofson 2003). Insgesamt findet man dort ein höheres Unterstützungsniveau, wo öffentliche Leistungen ausgebaut und durch familiale Leistungen ergänzt werden. Dies wird als ein Beleg für die 'gemischte Verantwortung' von Staat und Familie angeführt. Auch wenn die Familie in gut ausgebauten Wohlfahrtssystemen weniger Leistungen übernimmt, ist die Versorgungslage älterer Menschen dort besser (Bahle, Pfenning

2001a; Motel-Klingebiel et al. 2005). Unterstützung in der Familie nimmt mit dem Ausbau öffentlicher Leistungen also nicht zwingend in gleichem Maße ab, wie dies die Substitutions- oder 'crowding out'-These vorhersagen würde. Möglicherweise führt der Ausbau sozialer Sicherungssysteme sogar zu einer Stärkung der intergenerationalen Solidarität ('crowding in'), weil Familienmitglieder eher zur Hilfe bereit sind, wenn der Aufwand leicht zu tragen ist (Künemund, Rein 1999: 97).

Es existiert in diesem Zusammenhang bislang keine Studie, die Dienstleistungen im internationalen Vergleich als infrastrukturelle Gegebenheit auf der Makroebene in Zusammenhang mit dem Verhalten in Familien bringt. Untersuchungen, die die Serviceinfrastruktur als wichtigen Einflussfaktor auf Solidarität zwischen Generationen berücksichtigen, überprüfen deren Einfluss auf Mikroebene (z. B. Bazo, Ancizu 2004; Motel-Klingebiel et al. 2005). Für Norwegen kann beispielsweise gezeigt werden, dass Ältere, die mehr haushaltsbezogene Dienste in Anspruch nehmen, auch häufiger Hilfe bei Hausarbeiten und Einkäufen von ihren Kindern erhalten (Lingsom 1997: 250). Dänische Längsschnittdaten (1987 und 1997, je drei Altersgruppen) ergeben, dass die Familie in jüngerer Zeit als Unterstützungsgeber an Bedeutung gewonnen hat (Leeson 2005).

Damit einhergehend scheinen sich auch die Unterstützungsmotive zu verändern: „Finally, an interesting finding is that the availability of money and time does not seem to be a very important condition for the exchange of instrumental support. This seems to suggest that these days giving and receiving instrumental support in families is more voluntary than it used to be" (Dykstra et al. 2006: 103). Zudem lässt sich aus einer schwedischen Studie schließen, dass die hohe wohlfahrtsstaatliche Absicherung dazu geführt hat, dass emotionale Verbundenheit zu einem der wichtigsten Gründe für Unterstützung zwischen Familienmitgliedern geworden ist (Björnberg, Ekbrand 2007). „Es gibt zahlreiche Hinweise, dass die emotionale Bindung von Eltern und Kindern bei wirtschaftlicher Unabhängigkeit der Eltern im Alter kulturübergreifend fortbesteht, ja sogar zunimmt" (Trommsdorff 1993). Trägt der Staat also eine ausgeprägte Mitverantwortung für Bedürftige, ist es nicht mehr die pure Notwendigkeit, die Familienmitglieder zum Helfen zwingt – Hilfe wird zu einer freiwilligen Entscheidung, die unter anderem von Möglichkeiten und Zuneigungsgefühlen der potenziellen Geber abhängt.

Doch nicht nur die Motive verändern sich, auch die Hilfeaufgaben selbst: Springt der Staat bei der Altenbetreuung ein, scheint sich die Familie eher auf die weniger belastenden Unterstützungsformen zu spezialisieren (Daatland, Lowenstein 2005: 178f.). Sie bekommt mit dem Ausbau des Wohlfahrtsstaates neue Aufgaben, wie im Falle der Pflege beispielsweise die des 'Fallmanagers', der sich um die Regelung der Inanspruchnahme von professionellen Pflegediensten kümmert (Daatland, Herlofson 2003: 284). Auch die Unterbringung in Seniorenwohnheimen verändert familiale Hilfe, zum Beispiel hin zu sporadischer Hilfe bei finanziellen Angelegenheiten, Einkäufen und Transport (Knipscheer, Visser-Jansen 2004: 30). Lingsom

(1997: 204f.) findet trotz Veränderungen der Pflegeangebote ein relativ stabiles Pflegevolumen in der Familie von 1980 bis 1990, jedoch eine Erhöhung der Zahl der Pflegenden und eine Verringerung der jeweiligen (zeitlichen) Pflegeintensität. Art und zeitliche Intensität der Unterstützungsleistungen in der Familie hängen offensichtlich mit den staatlichen Rahmenbedingungen zusammen: „Within complementarity, the findings favour the family specialisation hypothesis, implying that more generous inputs from the welfare state enable, or trigger, families to direct solidarity towards other roles and functions" (Daatland, Herlofson 2003: 301).

Insgesamt deutet alles darauf hin, dass sich zumindest im Norden Europas (Norwegen, Schweden, Dänemark, Niederlande) mit dem Ausbau der Sozialleistungen die Aufgabenteilung zwischen Staat und Familie verändert hat. Es werden nicht weniger, sondern andere Leistungen in der Familie erbracht: „Family members do not regard themselves as caregivers to a large extent [...] – they see themselves rather as having a social supportive role in relation to their older family members (parents) and practical tasks which they may help with are seen as a natural part of this supportive rather than caring role" (Leeson 2004: 18). Die Familie übernimmt eher sporadische Leistungen und gibt diejenigen Aufgaben, die schwer mit anderen Verpflichtungen vereinbar sind, an formale Organisationen ab, wenn die Möglichkeit besteht.

Wie theoretisch vermutet, zeigen sich also Hinweise auf die Gültigkeit der Spezialisierungsthese und damit verbunden auch eine Tendenz zu mehr „Intimität auf Abstand" (Rosenmayr, Köckeis 1965) zwischen Generationen in der Familie. „The findings indicate that the welfare state has not crowded out the family in elder care, but has rather helped the generations establish more independent relationships. Intergenerational solidarity is substantial in both the northern and southern welfare state regimes, and seems to vary in character more than in strength" (Daatland, Lowenstein 2005: 174).

3.5 Hilfe zwischen Generationen in Europa: Hypothesen

In den folgenden empirischen Analysen werden auf Grundlage der SHARE-Daten familien- und sozialpolitische Ausgaben, soziale Dienstleistungen wohlfahrtsstaatlicher und marktwirtschaftlicher Träger sowie die Bedeutung der Familie im Rahmen der Staatsausgaben mit den unterschiedlichen Hilfeniveaus und Hilfeintensitäten in den Ländern verknüpft, und zwar unter Berücksichtigung der in Abschnitt 2.3 beschriebenen Zusammenhänge auf Beziehungs-, Personen-, und Familienebene. Zuvor sollen in diesem Abschnitt die Erwartungen hinsichtlich des Einflusses kulturell-kontextueller Strukturen abschließend gebündelt werden.

Konkret lässt sich vor dem Hintergrund der dargelegten Theorien und Studien vermuten, dass das Unterstützungsniveau in europäischen Ländern mit ausgebauten

Sozialleistungen höher ist als in solchen mit geringem Sozialangebot. Je weiter der Sektor der Sozial- und Gesundheitsleistungen in einem Land ausgebaut ist und je mehr sozial- und familienpolitische Ausgaben durch den Staat geleistet werden, desto mehr wird die Familie bei der intensiven Betreuung Bedürftiger (einschließlich Älterer) entlastet. So können sich Angehörige ohne schwerwiegende Vereinbarungskonflikte Aufgaben wie zum Beispiel der sporadischen, kurzfristigen Unterstützung der Eltern bei der Haushaltsführung widmen.

Im Hinblick auf die Hilfeintensität sind nach der Spezialisierungsthese entgegengesetzte Effekte zu erwarten: Je höher das Angebot an Sozialleistungen, desto weniger intensiv fällt die Hilfe zwischen Generationen im Einzelnen aus. Zeitaufwendige, langfristige Hilfeleistungen können in Ländern mit niedrigem Dienstleistungsniveau und geringen finanziellen Leistungen für Familien und Bedürftige kaum an professionelle Dienstleister abgegeben werden. Diese intensive Betreuung in der Familie geht dann aber auf Kosten anderer Verpflichtungen und Bedürfnisse der helfenden Familienmitglieder. In Ländern, wo Dienste und finanzielle Mittel zur Verfügung stehen, dürften solche Aufgaben daher eher professionellen Anbietern überlassen werden.

Hinsichtlich der Familienkultur zeigt die Forschung, dass sich soziale Werte und Normen (auch) im Einzelfall auf die Enge der Generationenbeziehungen auswirken. Auf Basis dieser Ergebnisse ist zu erwarten, dass religiös engagierte Personen ihren Eltern oder Kindern eher helfen und mehr Hilfe von diesen erhalten. Außerdem sollten Befragte mit hoher Familienorientierung eher generationenübergreifende Hilfe leisten und erhalten.

Auf Länderebene sind starke Familienwerte und Verpflichtungsnormen jedoch mit staatlicher Zurückhaltung im familialen Bereich verknüpft: In Ländern, in denen üblicherweise die Familie die Verantwortung für die Unterstützung Bedürftiger übernimmt, sind staatliche Sozialleistungen häufig wenig ausgebaut und die Familie hat einen hohen (privaten) Stellenwert. Überträgt man die vorangegangenen Argumente von der Familiengründung auf den Familienzusammenhalt beziehungsweise Hilfeleistungen zwischen Generationen, ist zu erwarten, dass in Ländern mit geringen Sozialleistungen, starken Familiennormen und einer ausgeprägten Hilfeverpflichtung der Familienmitglieder insgesamt seltenere, aber sehr intensive Hilfe zwischen den Generationen erfolgt. Diese Hilfeleistungen erfolgen dann vermutlich auch seltener auf freiwilliger Basis als in Ländern mit einer ausgeprägten staatlichen Mitverantwortung.

4 Daten und Methoden

Die folgenden Abschnitte dienen der methodischen Vorbereitung der Analyse von Generationentransfers: Datengrundlage, Stichprobe und Operationalisierungen (Abschnitt 4.1) sowie statistische Verfahren (Abschnitt 4.2) werden detailliert erläutert. Außerdem soll eine kritische Betrachtung der verwendeten Daten und Methoden (Abschnitt 4.3) dazu beitragen, dass die Reichweite der in Kapitel 5 bis 7 präsentierten multivariaten Analysen eingeschätzt werden kann.

4.1 SHARE

Die folgenden Analysen basieren auf dem zweiten Release der ersten Welle des Survey of Health, Ageing and Retirement (SHARE) und umfassen elf europäische Länder (Schweden, Dänemark, Niederlande, Belgien, Frankreich, Deutschland, Österreich, Schweiz, Spanien, Italien und Griechenland).[16] Auswahlgrundlage für die Stichprobe sind alle Personen ab 50 Jahren in den teilnehmenden europäischen Staaten und ihre (auch jüngeren) Partner im Haushalt. Insgesamt wurden 28'517 Personen in Europa befragt, wobei großer Wert auf die Vergleichbarkeit der Fragen und die Einheitlichkeit der Kategorisierungen gelegt wurde. Im Folgenden werden die Fragen, welche als Grundlage für die Analyse alltäglicher Hilfeleistungen zwischen Eltern und Kindern dienen, im Wortlaut wiedergegeben.

---

[16] Folgende Erklärung ist mit der Datennutzung verbunden: „This paper uses data from Release 2 of SHARE 2004. The SHARE data collection has been primarily funded by the European Commission through the 5th framework programme (project QLK6-CT-2001-00360 in the thematic programme Quality of Life). Additional funding came from the US National Institute on Ageing (U01 AG49740-13S2, P01 AG405842, P01 AG48291, P30 AG32815, Y1-AG-4553-01 and OGHA 04-064). Data collection in Austria (through the Austrian Science Foundation, FWF), Belgium (through the Belgian Science Policy Office) and Switzerland (through BBW/OFES/UFES) was nationally funded. The SHARE data collection in Israel was funded by the US National Institute on Aging (R21 AG425169), by the German-Israeli Foundation for Scientific Research and Development (G.I.F.), and by the National Insurance Institute of Israel. Further support by the European Commission through the 6th framework program (projects SHARE-I3, RII-CT-2006-062193, and COMPARE, 028857) is gratefully acknowledged. The SHARE data set is introduced in Börsch-Supan et al. (2005); methodological details are contained in Börsch-Supan and Jürges (2005)".

Geleistete Hilfe wurde mittels folgender Frage erfasst: „*Jetzt würde ich Ihnen gerne einige Fragen zu der Hilfe stellen, die Sie anderen geleistet haben. In den letzten zwölf Monaten haben Sie persönlich einem Familienmitglied außerhalb Ihres Haushalts, einem Freund oder einem Nachbarn eine der [...] aufgeführten Arten von Hilfe geleistet?*". Empfangene Hilfe wurde hingegen auf Paarebene abgefragt, wobei als Befragungsperson einer der Partner als 'Familienbefragter' ausgewählt wurde: „*Denken Sie jetzt bitte an die letzten zwölf Monate. Haben Sie [oder Ihr Partner] in dieser Zeit von einem Familienmitglied außerhalb Ihres Haushalts, von Freunden oder von Nachbarn Hilfe bekommen, die [...] aufgeführt wird?*"[17]

Die Befragten konnten bis zu drei Personen nennen, denen sie Hilfe zukommen ließen oder von denen sie Hilfe erhalten haben. Dabei wurden drei mögliche Kategorien vorgelegt, von denen die beiden folgenden in die Auswertungen eingehen:[18]

„*Praktische Hilfe im Haushalt, z. B. bei kleinen Reparaturen, bei der Gartenarbeit, beim Einkaufen oder bei der Hausarbeit*" sowie

„*Hilfe mit Behörden und Ämtern, zum Beispiel beim Ausfüllen von Formularen, bei finanziellen oder rechtlichen Angelegenheiten*"

Diese konkreten Beispiele haben zwar den Nachteil, dass erfasste Hilfeleistungen eher unterschätzt werden, da sie sehr spezifisch abgefragt wurden. Die Hilfebeschreibungen haben aber den großen Vorteil, dass so die Angaben zwischen den Ländern nicht durch kulturell unterschiedliche Vorstellungen von 'Hilfe' verzerrt sein sollten.

Für die Hilfeintensität wird auf die folgende Frage zurückgegriffen: „*Ungefähr wie viele Stunden insgesamt haben Sie diese Hilfe [...] in einer typischen Woche [...] geleistet?*" beziehungsweise „*Ungefähr wie viele Stunden insgesamt erhielten Sie [oder Ihr Partner] von dieser Person [...] in einer typischen Woche in den letzten zwölf Monaten diese Hilfe?*"

Wenn im Folgenden von Hilfeniveau oder -häufigkeit die Rede ist, bezieht sich dies auf die relative Anzahl der Hilfebeziehungen zwischen Eltern und Kindern im jeweiligen Land, während in Gesamtmodellen über alle Länder von der Hilfewahrscheinlichkeit gesprochen wird. Als Indikator für die Hilfeintensität dienen die pro Woche geleisteten Stunden in Hilfebeziehungen. Dabei wird eine Zahl von höchstens 8 Hilfestunden pro Tag und Helfer festgesetzt ('top-coding'). Zudem werden Beziehungen, in denen Hilfe *und* Pflege geleistet wird, bei Intensitätsanalysen nicht berücksichtigt, da die Stundenzahl in diesem Falle nicht exakt auf die Leistungsarten aufgeteilt werden kann. Diese konservative Vorgehensweise wird gewählt, da Pflege zwar häufig Hilfe, Hilfe aber nicht unbedingt Pflege beinhaltet.

---

[17] In diesem Falle repräsentiert auch in den folgenden Analysen jeweils nur ein Befragter beide Partner.

[18] Die dritte, hier nicht weiter untersuchte Kategorie bezieht sich auf persönliche Pflege und zwar „a) beim Anziehen (einschließlich Socken und Schuhe), b) beim Baden oder Duschen, c) beim Essen (z. B. beim Zerkleinern der Speisen), d) beim Hinlegen oder aus dem Bett aufstehen, e) beim Benutzen der Toilette (auch beim Aufstehen und Hinsetzen)", s. hierzu z. B. Haberkern, Szydlik (2008).

Partner unter 50 Jahren werden nicht in die Analysen einbezogen, da für sie keine Gewichtungsinformationen zu Verfügung stehen und die Einheitlichkeit der Stichprobe hinsichtlich des (Mindest-) Alters gewahrt werden soll. Verwendet werden zudem nur Informationen aus Interviews, in denen der Informant laut Interviewereinschätzung den Großteil der Fragen verstanden hat und nicht (dauerhaft) im Alten- oder Pflegeheim untergebracht ist. Haushalte, in denen die Haushaltsangaben (Einkommen, Unterbringung in Heimen) der Partner nicht deckungsgleich sind, werden ebenfalls ausgeschlossen. Der Erhalt ambulanter Dienste kann aufgrund von Filterführungsproblemen nur für Schweden, Dänemark, die Niederlande, Belgien, Deutschland, Österreich und Italien untersucht werden (SHARE Project 2008). Immerhin ist diese Länderauswahl aber exemplarisch für die verschiedenen im SHARE befindlichen Wohlfahrtstypen.

Die empirischen Analysen umfassen Personen ab 50 Jahren (G2) mit mindestens einem außerhalb des Haushalts lebenden Elternteil (G1) oder mit mindestens einem außerhalb des Haushalts lebenden erwachsenen Kind (G3).[19] Der Ausschluss haushaltsinterner Beziehungen hat sowohl praktische als auch inhaltliche Gründe: Einerseits wurden Hilfeleistungen innerhalb des Haushaltes im SHARE nicht erhoben. Andererseits könnten solche wohl auch kaum sinnvoll quantifiziert werden (Künemund, Vogel 2006; Ogg, Renaut 2006: 733), da bei einer geteilten Wohnung immer die Frage wäre, wer von wem inwiefern und in welchem Ausmaß profitiert, und was als alltägliche Hilfe angesehen werden kann.[20]

In den folgenden Hilfeanalysen (Kapitel 5 und 6) werden Hilfeleistungen zwischen Eltern und Kindern auf Dyadenebene betrachtet, Grundlage sind alle haushaltsexternen Eltern-Kind-Beziehungen.[21] Einen ersten Überblick über die zu untersuchenden Hilfeströme gibt Abbildung 4.1. Betrachtet man Eltern-Kind-Dyaden in den SHARE-Ländern, hat die von den Befragten (G2) an ihre betagten Eltern (G1) geleistete Hilfe das stärkste Gewicht: Jeder vierte Elternteil im Alter ab 65 erhält Hilfe vom außerhalb des Haushalts lebenden Kind (50+). Zwischen den

---

[19] Wenn Kinder im selben Haus in einer eigenen Wohnung wohnen, werden sie berücksichtigt. Da im Survey einige wichtige Informationen über höchstens vier Kinder (G3) erhoben wurden, beziehen sich alle folgenden Analysen zu den Hilfeleistungen zwischen G3 und G2 ausschließlich auf diese vier möglichen Dyaden.

[20] Man kann zudem feststellen, dass erwachsene Kinder nicht immer freiwillig mit ihren Eltern zusammenleben, sondern gerade in Südeuropa aus ökonomischer Notwendigkeit dazu angehalten sind (Barbagli 1997: 37), was auch zu einer geringen Zufriedenheit mit dem Zusammenleben in mehrgenerationalen Haushalten führen kann und nicht per se mit mehr gegenseitiger Unterstützung gleichzusetzen ist (Hashimoto et al. 1992: 301). Informationen über Koresidenzanteile und die Zahl der Generationenbeziehungen in den SHARE-Ländern können Tabelle A.1 im Anhang entnommen werden.

[21] Dies ist ein wichtiger Unterschied zu anderen Studien, die Unterstützungsleistungen zumeist auf Personenebene betrachten und so naturgemäß höhere Hilferaten feststellen. In dieser Studie erfolgt erst die gemeinsame Betrachtung aller intergenerationalen Hilfeströme in Kapitel 7 auf Personenebene.

Generationen G3 (18+) und G2 (50+) erfolgt Hilfe hingegen durchschnittlich in sieben beziehungsweise acht Prozent der Beziehungen.[22]

Abbildung 4.1   Hilfe zwischen Eltern und Kindern

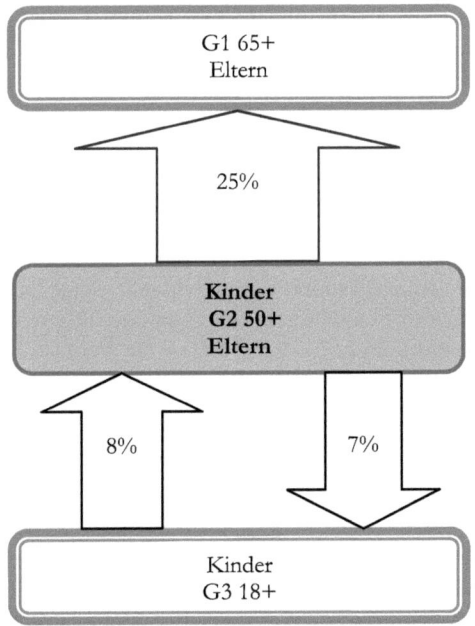

Datenbasis: SHARE 2004 release 2, eigene Berechnungen, ungewichtet[23], n=8'108 G2-G1 Dyaden; 29'150 G2-G3 Dyaden; 42'193 G3-G2 Dyaden.

Diese Hilfeleistungen werden in den Kapiteln 5 bis 7 in Zusammenhang mit den in Kapitel 2 und 3 hergeleiteten Einflussfaktoren auf Dyaden-, Personen-, Haushalts-

---

[22] Bei Vergleichen zwischen den Transferströmen ist zu beachten, dass die Verwendung von Dyadeninformationen im Hinblick auf Kinder zu einer vergleichsweise hohen Basisfallzahl führt. Eine Person mit vier Kindern geht mit vier Kinderbeziehungen in die Analysen ein. Wird davon ein Kind unter den drei möglichen Helfern genannt, so entspricht dies also 'nur' 25 Prozent. Selbst wenn also Hilfe an Kinder absolut häufiger vorkommt, ist Hilfe an die Eltern gemessen an den existierenden Beziehungen wahrscheinlicher. Informationen über die Anzahl der bestehenden Generationenbeziehungen in den Ländern können Tabelle A.1 im Anhang entnommen werden.

[23] Gesamtdurchschnitte über die Länder werden nicht gewichtet, um jedem Befragten (ungeachtet der Bevölkerungsgröße des Landes) dasselbe Gewicht zu geben.

und Länderebene gebracht. Detaillierte Informationen zur Operationalisierung der exogenen Variablen können dem Anhang (Tabelle A.2 bis A.7) entnommen werden. Die Verteilungen der berücksichtigten Merkmale in den Länderstichproben befinden sich in Tabelle A.8 bis A.12 – mit Ausnahme der kulturell-kontextuellen Strukturen, die in den jeweiligen empirischen Kapiteln zentral behandelt werden. Um die auf unterschiedlichen Ebenen gemessenen Variablen in einem Modell synchron hinsichtlich ihres Einflusses auf private Hilfe zwischen Generationen testen zu können, müssen spezielle statistische Verfahren zum Einsatz kommen, auf die nun eingegangen wird.

4.2 Die Analyse hierarchischer Daten

Die Mehrebenenanalyse wurde ursprünglich vor allem in der Bildungsforschung angewendet, wo Schülerleistungen außer von individuellen und familiären Faktoren auch vom Klassen- und vom Schulkontext abhängig sein können. Sie eignet sich aber auch zur Analyse hierarchischer Daten, wie sie im Familienkontext vorliegen (vgl. Snijders, Kenny 1999), und sie wird mittlerweile häufig für Ländervergleiche genutzt (z. B. Steenbergen, Jones 2002). Die Mehrebenenmodellierung hat vier große Vorteile gegenüber herkömmlichen multivariaten Analyseverfahren: Erstens erlaubt sie die systematische Analyse von Einflüssen verschiedener auf unterschiedlichen Ebenen gemessener Kovariaten auf die abhängige Variable. Zweitens führt die Beachtung der Mehrebenenstruktur zu unverzerrten Parameterschätzern. Drittens werden unter Berücksichtigung der Cluster (die Beobachtungen auf der jeweiligen Ebene tragen keine voneinander unabhängigen Informationen bei) korrekte Standardfehler geschätzt. Schließlich ist es dank der Mehrebenenanalyse möglich, die Gesamtvariation der abhängigen Variablen auf die verschiedenen Ebenen aufzuteilen (Guo, Zhao 2000: 444f.).

In der vorliegenden Arbeit werden 'random-intercept'-Modelle geschätzt (s. Hox 2002; Snijders, Bosker 2004; Rabe-Hesketh, Skrondal 2005), die Länder- und Familienstrukturen gleichermaßen berücksichtigen. Die vorliegenden SHARE-Daten umfassen (bis zu) vier Ebenen (Dyaden, Personen, Haushalte, Länder).[24] Die einzelne Dyade ist die kleinste Beobachtungseinheit. Personen, Haushalts- und Ländereigenschaften dagegen sind keine voneinander unabhängigen Beobachtungen und bilden daher die Ebenen 2, 3 und 4. In Abbildung 4.2 wird dies nochmals gra-

---

[24] Man könnte zusätzlich eine Paarebene unterhalb der Haushaltsebene einziehen, die jedoch in beinahe allen Fällen datentechnisch mit letzterer identisch ist: Nur in etwa einem Prozent der Haushalte leben außer der Befragungsperson (Single oder in Partnerschaft) weitere Personen, die nicht zur Kernfamilie (Eltern, Kinder, Enkelkinder) gehören. Die (technische) Haushaltsebene entspricht also der (inhaltlichen) Familienebene.

fisch am Beispiel der Elterndyaden dargestellt. Eigenschaften einer dyadischen Beziehung gehen jeweils nur einmal ins Modell ein (z. B. Geschlechterkombination Kind-Elternteil), Eigenschaften der Befragten dagegen zum Beispiel so oft, wie sie Kinder oder Elternteile haben. Damit würde bei einer einfachen Regression erstens die Annahme der Unabhängigkeit der Fehler verletzt und die Zahl der Freiheitsgrade überschätzt, was zu einer falschen Signifikanzschätzung führen kann. Zweitens würden die Eigenschaften von Befragten mit mehr Kindern beziehungsweise Elternteilen die Schätzung dominieren (Klein Ikkink et al. 1999: 835). Dasselbe gilt auch auf den höheren Ebenen, im extremsten Falle bei den Ländereigenschaften, für die nur elf unabhängige Messungen existieren.

Abbildung 4.2   Ebenenstruktur

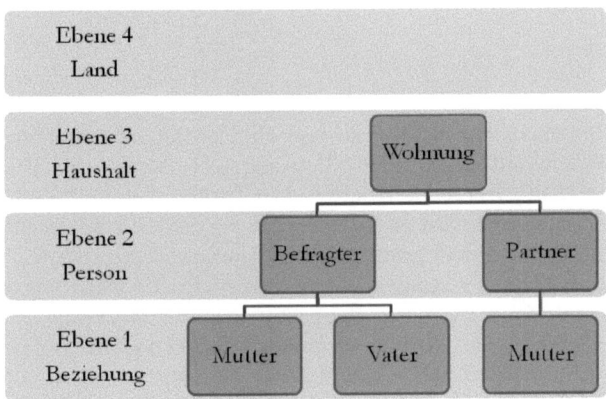

Quelle: Eigene Darstellung.

Im Falle der geleisteten Hilfe als dichotome abhängige Variable werden logistische Mehrebenenmodelle geschätzt, Hilfestunden erfordern hingegen lineare Modelle. Formal lässt sich die Grundgleichung für das Vierebenenmodell (1a) mit einer metrischen abhängigen Variablen y beziehungsweise (1b) mit einer dichotomen abhängigen Variablen y, einer unabhängigen Variablen x auf der untersten Ebene und 'random intercepts' folgendermaßen beschreiben (Guo, Zhao 2000: 446ff. (b); Snijders, Bosker 2004: 63ff. (a)):

$$y_{ijkl} = \beta_0 + \beta_1 x_{ijkl} + \varepsilon_{0ijkl} + u_{0jkl} + v_{0kl} + w_{0l} \tag{1a}$$

$$\log\left[\frac{p_{ijkl}}{(1-p_{ijkl})}\right] = \text{logit}(y_{ijkl}) = \beta_0 + \beta_1 x_{ijkl} + u_{0jkl} + v_{0kl} + w_{0l} \tag{1b}$$

mit den Subskripten *i* für Ebene 1 (Dyade), *j* für Ebene 2 (Person), *k* für Ebene 3 (Haushalt) und *l* für Ebene 4 (Land), der Konstanten β_0, und den (voneinander unabhängigen) Residuen ε_{0ijkl} (1a), u_{0jkl}, v_{0kl} und v_{0l} auf den Ebenen 1 (1a), 2, 3 und 4. Im Falle von (1b) $p_{ijkl} = \Pr(y_{ijkl} = 1)$ wird die Wahrscheinlichkeit des Ereigniseintritts mithilfe einer Logit-Funktion modelliert. Die Gesamtregressionsgleichung (1b) ergibt sich aus den ebenenspezifischen Gleichungen (2) bis (5):

$$\log\left[\frac{p_{ijkl}}{(1-p_{ijkl})}\right] = \beta_{0jkl} + \beta_1 x_{ijkl} \qquad (2)$$

$$\beta_{0jkl} = \beta_{0kl} + u_{0jkl} \qquad (3)$$

$$\beta_{0kl} = \beta_{0l} + v_{0kl} \qquad (4)$$

$$\beta_{0l} = \beta_0 + w_{0l} \qquad (5)$$

Entsprechend verhält es sich auch im linearen Modell (1a). In den folgenden Analysen wird ein unterschiedliches Niveau von Hilfeleistungen beziehungsweise Hilfestunden pro Woche auf der Dyaden-, Personen-, Haushalts- und Länderebene explizit modelliert. Auf variierende Koeffizienten ('random slopes') und Interaktionen ('cross-level interactions') wird in dieser Studie verzichtet, zum einen aus Gründen der Sparsamkeit ('parsimony') und andererseits aufgrund der spezifischen hierarchischen Struktur der Daten (wenige Gruppen mit vielen Beobachtungen auf Länderebene, viele Gruppen mit wenigen Beobachtungen auf Haushalts-, Personen- und Dyadenebene). Stattdessen werden wo möglich Einzelmodelle pro Land geschätzt, die Hinweise darauf geben, ob und inwiefern sich Mechanismen auf den unteren Ebenen in den Ländern unterscheiden.

Die Schätzung logistischer Modelle erfolgt mithilfe der Stata-Module 'xtmelogit' und 'GLLAMM' (Rabe-Hesketh et al. 2004; Grilli, Rampichini 2005; Rabe-Hesketh, Skrondal 2008). Die linearen Modelle wurden mit dem 'xt-mixed'-Modul in Stata unter Verwendung der Maximum-Likelihood (ML)-Schätzung berechnet. Um die Robustheit der Ergebnisse im Hinblick auf unterschiedliche Schätzverfahren zu prüfen, wurden die Modelle außerdem mit MLwiN nachgerechnet.[25] Da

---

[25] Bei der von GLLAMM und xtmelogit verwendeten 'adaptiven Gauß'schen Quadratur' werden mindestens sieben Integrationspunkte und – wo möglich – robuste Standardfehler verwendet (s. hierzu auch Aitkin 1999). Diese numerische Integrationsmethode hat sich in Simulationen als relativ stabil gegenüber unterschiedlichsten Stichprobenvoraussetzungen herausgestellt (Rabe-Hesketh et al. 2004: 31; Skrondal, Rabe-Hesketh 2004; Snijders, Bosker 2004: 219). Zudem kann im Gegensatz zu anderen Schätzverfahren wie 'marginal quasi-likelihood' (MQL) oder 'penalised quasi-likelihood' (PQL) die Deviance-Statistik und damit auch das Bayesian Information Criterion (BIC) sinnvoll interpretiert werden (Snijders, Bosker 2004: 218f. und 200). Bei Modellen, die mit MLwiN (MQL) geschätzt wurden, lässt sich hingegen keine

Stata keine (zeiteffiziente) Prozedur für multinomiale Mehrebenenmodelle anbietet, wurde in diesem Falle allein auf die Software MLwiN zurückgegriffen.

Bei den Analysen zum Einfluss von Makrofaktoren wird zuerst jeweils das Nullmodell dargestellt, aus dem die Intraclass Correlation (*ICC*) beziehungsweise der Anteil der Kontextvariation an der Gesamtvariation berechnet wird. Die *ICC* gibt also jeweils an, wie viel Prozent der Variation der abhängigen Variablen auf Ländereigenschaften zurückzuführen sind. Darauf folgt ein Modell unter Berücksichtigung der Dyaden-, Personen- und Haushaltseigenschaften. Im letzten Schritt wird das Gesamtmodell geschätzt, das zusätzlich den jeweiligen Makrofaktor enthält. So kann verglichen werden, inwiefern die berücksichtigten Ländereigenschaften im Vergleich zum 'reinen' Mikromodell die übrige Variation auf Länderebene tatsächlich aufzuklären vermögen.

Für empfangene Hilfe (Kapitel 6) können auf Basis der eingeschränkten Auswahl an Ländern keine Mehrebenenmodelle mit Länderkontextvariablen geschätzt werden. Dafür stehen aber für die (Familien-)Befragten aus sieben Ländern Informationen über erhaltene professionelle Dienstleistungen zur Verfügung. So werden Mehrebenenmodelle geschätzt, die formal drei Ebenen (Dyade, Paar, Land) berücksichtigen. Auch im letzten empirischen Kapitel 7 stehen keine Ländereigenschaften zu Verfügung, vielmehr werden Transferströme im Hinblick auf (weitere) kulturelle Unterschiede untersucht. Dabei stehen die jeweiligen Hilfebeziehungen der Person, nicht Dyaden im Vordergrund. Hier ist die multinomiale logistische Regression unter Berücksichtigung der hierarchischen Struktur der Daten (Person, Haushalt, Land) ein geeignetes statistisches Verfahren, um die bedingte Chance zu bestimmen, in eine der vier möglichen Kategorien zu fallen. Dabei werden im Prinzip drei Logit-Modelle synchron geschätzt (entsprechend Gleichung 1b), um die Einflüsse der verschiedenen Variablen auf 'Nehmen' versus 'keine Hilfe', 'Geben' versus 'keine Hilfe' und 'Austausch' versus 'keine Hilfe' zu berechnen.

Das auf der Deviance (*-2xLogLikelihood*) basierende Bayesian Information Criterion (*BIC*) dient im Folgenden als Vergleichsmaßstab für die Güte unterschiedlicher Modelle mit verschiedenen Makroindikatoren:

$$BIC = -2 \times LogLikelihood + k \times \ln(n) \qquad (6)$$

wobei k die Anzahl der Parameter und n die Anzahl der Beobachtungen auf der untersten Ebene bezeichnet.

---

verlässliche Aussage über die LogLikelihood machen, weshalb die darauf basierenden Statistiken in diesen Fällen nicht interpretiert werden.

Im Falle der 'quasi-metrischen' Verwendung von Variablen wurde zuvor die Linearität der Effekte überprüft.[26] Dargestellt werden jeweils Koeffizienten, die positive (Werte>0) und negative (Werte<0) Effekte der unabhängigen Variablen anzeigen. Sie können in den linearen Modellen auf Basis von Semi-Elastizität bis zu einem Koeffizienten von |ß|=0,25 prozentual interpretiert werden (Wooldridge 2003: 46), da Hilfestunden logarithmiert wurden, um die Verteilungseigenschaften dieser abhängigen Variablen zu verbessern. Bei logistischen Modellen zeigen die Koeffizienten jeweils den Einfluss auf die Logits (logarithmierte Chance der Hilfeleistung bzw. des Hilfeempfangs) an. Der relative Einfluss einzelner Kovariaten in einem Modell lässt sich als Rangfolge anhand der z-Werte bestimmen (vgl. z. B. Preisendörfer 2001; Isengard 2005). Während in Wahrscheinlichkeitsmodellen alle Personen oder genauer Beziehungen eingehen, werden im Falle der Intensitätsanalysen nur noch die Helfer beziehungsweise Hilfebeziehungen berücksichtigt. Die Einflüsse verschiedener Faktoren müssen also in ihrem Zusammenspiel über die Modelle hinweg betrachtet werden.

Alle multivariaten Analysen werden ohne Gewichtung berechnet, da erstens im multivariaten Modell die gewichtungsrelevanten Faktoren kontrolliert werden und zweitens die Gewichtungsvariablen die jeweilige Populationsgröße mit einbeziehen. In deskriptiven Analysen werden die kalibrierten Designgewichte des SHARE verwendet (Klevmarken et al. 2005), mit Ausnahme von Gesamtdurchschnitte über alle Länder, wo wiederum die jeweilige Populationsgröße nicht in die Ergebnisse einfließen soll, und der 'drop off' Analysen, für die bis dato keine angepassten Gewichte existieren.

4.3 Kritische Betrachtung der Methode

Die komparative Forschung im Sinne Smelsers (2003) ist ein vergleichsweise junges Feld der soziologischen Forschung. Hier werden die Länder als Analyseeinheiten betrachtet, um kontextuelle Effekte zu identifizieren (Kohn 1987). Auch wenn es sich bei der vorgestellten Art der Analyse hierarchischer Daten mittlerweile um eine anerkannte und auch im Ländervergleich häufig verwendete Methode handelt, bleibt sie nicht ohne Kritik.

Zum Ersten unterscheiden sich die in der komparativen Forschung vorliegenden Daten von denjenigen in Bereichen, für welche die Mehrebenenanalyse entwickelt wurde: Während beispielsweise in der Bildungsforschung viele Cluster (Klas-

---

[26] Zusätzlich wurden umfassende Modelldiagnostiken (Multikollinearität, Heteroskedastizität, Linearität, Ausreißer, Spezifität, Sensitivität) und Konsistenztests (Operationalisierungen) durchgeführt (s. hierzu auch Pardoe 2003; Snijders, Berkhof 2006).

sen, Schulen) mit relativ wenigen Beobachtungen (Schüler) analysiert werden, sind es im Ländervergleich wenige Cluster (Länder), die sehr viele Beobachtungen (Personen, Haushalte etc.) umfassen. Einige Autoren schlagen daher vor, in einem solchen Falle 'two-step'-Verfahren anzuwenden, wo Einzelregressionen pro Gruppe geschätzt und einzelne Parameter (Koeffizienten, r^2-Werte etc.) mit Makroindikatoren in Beziehung gesetzt werden. Damit nützt man aus, dass auf der untersten Ebene genügend Beobachtungen zu Verfügung stehen, um in Einzelmodellen korrekte Parameter und Standardfehler zu schätzen. Andererseits führt eine solche Vorgehensweise aber auch zu einem Effizienzverlust (Kedar, Phillips Shively 2005). Hinsichtlich der Auswirkungen der unterschiedlichen Verfahren auf die jeweiligen Ergebnisse besteht kein Konsens (Beck 2005).

Zweitens besteht auch hinsichtlich der Mindestanzahl an Gruppen für die Mehrebenenanalyse kein Konsens, zumal es unterschiedliche Arten der Mehrebenenmodellierung und verschiedene Schätzverfahren gibt, sodass Simulationsstudien eine große Variabilität von Modellen berücksichtigen müssen. In der Regressionsanalyse gilt die Daumenregel, dass mindestens zehn Beobachtungen pro Schätzer zu Verfügung stehen sollten (Hox 1995: 16). Auch für die Mehrebenenanalyse sprechen Snijders und Bosker noch von mindestens zehn Gruppen (Snijders, Bosker 2004: 44), während Maas und Hox (2004; 2005) von einer wünschenswerten Zahl von mindestens 30 Gruppen ausgehen. Für die logistische Mehrebenen-Regression werden von einigen Autoren sogar mindestens 50 Gruppen gefordert (z. B. Moineddin et al. 2007). Andere argumentieren wiederum, dass es keine Minimalanforderungen an die Gruppenzahl gebe (s. die Beispiele mit 8 und 3 Gruppen in Gelman 2006). Bei den folgenden Analysen ist die Vernachlässigung der hierarchischen Datenstruktur jedenfalls keine gangbare Alternative, da sie zu verzerrten Ergebnissen führen könnte, indem die Variation zwischen den Gruppen künstlich festgesetzt würde. Die Wahl fällt hier also auf eine sparsame 'random-intercept'-Modellierung mit robusten Standardfehlern und je nur einem Makroindikator, um alle statistischen Möglichkeiten auszuschöpfen, aber nicht zu überlasten.

Das dritte häufig angesprochene Problem ist ebenfalls von grundlegender Bedeutung für die folgenden Analysen: Im Zusammenhang mit gesellschaftsvergleichenden Studien besteht das Manko, dass keine echte Zufallsauswahl möglich ist ('Galton's Problem') – selbst wenn für die Grundgesamtheit ausreichende Daten vorhanden wären. Welchen Sinn haben aber inferenzstatistische Maße wie Standardfehler im Falle einer nicht zufälligen Auswahl von (endlichen) Einheiten? Sicherlich können die SHARE-Ergebnisse hinsichtlich der Einflüsse kulturell-kontextueller Strukturen nicht auf weitere Länder übertragen werden, selbst wenn sie sich als statistisch signifikant erweisen. Ein signifikantes Ergebnis deutet einzig darauf hin, dass es sich um eine entsprechend verlässliche Schätzung handelt und der Indikator mit großer Sicherheit Auswirkungen in der gefundenen Richtung hat – allerdings nur innerhalb der vorliegenden Länderstichprobe.

Der vierte Kritikpunkt bezieht sich eher auf die hinter den Methoden stehenden Fragen: Zwar lassen sich viele statistische Verfahren inzwischen vergleichsweise einfach an hierarchische Daten anpassen. Was an Mechanismen dahinter steht, ist hingegen weit schwerer zu erfassen. Typologisierungen unterschiedlicher institutioneller Arrangements vereinfachen zwar den Überblick, führen aber aufgrund der nötigen Verallgemeinerungen unter Umständen eben auch zu einer Verringerung des Informationsgehalts (vgl. Lehner, Widmaier 2002). Ohne eine weitere ausgedehnte Diskussion über das viel besprochene Mikro-Makro-Problem zu führen (s. hierzu z. B. Mayntz 1991; Heintz 2004), sei an dieser Stelle nur darauf hingewiesen, dass im Folgenden zugunsten hinreichend klarer Aussagen eine starke Komplexitätsreduktion vorgenommen wird und die Analysen zum Teil explorativen Charakter haben. Dabei gilt es zu bedenken, dass berücksichtigte Ländereigenschaften durchaus mit anderen Makroeigenschaften kovariieren könnten (z. B. Dienstleistungsniveau und Modernisierungsgrad), die weder direkt gemessen noch (aufgrund der geringen Länderzahl) konstant gehalten werden können. Das Problem der Scheinkorrelation ist entsprechend besonders bedeutsam.

Fünftens besteht eine weitere – in den Sozialwissenschaften allgegenwärtige – Messproblematik: Werden Fragebogenitems, selbst wenn sie angemessen übersetzt wurden, in allen Kulturkreisen gleich verstanden und beantwortet? Wenn nämlich beispielsweise Italiener Hilfe erst ab einem gewissen Intensitätsgrad berichten, könnte es sein, dass die tatsächlichen Hilfeleistungen in Italien relativ zu denjenigen in Schweden unterschätzt werden (s. auch Ogg, Renaut 2006). Dagegen spricht allerdings, dass von den Interviewern 'handfeste' Beispiele für die verschiedenen Hilfearten genannt wurden, die auch in verschiedenen Kulturen kaum unterschiedlich verstanden werden dürften. Die SHARE-Daten bieten damit erstmals eine geeignete Datengrundlage für die Analyse intergenerationaler Hilfe im Ländervergleich, sind jedoch trotz allem nicht über jegliche Zweifel erhaben: Die Ex-Ante-Harmonisierung der Informationen hatte nicht immer den gewünschten Erfolg, sodass einige Probleme mit der Vergleichbarkeit von Fragen,[27] aber auch der Vergleichbarkeit von Stichproben[28] bestehen, die nicht alle im Nachhinein korrigiert werden können. Auch die Messung des sozialpolitischen Kontextes birgt einige

---

[27] Dies betrifft in besonderem Maße die Frage nach der Teilnahme an religiösen Veranstaltungen, die in einigen Ländern auf alle religiösen Veranstaltungen abzielt, und in anderen nur den Kirchgang berücksichtigt. Zudem ist sie in unterschiedlichem Maße von Verzerrungen infolge kirchlicher Feiertage betroffen. Aus diesem Grund wurde diese SHARE-Variable nicht in die Analysen eingeschlossen.

[28] Die Stichprobenziehungsverfahren unterscheiden sich zwischen den Ländern, was unter Umständen auch zu Vergleichbarkeitsproblemen führen kann, vor allem hinsichtlich der Unterbringung in Altenheimen und ambulanten Betreuungsleistungen. Zudem variieren die Ausschöpfungsquoten teilweise stark (38-81%; Börsch-Supan, Jürges 2005). Ein weiteres Problem sind fehlende Partnerinformationen: Ungefähr 30% lehnten ab, das (verkürzte) Partnerinterview zu führen.

Schwierigkeiten, da vergleichbare Makrodaten nicht in dem Umfang zur Verfügung stehen, wie dies wünschenswert wäre.[29] Dies trifft vor allem auf den Dienstleistungsbereich zu (Observatory for the Development of Social Services in Europe 2002). Noch problematischer wird es, wenn es um die Erfassung kultureller Strukturen geht, auf die bis dato zwar häufig in der Erklärung rekurriert wird, die aber selten 'objektiv' gemessen werden. In dieser Hinsicht sind die vorliegenden Analysen explorativ, denn es existiert kaum Forschung, auf die man sich in diesem Bereich stützen könnte.

Um all diese Punkte soweit möglich zu berücksichtigen, werden die Ergebnisse zum einen jeweils mithilfe verschiedener statistischer Verfahren validiert und zum anderen mit einiger Zurückhaltung interpretiert. In den empirischen Kapiteln (5, 6, und 7) werden je auch Einzelmodelle je Land sowie ein gemeinsames Modell mit Länderindikatoren ('Dummies') geschätzt, um abzuklären, ob und inwieweit sich Mikromechanismen zwischen den Ländern unterscheiden, und ob nach Kontrolle individueller und familialer Eigenschaften noch Variation der Hilfeleistungen zwischen den Ländern besteht. Hinsichtlich der Länderindikatoren geben in Kapitel 5 bereinigte Korrelationen zusätzlich Hinweise darauf, ob Kompositions- oder Kontexteffekte vorliegen (vgl. Beck 2005), das heißt, ob die gefundenen Zusammenhänge auf das (systematisch unterschiedliche) Vorkommen von Hilfe beeinflussenden Individualeigenschaften in einem Land, oder tatsächlich auf strukturelle Faktoren zurückzuführen sind. Bildet man in einem 'two-step'-Verfahren die Korrelation des geschätzten Hilfeniveaus im Land nach Kontrolle von Mikro- und Meso-Eigenschaften (ebenenspezifisch über die gesamte Untersuchungsgruppe zentriert) und dem Makroindikator, ist ein signifikanter Zusammenhang ein weiterer Hinweis auf die Bedeutung von Ländereigenschaften für die Hilfeleistungen zwischen Generationen (s. z. B. auch Western 1994). In den weiteren Kapiteln 6 und 7 wird der Einfluss kulturell-kontextueller Strukturen auf Individualebene überprüft, um Fehlschlüsse zu vermeiden und die den aggregierten Befunden zugrunde liegenden Mechanismen freizulegen.

---

[29] Die Daten wurden so weit möglich aus einer Quelle bezogen (s. Tabelle A.6), damit die Vergleichbarkeit zwischen den Ländern gewährleistet ist. Einschränkend muss trotzdem angemerkt werden, dass nicht alle in einem Faktor beinhalteten Ausgaben und Leistungen theoretisch mit intergenerationaler Hilfe in Verbindung gesetzt werden können. Da aber keine detaillierteren vergleichbaren Daten für alle Länder verfügbar sind, ist diese Unsicherheit leider nicht zu beheben.

5 Geleistete Hilfe und Wohlfahrtsstaat

Hilfe bei Haushaltstätigkeiten und Formalitäten ist im haushaltsexternen sozialen Netzwerk eine durchaus verbreitete Leistung: In den SHARE-Ländern geben insgesamt 31 Prozent der über 49-jährigen Befragten an, in den letzten zwölf Monaten jemandem geholfen zu haben: Etwa 21 Prozent halfen einer Person, sieben Prozent auch einer zweiten, und drei Prozent leisteten zusätzlich einer dritten Person in den letzten zwölf Monaten Hilfe bei Haushaltstätigkeiten, der Gartenarbeit oder bei Formalitäten (n=25'591, Analysen nicht gezeigt). Die Hilfe ging vor allem an die Kinder und die eigenen Eltern: Etwa 30 Prozent der Helfer geben an, mindestens einem Kind geholfen zu haben, knapp weniger nennen mindestens ein Elternteil (Abbildung 5.1).

Abbildung 5.1   Hilfe an Personen außerhalb des Haushalts

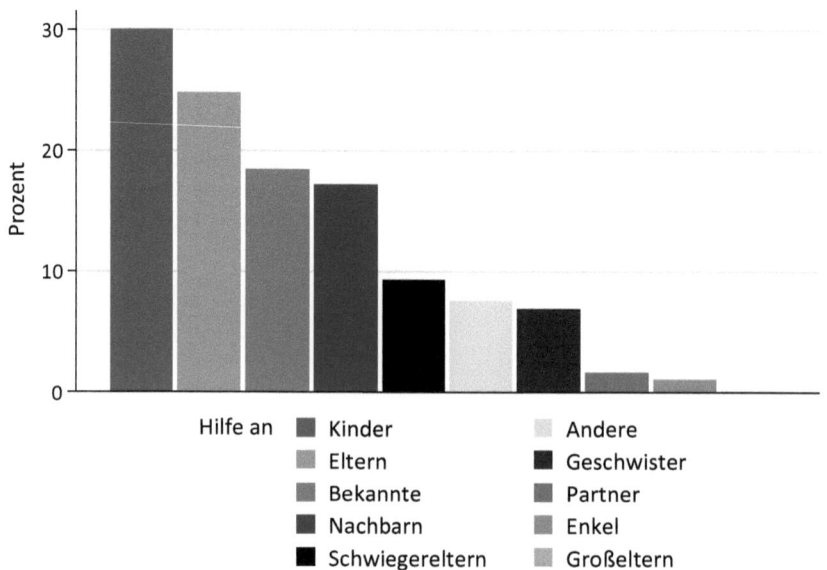

Datenbasis: SHARE 2004 release 2, eigene Berechnungen, ungewichtet, n=8'496 Personen.

Immerhin jeder Fünfte hilft auch Bekannten und beinahe ebenso viele mindestens einem Nachbarn. An fünfter Stelle der Hilfeempfänger stehen mit zehn Prozent der Nennungen die Schwiegereltern. 'Andere' Personen, Geschwister, Partner (außerhalb des Haushaltes), Enkel und Großeltern folgen in absteigender Reihenfolge.

Alltägliche Hilfe geht also vor allem an Eltern und Kinder. Vor diesem Hintergrund wird im Folgenden die Hilfe zwischen Generationen genauer unter die Lupe genommen. Die zentrale Fragestellung dieser Arbeit bezieht sich auf den Einfluss kulturell-kontextueller Strukturen auf intergenerationale Hilfeleistungen, weshalb zunächst in Abschnitt 5.1 die in den folgenden Analysen verwendeten Indikatoren auf Länderebene detailliert dargestellt werden, bevor sie in Zusammenhang mit den jeweiligen Hilfewahrscheinlichkeiten und Hilfeintensitäten zwischen Eltern und Kindern in Europa gebracht werden. Dabei geht es dann zunächst um die Hilfe bei der Haushaltführung und bürokratischen Angelegenheiten, die die Befragten an ihre Eltern 'nach oben' geleistet haben (Abschnitt 5.2), und im zweiten Schritt dann um Hilfe 'nach unten', an die erwachsenen Kinder außerhalb des Haushalts (Abschnitt 5.3).

5.1 Sozial- und Familienpolitik

Im SHARE ist nahezu die ganze Bandbreite der beschriebenen wohlfahrtsstaatlichen Regime vertreten (s. Abschnitt 3.3). Dabei handelt es sich um sozialdemokratische (skandinavische) Staaten (Dänemark, Schweden), um solche aus dem konservativen Lager (Belgien, Frankreich, Deutschland, Österreich), aber auch um die familialistisch orientierten Mittelmeerländer (Spanien, Italien, Griechenland). Die Niederlande und die Schweiz gehören zu den 'Mischformen', und werden je nach Forschungsperspektive den (wirtschafts-) liberalen, sozialdemokratischen oder konservativen Staaten zugeordnet (vgl. z. B. Kohl 1999). In diesem Abschnitt wird es nun spezifisch um die theoretisch hergeleiteten (Makro-) Indikatoren gehen (s. Kapitel 3), deren Hilferelevanz in den folgenden Analysen geprüft werden soll.

Zentrale Indikatoren für wohlfahrtspolitische Maßnahmen, die im Besonderen auf die Familie und hilfsbedürftige Personen (auch in der Familie) abzielen, sind die Ausgaben für (1) *Sozial-* und (2) *Familienpolitik*. Sozialausgaben entstehen für die Bereitstellung öffentlicher und privatwirtschaftlicher Leistungen für Haushalte und Individuen, deren Wohlfahrt gefährdet ist. Es handelt sich hierbei nach dem „European System of Integrated Social Protection Statistics" (ESSPROS) sowohl um Ausgaben für Güter und Dienstleistungen als auch um monetäre Transfers für Alte und Hinterbliebene, Familien und Kinder, Krankheit und Gesundheitsversorgung, Invalidität, Arbeitslosigkeit, Wohnraum und für soziale exkludierte Personen (OECD 2003; Commission of the European Communities 2006). Familienpolitische Maßnahmen umfassen den speziell an Familien gerichteten Teil dieser Ausgaben und beziehen sich vor allem auf die Erziehung von Kindern und die Pflege Angehöriger (OECD 2003).

Ein bisher vernachlässigter Forschungsstrang beschäftigt sich mit der Typologisierung europäischer Länder nach (3) *sozialen Dienstleistungen* (Alber 1995b). Dabei geht es um das Angebot an Betreuungsleistungen, das Familien und Individuen, insbesondere Kindern und älteren Menschen, zu Verfügung steht. In Ermangelung einer allgemeingültigen Definition sozialer Dienste in Europa wird hier auf ein relativ breites Konzept zurückgegriffen, nach dem soziale Dienste folgendermaßen beschrieben werden können: Es sind „zum einen Dienste, die auf allgemeine Lebensrisiken und Bedürfnisse gerichtet sind, typischerweise große Bevölkerungsgruppen umfassen und im Rahmen allgemeiner und standardisierter sozialer Einrichtungen behandelt werden; zum ander[e]n Dienste, die auf spezifische Risiken und Bedürfnisse gerichtet sind, typischerweise individuelle Probleme betreffen und im Rahmen individueller Betreuung, zum Beispiel durch Sozialarbeit bearbeitet werden" (Bahle, Pfenning 2001a: 3). Soziale Dienstleistungen, die unter anderem darauf abzielen, die physische Lebens- und Sozialfähigkeit von Einzelnen oder Gruppen wieder herzustellen oder zu verbessern (Browa et al. 1980: 23; vgl. auch Bauer 2001), beinhalten beispielsweise professionelle Haushaltshilfe, aber auch Gesundheitsdienste wie ambulante Pflege (Bahle, Pfenning 2001a: 11). Diese öffentlich zugänglichen Dienste stehen eng mit wohlfahrtsstaatlichen Angeboten in Verbindung, schließlich gehört die Bereitstellung von Geld- und Sachleistungen für sozial Benachteiligte zu den wichtigsten Funktionen des Wohlfahrtsstaates.

Auch hinsichtlich der Familienkultur im Sinne der (4) *Aufteilung von Verpflichtungen zwischen Staat und Familie* lassen sich Einflüsse auf Generationenbeziehungen vermuten, die im Folgenden untersucht werden sollen. Man kann davon ausgehen, dass relativ hohe Ausgaben für Familien gemessen an den Gesamtsozialausgaben eine ausgeprägte Mitverantwortung des Staates für Familienangelegenheiten signalisieren. In Ländern, wo Familien wenig unterstützt werden, steht hingegen die Privatheit der Familie und ihre Eigenverantwortung im Vordergrund.

Im Hinblick auf diese vier Bereiche (1) bis (4) lässt sich über die SHARE-Länder eine breite Variation feststellen: (1) und (2) Schweden, Dänemark, Frankreich und Österreich gehören zu den Ländern, die der Familie mittlere bis hohe finanzielle Leistungen gewähren, im übrigen Kontinentaleuropa (Deutschland, Niederlande, Schweiz) fallen diese Zuwendungen geringer aus. In Spanien, Italien und Griechenland wird die Familie staatlicherseits kaum finanziell unterstützt. Im Vergleich zu rein familienpolitischen Ausgaben weisen die Niederlande eher niedrige Ausgaben für Sozialleistungen allgemein auf, dagegen gehört Italien (aufgrund der hohen Zahl an (Renten-) Empfängern) zu den Ländern mit verhältnismäßig hohen Ausgaben für allgemeine sozialpolitische Belange (OECD 2007b).

(3) Unterschiedliche sozialpolitische Arrangements führen auch zu unterschiedlichen Dienstleistungsangeboten, und zwar in Bezug auf öffentliche (staatli-

che) und privatwirtschaftliche (marktwirtschaftliche und Non-Profit) Einrichtungen. Zwischen öffentlichen und privatwirtschaftlichen Leistungen lässt sich zudem noch ein semi-professioneller Sektor identifizieren (s. Abschnitt 3.3), der sich jedoch leider mit den vorliegenden Daten nicht konkret quantifizieren lässt. Bezieht man alle offiziell erfassten, im sozialen Dienstleistungsbereich Beschäftigten mit ein, bilden die Niederlande, Dänemark und Schweden eine Gruppe von Ländern mit einem hohen Anteil an sozialen Dienstleistungen. Kontinentaleuropa fällt in die mittlere Kategorie und in Südeuropa werden am wenigsten soziale Dienste angeboten (OECD 2005).

(4) Eine weitere wichtige Information ist, wie viel Bedeutung der Familienpolitik an den Gesamtstaatsausgaben beigemessen wird. Dieses relative Gewicht staatlicher Unterstützung für Familien lässt (auch) Rückschlüsse zu auf die Rolle der Familie in Politik und Gesellschaft: Nach der OECD (2007b) werden in Italien, Spanien und Griechenland Familien im Vergleich zu anderen Ausgaben besonders wenig unterstützt (zwei bis drei Prozent der Ausgaben). Auch in der Schweiz, den Niederlanden und Deutschland gehen unter fünf Prozent der Gesamtausgaben an Familien. In Österreich, Belgien, Frankreich, Dänemark und Schweden werden dagegen zwischen fünf und sieben Prozent der Ausgaben gezielt an Familien gerichtet. Während im Norden der Staat gemessen an den Staatsausgaben viel Mitverantwortung für Familien übernimmt, kann die Familie im Süden auch in dieser Hinsicht wenig staatliche Unterstützung erwarten und besitzt weitgehende Eigenverantwortung. Die detaillierten Werte für die Länder werden in Tabelle 5.1 aufgeführt.

Tabelle 5.1 Sozial- und familienpolitische Indikatoren

Jahr 2002	Sozialausgaben (in USD/Kopf)	Soziale Dienste (% Beschäftigte Sozial- & Gesundheitsdienste)	Familienausgaben (in USD/Kopf)	Anteil für Familien (% an Gesamtstaatsausgaben)
SE	8'639.5	18.7	986.5	6.0
DK	8'153.0	18.0	1'167.4	7.0
NL	6'231.8	14.7	492.3	3.4
BE	7'666.1	12.1	777.6	5.3
FR	7'827.9	10.1	827.4	5.6
DE	7'324.0	10.4	530.7	4.1
AU	7'725.3	8.6	891.1	5.9
CH	6'311.2	10.7	465.8	4.0
ES	4'809.0	5.6	213.6	2.3
IT	6'545.9	6.1	312.2	2.4
GR	4'077.6	4.6	231.0	2.4

Datenbasis: s. Tabelle A.6.

Abbildung 5.2   Sozialstaaten im SHARE

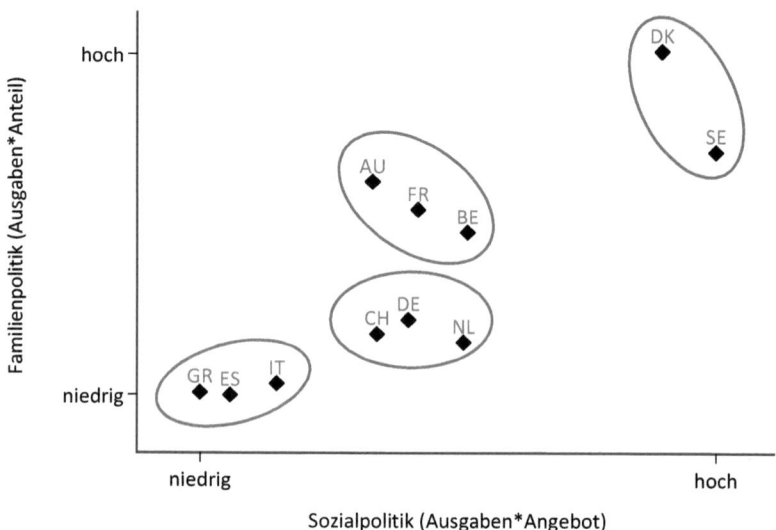

Datenbasis: OECD (2005; 2007a; 2007b), eigene Berechnungen, n=11 Länder.

Wenn man wie in Abbildung 5.2 einerseits Familienpolitik und ihre Bedeutung und andererseits Sozialleistungen und das Angebot an sozialen Diensten abträgt (jeweils multipliziert), lassen sich vier Ländergruppen ausmachen: die Länder mit niedrigen Sozialangeboten und Familienleistungen (Spanien, Italien, Griechenland), solche mit mittleren Leistungen für Familie und Bedürftige (Niederlande, Deutschland, Schweiz), Länder mit mittleren Sozialleistungen und relativ ausgeprägten Leistungen für Familien (Belgien, Frankreich, Österreich) sowie Länder, in denen beide stark ausgebaut sind (Schweden, Dänemark). Vor allem Dänemark gilt als beispiellos, was die Leistungen und Angebote für ältere Menschen angeht, was sich auch in relativ und absolut sehr hohen Familienleistungen niederschlägt.

Im Großen und Ganzen zeigen Staat und Markt also die erwartete Nord-Süd-Variation, die sich nach der Spezialisierungsthese auf intergenerationale Hilfe auswirken sollte (Kapitel 3). Die auf die Beschreibung der Hilfeleistungen folgenden Analysen in Abschnitt 5.2 (an Eltern) und 5.3 (an Kinder) werden zeigen, inwieweit sich die Schlussfolgerungen zum Einfluss kulturell-kontextuellen Strukturen aus Theorie und Forschungsstand unter Berücksichtigung der Individual- und Familienstrukturen bewahrheiten.

5.2 Staat, Markt und Hilfe an Eltern[30]

Durchschnittlich sind in Europa etwa ein Viertel aller Kind-Eltern-Beziehungen in der befragten Altersgruppe ab 50 von Hilfeleistungen geprägt (s. Abbildung 4.1). Welche Arten von Unterstützung erbringen nun die Befragten für ihre betagten Eltern?

Abbildung 5.3 Hilfearten an betagte Eltern

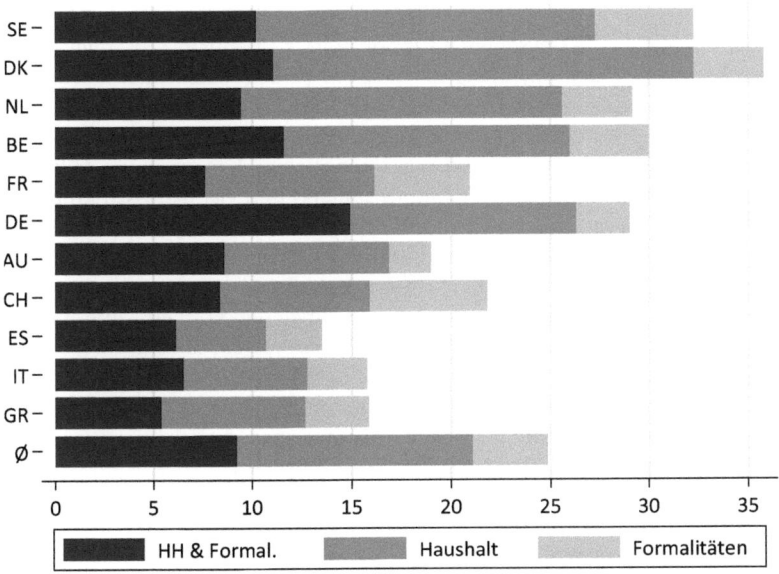

Datenbasis: SHARE 2004 release 2, eigene Berechnungen, gewichtet (ausgenommen Gesamtdurchschnitt), n=8'108 Dyaden. Einzelne Hilfearten in Prozent, aufaddiert.

Hilfe erfolgt entsprechend Abbildung 5.3 vor allem bei Haushaltstätigkeiten, Reparaturen und Gartenarbeiten, an zweiter Stelle in Kombination mit Hilfe im Umgang mit Behörden und Ämtern. Ausschließliche Hilfe bei formalen Angelegenheiten wird erheblich seltener geleistet. So findet beispielsweise in Schweden in etwa zehn

---

[30] Teile der Analysen in diesem Kapitel sind inklusive einiger theoretischer Vorüberlegungen in abgewandelter Form in der Zeitschrift für Soziologie (Brandt, Szydlik 2008) erschienen, sowie mit Erweiterungen im Journal of Comparative Family Issues (Igel et al. 2009) und in der European Sociological Review (Brandt et al. 2009b) veröffentlicht worden.

Prozent der Fälle Hilfe im Haushalt und bei Formalitäten gemeinsam statt, in weiteren knapp zwanzig Prozent wird Hilfe nur im Haushalt und bei fünf Prozent der Dyaden ausschließlich bei formellen Angelegenheiten erbracht. Im Vergleich zwischen den Ländern fällt vor allem auf, dass deutliche Unterschiede bei den Hilfeniveaus existieren, die einem Nord-Süd-Gefälle zu folgen scheinen. Diese Unterschiede in der Anzahl erwachsener Kinder (G2), die in den letzten zwölf Monaten einem Elternteil (G1) bei Haushaltstätigkeiten oder bürokratischen Angelegenheiten geholfen haben, werden nun im Zentrum der Analysen stehen.

Im Folgenden wird zunächst gezeigt, wie sich Hilfe an die Eltern und deren zeitliche Intensität in den SHARE-Ländern verteilt, um diese Muster dann im nächsten Schritt mit den beschriebenen Opportunitäts-, Bedürfnis-, Familien- und Kontextstrukturen in Zusammenhang zu bringen. Entsprechend den Vorüberlegungen (Kapitel 2) ist zu erwarten, dass die Möglichkeiten und Bedürfnisse der betagten Eltern wie das Bestehen einer Partnerschaft, finanzielle Ressourcen, Alter und Krankheiten beeinflussen, ob und wie intensiv ihre Kinder ihnen Hilfe im Alltag zukommen lassen. Aber auch die Opportunitäts- und Bedürfnisstrukturen der Kinder (Wohnentfernung, Gesundheit, Bildung, Einkommen, Erwerbsstatus) sollten mitentscheidend dafür sein, ob ein Kind die Eltern bei der Haushaltsführung unterstützt. Die Beziehung zwischen Elternteil und Kind ist eingebettet in Familienstrukturen, die den Hilfefluss ebenfalls modifizieren können, zum Beispiel über unterschiedliche Geschlechterrollen und -verbindungen, aber auch die Anzahl der Kinder (G3) und weiterer Geschwister (G2).

Nicht zuletzt geht es im Rahmen dieser komparativen Arbeit um kontextuelle Bedingungen, die die Hilfe zwischen Generationen beziehungsweise Eltern und Kindern beeinflussen. Gemäß Kapitel 3 ist hinsichtlich des Einflusses kulturellkontextueller Strukturen davon auszugehen, dass sich die staatliche Unterstützung bei der Betreuung der Eltern und hilfebedürftiger Familienmitglieder positiv auf die Zahl der Helfer in einem Land auswirkt, wobei aber die zeitliche Intensität einzelner Hilfeleistungen der Kinder von geringerem Ausmaß sein sollte, wenn die Anforderungen zwischen Staat und Familie aufgeteilt werden können.

Hilfewahrscheinlichkeit und Hilfeintensität

Die meisten praktischen Hilfeleistungen in Europa erfolgen in Kind-Eltern-Beziehungen (s. Abbildung 4.1). Die oben angesprochene Nord-Süd-Verteilung von Hilfehäufigkeiten über die Länder lässt sich mit durchschnittlichen Hilfeanteilen in einer Landkarte veranschaulichen (Abbildung 5.4). In Europa variiert der Anteil der aktuellen Hilfebeziehungen bei Kind-Eltern-Dyaden von 13 Prozent in Spanien bis 37 Prozent in Dänemark.

In Dänemark und Schweden wird am häufigsten geholfen, darauf folgen Belgien, Deutschland, die Niederlande, die Schweiz, Frankreich und Österreich in abnehmender Rangfolge, und am geringsten fällt die Zahl der helfenden Kinder in Italien, Griechenland und Spanien aus.

Abbildung 5.4   Häufigkeit der Hilfe an Eltern

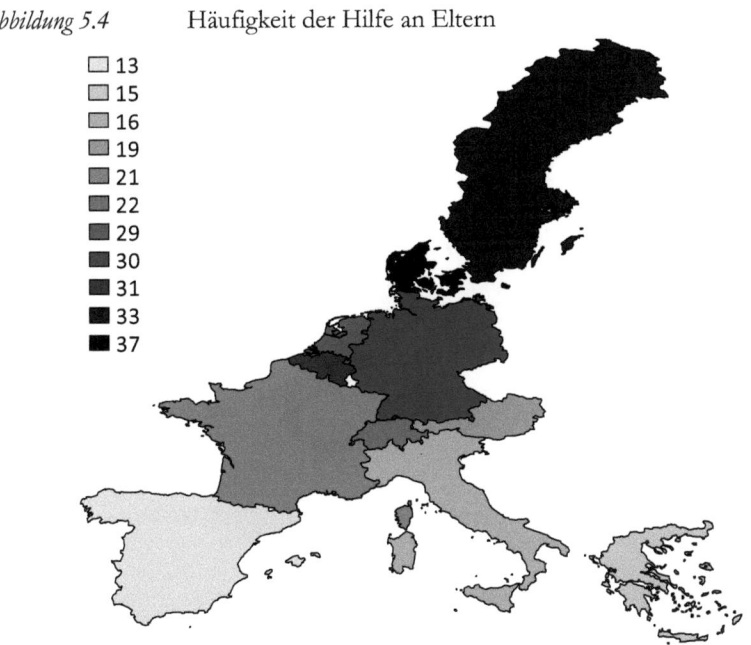

Datenbasis: SHARE 2004 release 2, eigene Berechnungen, gewichtet, n=7'825 Dyaden.
Hilfedyaden in Prozent.

Betrachtet man die in diesen Hilfebeziehungen geleisteten Stunden, kehrt sich das Bild um (Abbildung 5.5). Praktische Hilfe zwischen Generationen ist in den Mittelmeerländern am zeitintensivsten. In Italien und Griechenland helfen Kinder ihren Eltern im Schnitt beinahe neun beziehungsweise sieben Stunden pro Woche, darauf folgen Belgien und Frankreich mit knapp über vier Stunden und Spanien mit knapp unter vier Stunden. In Deutschland und Österreich fallen durchschnittlich noch um die 3,5 Wochenstunden an und in den Niederlanden, Dänemark und Schweden werden zwischen zwei und drei Stunden pro Woche Hilfe geleistet. Aus dieser Nord-Süd-Verteilung sticht vor allem der „Sonderfall Schweiz" (z. B. Eberle, Imhof 2007) heraus, wo trotz mittlerer geografischer Lage am wenigsten zeitintensiv, nämlich durchschnittlich zwei Stunden pro Woche, geholfen wird.

Abbildung 5.5   Intensität der Hilfe an Eltern

☐ 2
☐ 2.1
☐ 2.5
▨ 2.9
▨ 3.5
▩ 3.8
▩ 3.9
■ 4.3
■ 4.4
■ 6.7
■ 8.7

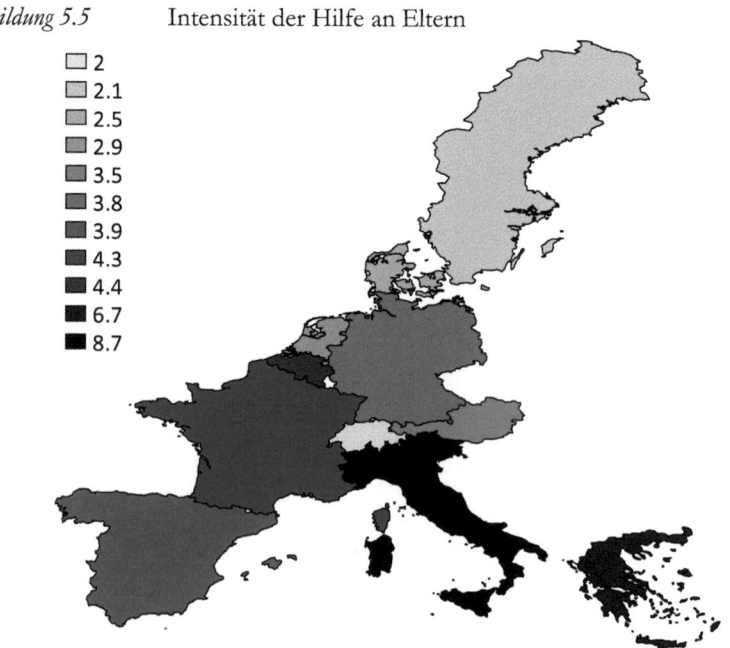

Datenbasis: SHARE 2004 release 2, eigene Berechnungen, gewichtet, n=1'520 Dyaden.
Durchschnittliche Stunden/Woche, nur Helfer.

Sowohl die Anzahl der Hilfedyaden als auch die zeitliche Intensität der Hilfeleistungen weisen beträchtliche Länderunterschiede auf, was auf kulturell-kontextuelle Einflüsse schließen lässt. Bevor solchen analytisch auf den Grund gegangen werden kann, müssen einige Voraussetzungen geprüft werden: Wie gestalten sich die Zusammenhänge zwischen Personen-, Beziehungs- und Familieneigenschaften und Hilfe in den einzelnen Ländern? Variieren die Einflüsse von Staat zu Staat? Bleiben Länderunterschiede bei Hilfe bestehen, wenn Merkmale der Familien, Individuen und Dyaden berücksichtigt werden? Erst nach Beantwortung dieser Fragen ist es sinnvoll, kulturell-kontextuelle Strukturen in Mehrebenenmodellen auf ihre Bedeutung zu überprüfen. Regressionsmodelle pro Land sollen in einem ersten Schritt zeigen, ob die Personen- und Familieneigenschaften in den Ländern unterschiedliche Auswirkungen haben (Tabelle 5.2). Grau hinterlegte Zellen weisen auf signifikant positive (+) und negative (-) Effekte hin.

Der stabilste Einfluss über alle Länder hinweg liegt bei der Wohnentfernung: Je weiter der Weg zu den betagten Eltern, desto geringer die Wahrscheinlichkeit, dass ein Kind ihnen praktische Hilfe bei der Haushaltsführung und/oder bei Formalitäten und Behördengängen leistet. Alle weiteren Faktoren sind jeweils nicht in allen Ländern von statistisch signifikanter Bedeutung, was zu einem gewissen Teil auf geringe Fallzahlen in einzelnen Ländern zurückzuführen ist. Vergleicht man die Richtungen der signifikanten Einflüsse, so finden sich mit Ausnahme des Gesundheitszustandes (SE, GR) keine Unterschiede zwischen den Ländern.

Tabelle 5.2   Hilfe an Eltern je Land (M1)

	SE	DK	NL	BE	FR	DE	AU	CH	ES	IT	GR
Opportunitäts- & Bedürfnisstrukturen											
G2 Kind (Befragungsperson)											
Wohnentfernung	-	-	-	-	-	-	-	-	-	-	-
Gesundheitszustand	+	+	+	+	+	+	+	-	+	-	-
Bildung niedrig						Referenz					
mittel	+	-	+	+	+	-	-	+	+	+	+
hoch	+	-	+	+	+	+	-	+	+	-	+
Haushaltsauskommen	-	+	+	-	-	-	-	+	+	+	+
Erwerbstätigkeit	+	-	-	+	-	+	+	+	-	-	-
G1 Elternteil											
Finanzielle Transfers an Kind	+	+	+	+	-	-	+	+	/ -	+	+
Erbschaft/Schenkung	+	+	+	-	+	+	+	+	+	+	+
Vererbungswahrsch. <50%						Referenz					
>=50%	+	+	+	+	+	+	+	+	+	+	+
unbekannt	/ -	-	-	+	+	+	/	/ -	+	/ -	-
Alter	+	-	-	+	+	+	-	+	+	-	-
Krankheit	+	+	+	+	+	+	+	+	+	+	+
Partner	-	-	-	-	+	+	-	-	-	-	-
Familiale Strukturen											
Tochter-Mutter						Referenz					
Sohn-Mutter	-	-	-	-	-	-	-	-	-	-	-
Tochter-Vater	-	-	-	-	-	-	-	-	-	-	-
Sohn-Vater	-	-	-	-	-	-	-	-	-	-	-
Kinderzahl (G3)	-	-	-	-	-	-	-	-	-	-	-
Geschwisterzahl (G2)	+	-	-	-	-	-	-	-	-	-	+
Modelleigenschaften											
n Dyaden	942	496	797	1'101	1'041	764	434	301	448	577	894
Pseudo r²	0.18	0.13	0.13	0.08	0.12	0.08	0.14	0.19	0.12	0.09	0.16

Datenbasis: SHARE release 2, eigene Berechnungen, ungewichtet. Logistische Regressionsmodelle. - = negative, + = positive Effekte. / = keine Schätzung möglich. / - = perfekte Vorhersage der 0. Statistisch signifikante Effekte grau hinterlegt (5%-Niveau). Pseudo r² nach McFadden.

Eine gemeinsame Schätzung über alle Länder sollte demnach nicht zu einem bedeutenden Informationsverlust führen, abgesehen davon, dass eine gemeinsame Schätzung auf Basis höherer Fallzahlen einen deutlichen Effizienzgewinn verspricht (s. Abschnitt 4.2).[31]

Tabelle 5.3 Länderunterschiede zwischen Hilfeleistungen an Eltern (M2)

	M2.1 Wahrscheinlichkeit (Logit)	M2.2 Intensität (OLS)
Länderindikatoren		
Schweden	0.41**	-0.62**
Dänemark	0.55**	-0.54**
Niederlande	0.34**	-0.36**
Belgien	0.03	0.07
Frankreich	0.09	-0.42**
Deutschland	Referenz	
Österreich	-0.50**	-0.11
Schweiz	-0.11	-0.70**
Spanien	-0.88**	-0.45
Italien	-0.70**	0.15
Griechenland	-0.63**	0.30
Modelleigenschaften		
n Dyaden	7'825	1'520
(linke Spalte: Pseudo) r^2	0.12	0.20

Datenbasis: SHARE 2004 release 2, eigene Berechnungen, ungewichtet. Logistisches/lineares Regressionsmodell. Unter Kontrolle von Opportunitäts-, Bedürfnis- und Familienstrukturen (s. Tabelle 5.4 und 5.5). Pseudo r^2 nach McFadden. Effekte signifikant zum **1%-Niveau, robuste Standardfehler.

Die Nord-Süd-Unterschiede aus Abbildung 5.4 und 5.5 erweisen sich auch unter Kontrolle von Dyaden-, Personen- und Familieneigenschaften größtenteils als signifikant (Tabelle 5.3), es handelt sich also nicht um (reine) Länder-Kompositionseffekte. In Schweden, Dänemark und den Niederlanden helfen Kinder ihren Eltern eher als in Deutschland. In Österreich, Spanien, Italien und Griechenland hingegen sind Hilfeleistungen erheblich seltener. Bezüglich der zeitlichen Intensität liegt Deutschland etwa gleichauf mit Belgien, Österreich, Spanien, Italien und Griechenland, während in Schweden, Dänemark, den Niederlanden, Frankreich und der Schweiz signifikant weniger Zeit für praktische Hilfe an die Eltern aufgewendet wird. Dies gilt unter Berücksichtigung der Eigenschaften der Kinder, Eltern und Familien. Welche Faktoren für diese Länderunterschiede verantwortlich sind, wird nun analysiert.

---

[31] Im Gesamtmodell mit 'random slopes' weist kein Koeffizient eine signifikante Variation zwischen den Ländern auf. Hinsichtlich der Intensitäten werden keine Einzelmodelle präsentiert, da die Fallzahlen je Land zu niedrig ausfallen. Dasselbe gilt auch für alle folgenden Analysen.

Der Einfluss von Staat und Markt

Das Angebot an sozialen und gesundheitsbezogenen Dienstleistungen entlastet Familien bei der Betreuung hilfebedürftiger Angehöriger. Dazu haben Familien und Bedürftige eher die Möglichkeit, solche Dienste in Anspruch zu nehmen, wenn sie vom Staat finanziell unterstützt werden. Ein wichtiger Hinweis auf die Bedeutung von Familie in einer Gesellschaft ist dabei auch, welchen Anteil die Familienausgaben an den Gesamtstaatsausgaben haben. Fraglich ist nun, ob sich solche Strukturen auf private intergenerationale Hilfe in den einzelnen Ländern auswirken: Sind es tatsächlich die öffentlichen (privatwirtschaftlichen/ wohlfahrtsstaatlichen) Betreuungsmöglichkeiten, welche die Hilfesituation in der Familie beeinflussen? Und sollte dies der Fall sein: Untergraben solche Angebote die Unterstützung in der Familie, sind sie komplementär dazu oder regen sie Hilfe durch Familienmitglieder sogar noch an?

Abbildung 5.6   Staat, Markt und Häufigkeit der Hilfe an Eltern

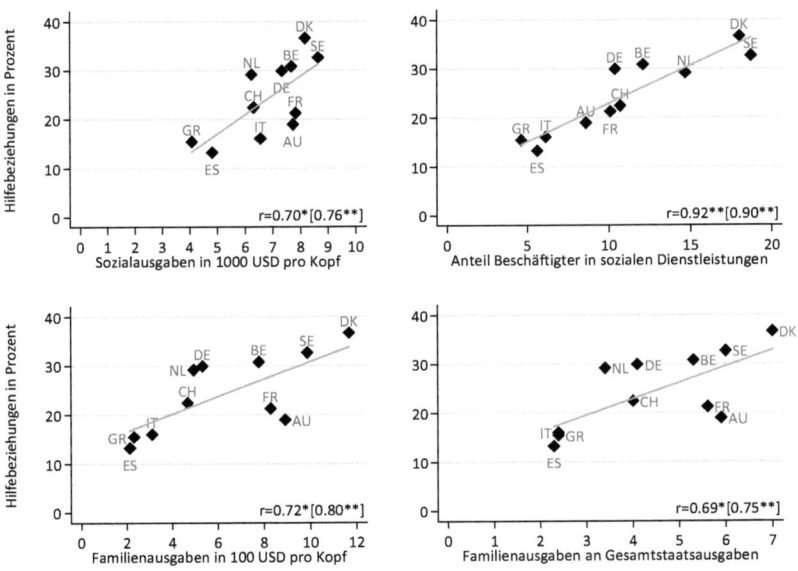

Datenbasis: SHARE 2004 release 2, eigene Berechnungen, gewichtet/OECD (2005; 2007a; 2007b). Korrelation [nach Kontrolle von Opportunitäts-, Bedürfnis- und Familienstrukturen] signifikant zum **1%, *5%-Niveau (n=11 Länder).

Sozialausgaben hängen laut Abbildung 5.6 eng mit dem jeweiligen Hilfeniveau im Land zusammen: Wo mehr für Bedürftige ausgegeben wird, helfen auch mehr Kinder der mittleren Generation ihren Eltern, und zwar vor und nach Kontrolle anderer wichtiger Solidaritätsfaktoren (vor Kontrolle: r, nach Kontrolle [r]). Noch ausgeprägter ist die Korrelation zwischen dem 'Marktangebot' beziehungsweise dem Beschäftigungsanteil in den sozialen und Gesundheitsdienstleistungen und den Hilfeleistungen an die Eltern: In Ländern mit stärkerer Prävalenz sozialer Dienstleistungen herrscht auch ein deutlich höheres Hilfeniveau. Auch für familienpolitische Ausgaben und ihre relative Bedeutung im Sinne des Anteils an den Gesamtausgaben sind die Zusammenhänge mit Hilfe positiv, wobei in beiden Fällen Frankreich und Österreich mit absolut und relativ hohen Familienausgaben eher niedrigere Hilfeniveaus aufweisen als in diesem Zusammenhang zu erwarten wäre. Dagegen fallen die Niederlande als Land mit vergleichsweise niedrigen Sozial- und Familienausgaben und hohen Hilferaten auf.

Abbildung 5.7 Staat, Markt und Intensität der Hilfe an Eltern

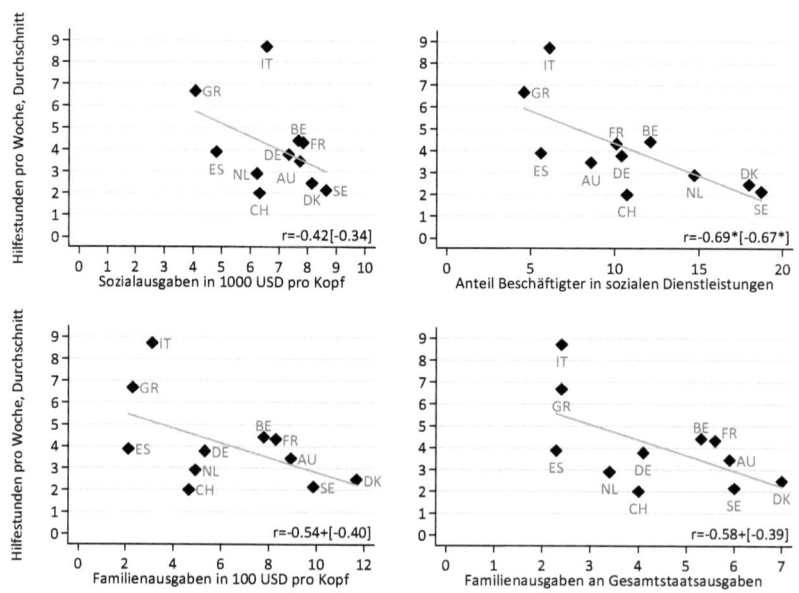

Datenbasis: SHARE 2004 release 2, eigene Berechnungen, gewichtet/OECD (2005; 2007a; 2007b). Korrelation [nach Kontrolle von Opportunitäts-, Bedürfnis- und Familienstrukturen] signifikant zum *5%, +10%-Niveau (n=11 Länder).

Trägt man in derselben Weise die durchschnittlichen Hilfestunden der Helfer ab, so zeigt sich wieder ein entgegengesetztes Bild (Abbildung 5.7). In Ländern, in denen die Familie oder die Hilfebedürftigen nur auf wenige öffentliche und privatwirtschaftliche Dienstleistungsangebote zurückgreifen können und in denen Sozialausgaben und Familienausgaben (absolut und relativ) niedrig sind, ist die zeitliche Intensität der Hilfe von Kindern deutlich höher als in Ländern mit einem großen Betreuungsangebot, das heißt, es werden durchschnittlich mehr Stunden pro Woche Hilfe geleistet. Diese negativen Zusammenhänge sind allerdings, zumindest was die Ausgabenseite angeht, nicht statistisch signifikant. Vor und nach Kontrolle von Individual- und Familieneigenschaften besteht aber ein deutlicher Zusammenhang zwischen Hilfeintensitäten und dem sozialen Dienstleistungsangebot: In Ländern mit ausgebauten sozialen Diensten übernehmen die befragten Kinder unabhängig von Bedürfnis- und Opportunitätsstrukturen weniger zeitintensive Hilfe an ihre betagten Eltern als in Ländern, wo eingeschränkte soziale Dienstleistungen angeboten werden. In allen Fällen weicht Italien als Land mit außergewöhnlich zeitintensiven Hilfeleistungen von der sonstigen Verteilung stark nach oben ab. Für die Niederlande, die Schweiz und Spanien wären dagegen tendenziell eher höhere Stundendurchschnitte zu erwarten (mit Ausnahme der Dienstleistungsangebote in den Niederlanden).

In einem weiteren Schritt werden nun die präsentierten Kontextfaktoren in Mehrebenenmodellen auf ihre Bedeutung für Hilfe an die Eltern überprüft (Tabelle 5.4). Hier werden aufgrund der geringen Zahl an Ländern getrennte Modelle (M3.2-M3.5) für die Indikatoren geschätzt, die am Ende miteinander verglichen werden. Modell M3.1 nimmt die Wahrscheinlichkeit aktueller praktischer Hilfe an den jeweiligen Elternteil zunächst nur unter Berücksichtigung von Opportunitäten, Bedürfnissen und Familienstrukturen in den Blick. Dabei zeigt sich erwartungsgemäß, dass die Opportunitätsstrukturen oder vielmehr die Möglichkeiten des Kindes, einen signifikanten Einfluss auf Hilfeleistungen haben.

Allen voran steht – wie in anderen Studien intergenerationaler Solidarität belegt (z. B. Hashimoto et al. 1992; Schwarz, Trommsdorff 2005) – die Wohnentfernung. Auch wenn bei formalen Angelegenheiten beispielsweise telefonische Hilfe erfolgen kann, sind praktische Hilfeleistungen doch zum größten Teil an die persönliche Anwesenheit gebunden. Weite Distanzen erschweren somit trotz technischen Fortschritts solche Unterstützungsleistungen. Zudem gilt: Je schlechter der eigene Gesundheitszustand, desto weniger wahrscheinlich hilft ein Kind seinen Eltern. Dagegen wirken finanzielle Mittel und die Bildung positiv auf die Hilfewahrscheinlichkeit.[32]

---

[32] Dasselbe zeigt sich bei einer 'objektiven' Messung der finanziellen Ressourcen über das Haushaltseinkommen. Für Hilfeopportunitäten ist aber vor allem wichtig, inwieweit eine Person die eigenen Ressourcen als zufriedenstellend erachtet, und weniger von Belang, wie diese tatsächlich im Vergleich zu anderen

Tabelle 5.4   Staat, Markt und Wahrscheinlichkeit der Hilfe an Eltern (M3)

	M3.0 Nullmodell	M3.1 Ohne Kontext	M3.2 Soziale Dienste	M3.3 Sozialausgaben	M3.4 Familienausgaben	M3.5 Anteil für Familien
		Opportunitäts- und Bedürfnisstrukturen				
G2 Kind (Befragungsperson)						
Wohnentfernung		-0.53**	-0.53**	-0.53**	-0.53**	-0.53**
		(-13.34)	(-13.16)	(-13.32)	(-13.32)	(-13.32)
Gesundheitszustand		0.15*	0.15*	0.15*	0.15*	0.15*
		(2.46)	(2.49)	(2.52)	(2.49)	(2.48)
Bildung niedrig				Referenz		
mittel		0.30**	0.32**	0.29*	0.29*	0.29*
		(2.64)	(2.86)	(2.57)	(2.54)	(2.53)
hoch		0.43**	0.46**	0.43**	0.42**	0.42**
		(3.42)	(3.61)	(3.38)	(3.35)	(3.34)
Haushaltsauskommen		0.27**	0.26*	0.26*	0.26*	0.26*
		(2.43)	(2.33)	(2.37)	(2.38)	(2.37)
Erwerbstätigkeit		0.11	0.11	0.12	0.12	0.12
		(1.11)	(1.03)	(1.15)	(1.16)	(1.16)
G1 Elternteil						
Finanzielle Transfers an Kind		0.80**	0.80**	0.79**	0.79**	0.79**
		(3.83)	(3.78)	(3.81)	(3.79)	(3.80)
Erbschaft/Schenkung an Kind		0.27**	0.27*	0.27*	0.28**	0.28**
		(2.57)	(2.54)	(2.57)	(2.60)	(2.59)
Vererbungswahrsch. <50%				Referenz		
>=50%		0.64**	0.63**	0.64**	0.64**	0.64**
		(6.31)	(6.18)	(6.32)	(6.32)	(6.32)
unbekannt		-0.18	-0.16	-0.18	-0.18	-0.18
		(-0.58)	(-0.48)	(-0.56)	(-0.57)	(-0.57)
Alter		0.03**	0.03**	0.03**	0.03**	0.03**
		(4.07)	(4.00)	(4.09)	(4.10)	(4.10)
Krankheit		0.23**	0.23**	0.23**	0.23**	0.23**
		(5.40)	(5.39)	(5.37)	(5.38)	(5.39)
Partner		-0.69**	-0.69**	-0.69**	-0.69**	-0.69**
		(-6.14)	(-6.06)	(-6.14)	(-6.13)	(-6.10)
		Familiale Strukturen				
Tochter-Mutter				Referenz		
Sohn-Mutter		-0.76**	-0.76**	-0.76**	-0.76**	-0.76**
		(-7.25)	(-7.18)	(-7.24)	(-7.24)	(-7.24)
Tochter-Vater		-1.10**	-1.11**	-1.10**	-1.10**	-1.10**
		(-7.82)	(-7.77)	(-7.80)	(-7.80)	(-7.80)
Sohn-Vater		-1.40**	-1.41**	-1.40**	-1.40**	-1.40**
		(-8.75)	(-8.68)	(-8.74)	(-8.75)	(-8.75)

ausgeprägt sind. Daher wurden im Falle der finanziellen Haushaltssituation sowie der Gesundheitseinschätzung bewusst subjektive Maße verwendet, obwohl 'objektivere' Informationen im SHARE vorhanden wären.

5.2 Staat, Markt und Hilfe an Eltern

...Fortsetzung	M3.0 Nullmodell	M3.1 Ohne Kontext	M3.2 Soziale Dienste	M3.3 Sozialausgaben	M3.4 Familienausgaben	M3.5 Anteil für Familien
Kinderzahl (G3)		-0.10* (-2.56)	-0.11** (-2.73)	-0.10* (-2.57)	-0.10** (-2.59)	-0.10** (-2.58)
Geschwisterzahl (G2)		-0.13** (-5.03)	-0.13** (-4.95)	-0.13** (-4.98)	-0.13** (4.97)	-0.13** (-4.98)
Kulturell-kontextuelle Strukturen						
Länderindikator			0.14** (7.78)	0.35** (3.07)	0.17** (3.51)	0.31** (3.24)
Modelleigenschaften						
ICC Länder (Nullmodell)	0.05					
n Länder (Ebene 4)	11					
n Haushalte (Ebene 3)	5'595					
n Personen (Ebene 2)	6'350					
n Dyaden (Ebene 1)	7'825					
Varianz Ebene 4 (Land)	0.392 (.179)	0.446 (.208)	0.032 (.023)	0.224 (.110)	0.191 (.096)	0.212 (.104)
Varianz Ebene 3 (Haushalt)	1.934 (.406)	2.065 (.444)	2.135 (.462)	2.072 (.447)	2.071 (.448)	2.069 (.448)
Varianz Ebene 2 (Person)	1.738 (.506)	1.507 (.548)	1.604 (.581)	1.526 (.554)	1.537 (.556)	1.533 (.555)
Varianz Ebene 1 (Dyade)	$\pi^2/3$					
BIC		7'872.1	7'856.7	7'874.1	7'872.6	7'873.5

Datenbasis: SHARE release 2, eigene Berechnungen, ungewichtet/OECD (2005; 2007a; 2007b). Logistische Mehrebenenmodelle. Sozialausgaben in 1'000 USD/Kopf, Familienausgaben in 100 USD/Kopf. Koeffizient signifikant zum *5%, **1%-Niveau. Z-Werte (Koeffizienten) bzw. Standardfehler (Varianzen) in Klammern. ICC=Intraclass Correlation; BIC=Bayesian Information Criterion. Samplebeschreibung s. Tabelle A.8.

Zwar deuten solche Ressourcen auf höhere Opportunitätskosten für Hilfe an Eltern hin, allerdings verursachen Hilfeleistungen durchaus auch rein finanzielle Kosten, und für Unterstützung bei formalen Angelegenheiten sowie beim Umgang mit Behörden ist ein gewisses Bildungsniveau vermutlich von Vorteil. Die Erwerbstätigkeit des potenziellen Helfers, die sowohl höhere Opportunitätskosten als auch zeitliche Einschränkungen mit sich bringen könnte, hat entgegen den Erwartungen keinen relevanten Einfluss auf die Wahrscheinlichkeit von Hilfeleistungen an die betagten Eltern.

Die finanziellen Möglichkeiten eines Elternteils haben einen positiven Einfluss auf Hilfeleistungen von Kindern: Finanzielle Transfers vom Elternteil gehen häufig mit Hilfe der Kinder einher. Auch vererbbares und vererbtes Vermögen wirkt sich förderlich auf Hilfeleistungen aus. Wenn die erwachsenen Kinder Erbchancen sehen oder schon eine Schenkung erhalten haben, helfen sie ihren Eltern eher. Hierbei sind also unabhängig von der zeitlichen Abfolge der (Gegen-) Leistungen Reziprozitätseffekte zu verzeichnen. Bedürfnisse des Elternteils, erfasst über Alter und gesundheitliche Beeinträchtigungen, haben einen positiven Einfluss auf die Hilfeleistung von Kindern. Leben die Eltern jedoch in einer Partnerschaft, kann der jeweilige Partner den Bedarf auffangen, was die Wahrscheinlichkeit von Hilfeleistungen durch die Kinder signifikant senkt.[33]

Familiale Strukturen leisten ebenfalls bedeutsame Beiträge zur Erklärung praktischer Hilfe. Die Geschlechterkombination zwischen Helfer und Empfänger ist dabei ein besonders wichtiger Faktor: Müttern wird deutlich mehr geholfen, und Töchter helfen etwas mehr als Söhne, sodass die Tochter-Mutter-Dyade auch in punkto Hilfe hervortritt. Darauf folgen Sohn-Mutter- und Tochter-Vater-Beziehungen, das niedrigste Hilfeniveau findet sich bei Hilfe von Söhnen an ihre Väter. Zwar ist Hausarbeit, die den größten Teil der Hilfeleistungen ausmacht, eher 'klassische Frauenarbeit', doch werden Reparaturen überwiegend von Männern geleistet, was aber offensichtlich nicht einer Balance der Hilfe von Söhnen und Töchtern führt.[34] Hinsichtlich der Familiengröße gilt: Je mehr Kinder und je mehr Geschwister vorhanden sind, desto seltener hilft das einzelne Kind. Offenbar stellen eigene Kinder eine konkurrierende Verpflichtung für die potenziellen Helfer dar, während Hilfe an die Eltern unter Geschwistern ausgehandelt und aufgeteilt wird.

Auch unter Berücksichtigung der genannten Faktoren bestehen weiterhin Länderunterschiede, schließlich sind dem Nullmodell M3.0 zufolge etwa fünf Prozent der Gesamtvarianz von Hilfeleistungen auf der Länderebene verortet (ICC). Dies ist ein weiterer Hinweis darauf, dass zusätzlich zu individuellen und Familienfaktoren spezifische Länderstrukturen die Leistungen der Befragten an ihre Eltern beeinflussen.

Nimmt man nun das Angebot an sozialen und Gesundheitsdienstleistungen, die Ausgaben für Sozial- und Familienpolitik sowie den Anteil familienpolitischer Ausgaben an den Gesamtstaatsausgaben in das Grundmodell auf, so bleiben die Effekte der Dyaden-, Individual- und Familieneigenschaften stabil. Die Kontextfaktoren vermögen dazu je einen erheblichen Teil der Ländervariation aufzuklären (s.

---

[33] Informationen über die Eltern stammen von den Befragten. Die Auskunft über den Gesundheitszustand ist also eine Einschätzung des Kindes und sollte mit einiger Vorsicht verwendet werden. Da zudem leider keine (direkten) Informationen über eine bestehende Partnerschaft des jeweiligen Elternteils existieren, wurde ein Proxy gebildet, der eine Partnerschaft anzeigt, wenn beide Eltern am Leben sind und in gleicher Wohnentfernung vom Kind wohnen (s. Tabelle A.3). Partnerschaften zwischen den leiblichen Eltern werden demnach tendenziell überschätzt, das Zusammenleben mit anderen Partnern dagegen kann nicht erfasst werden. Finanzielle Transfers von den Eltern der Befragten wurden für die Partner mit wenigen Ausnahmen ('getrennte Finanzen') gemeinsam erfragt, und dann auf beide überschrieben.

[34] Leider können hier aufgrund der Frageformulierung geschlechterrollenspezifische Hilfeformen nicht eingehender betrachtet werden. Mittels getrennter Analysen (nicht gezeigt) für Töchter und Söhne lässt sich feststellen, dass diese auch leicht unterschiedlich auf verschiedene Mikro-Einflüsse reagieren: Männer machen Hilfeleistungen eher von den eigenen Möglichkeiten abhängig, während Frauen stärker auf die Bedürfnisse des Elternteils reagieren.

die Varianzentwicklung auf Ebene 4) und besitzen signifikant positive Effekte. In Ländern mit höheren Ausgaben für Bedürftige und Familien (absolut und relativ) erfolgt auch eher Hilfe an die Eltern. Die vergleichsweise größte Erklärungskraft hat auch im Mehrebenenmodell das soziale Dienstleistungsangebot:[35] Je größer der Sektor der sozialen Dienstleistungen in einem Land, desto mehr formelle Leistungen können Familienmitglieder in Anspruch nehmen – und desto höher fällt das Hilfeniveau in der Familie aus.

Betrachtet man die Erklärungsbeiträge der verschiedenen Merkmale (s. die z-Werte), so zeigt sich zudem, dass Dienstleistungsangebote im Vergleich zu individuellen und Familien-Faktoren nicht minder starke Auswirkungen auf Hilfe haben: Nach Wohnentfernung und Geschlechterkombination sind soziale Dienstleistungen der bedeutendste Faktor für Hilfeleistungen. Die weiteren Makrofaktoren (M3.3.-M3.5) haben vergleichsweise weniger Bedeutung für Hilfe an die Eltern. Die präsentierten Ergebnisse sprechen demnach zunächst für eine Erweiterung der 'crowding in'-These: Je mehr familienentlastende Leistungen Staat und Markt bieten, desto solidarischer verhalten sich Kinder ihren Eltern gegenüber, was alltägliche Hilfe angeht.

Geht es nun aber um die Intensität dieser geleisteten Hilfe, so zeigt sich auf Makroebene wieder ein entgegengesetztes Muster (Tabelle 5.5, Modelle M4, logarithmierte Stunden).[36] Zunächst aber zu den individuellen und familialen Einflussfaktoren: Hilfe erfolgt nicht nur weniger wahrscheinlich, sondern auch weniger zeitintensiv, wenn das einzelne Kind von den Eltern weit entfernt wohnt. Der Effekt der Gesundheit des Kindes kehrt sich bei der Intensität im Gegensatz zur Hilfewahrscheinlichkeit aber um. Auch wenn die Kausalrichtung empirisch nicht genau bestimmbar ist, kann dies ein Hinweis auf Rückkopplungseffekte sein (vgl. Arrondel, Masson 2001: 437ff.). Dann gehen intensive und regelmäßige Hilfeleistungen mit Belastungen einher, die sich negativ auf die eigene Gesundheit auswirken. Ähnliches gilt auch für Einkommen und Erwerbstätigkeit: Wo bei Hilfewahrscheinlichkeiten im Sinne von Möglichkeiten eher positive Einflüsse zu verzeichnen waren, sind sie nun im Sinne von Opportunitätskosten eher negativ: Kommen Personen gut mit ihrem Haushaltseinkommen aus und sind erwerbstätig, helfen sie ihren Eltern weniger Stunden in der Woche.

---

[35] Die Varianzaufteilung durch gllamm/xtmelogit erfolgt mithilfe des „latent variable approach", bei dem eine logistische Verteilung der Fehler auf Ebene 1 angenommen wird (z. B. Browne et al. 2005: 604). Hierbei können Varianzkomponenten nach Einführung erklärender Variablen u. U. auch ansteigen (s. Ebene 3), was aber im logistischen Modell keinen Grund zur Besorgnis darstellt (Snijders, Bosker 2004: 227f.).

[36] Die geschätzten Einflüsse der Variablen auf Dyaden-, Individual- und Familienebene unterscheiden sich auch hier zwischen den einzelnen Modellen kaum.

Tabelle 5.5   Staat, Markt und Intensität der Hilfe an Eltern (M4)

	M4.0 Nullmodell	M4.1 Ohne Kontext	M4.2 Soziale Dienste	M4.3 Sozialausgaben	M4.4 Familienausgaben	M4.5 Anteil f. Familien
Opportunitäts- & Bedürfnisstrukturen						
G2 Kind (Befragungsperson)						
Wohnentfernung		-0.18**	-0.18**	-0.18**	-0.18**	-0.18**
		(-7.00)	(-6.95)	(-6.93)	(-6.93)	(-6.92)
Gesundheitszustand		-0.17**	-0.17**	-0.17**	-0.17**	-0.17**
		(-3.49)	(3.51)	(-3.52)	(-3.51)	(-3.50)
Bildung niedrig				Referenz		
mittel		-0.03	-0.03	-0.02	-0.02	-0.02
		(-0.34)	(-0.30)	(-0.27)	(-0.24)	(-0.23)
hoch		-0.02	-0.02	-0.02	-0.02	-0.02
		(-0.23)	(-0.22)	(-0.20)	(-0.16)	(-0.15)
Haushaltsauskommen		-0.22*	-0.21*	-0.21*	-0.21*	-0.21*
		(-2.38)	(-2.26)	(-2.30)	(-2.33)	(-2.32)
Erwerbstätigkeit		-0.37**	-0.36**	-0.37**	-0.37**	-0.37**
		(-4.46)	(-4.42)	(-4.48)	(-4.48)	(-4.48)
G1 Elternteil						
Finanzielle Transfers an Kind		-0.11	-0.10	-0.11	-0.10	-0.10
		(-0.76)	(-0.71)	(-0.74)	(-0.72)	(-0.72)
Erbschaft/Schenkung an Kind		-0.08	-0.09	-0.09	-0.09	-0.09
		(-1.05)	(-1.09)	(-1.07)	(-1.09)	(-1.08)
Vererbungswahrsch. <50%				Referenz		
>=50%		-0.07	-0.06	-0.07	-0.07	-0.07
		(-0.92)	(-0.77)	(-0.90)	(-0.90)	(-0.91)
unbekannt		-0.05	-0.05	-0.05	-0.04	-0.04
		(-0.16)	(-0.17)	(-0.15)	(-0.14)	(-0.13)
Krankheit		0.12**	0.12**	0.12**	0.12**	0.12**
		(3.50)	(3.52)	(3.53)	(3.53)	(3.53)
Alter		0.03**	0.03**	0.03**	0.03**	0.03**
		(4.03)	(3.99)	(4.01)	(3.97)	(3.97)
Partner		-0.14	-0.15+	-0.15	-0.15+	-0.15+
		(-1.60)	(-1.70)	(-1.62)	(-1.65)	(-1.65)
Familiale Strukturen						
Tochter-Mutter				Referenz		
Sohn-Mutter		-0.37**	-0.37**	-0.37**	-0.37**	-0.37**
		(-4.74)	(-4.79)	(-4.75)	(-4.74)	(-4.74)
Tochter-Vater		-0.16	-0.16	-0.16	-0.16	-0.16
		(-1.56)	(-1.54)	(-1.56)	(-1.57)	(-1.57)
Sohn-Vater		-0.58**	-0.58**	-0.58**	-0.58**	-0.58**
		(-4.84)	(-4.88)	(-4.85)	(-4.83)	(-4.83)
Kinderzahl (G3)		-0.04	-0.04	-0.04	-0.04	-0.04
		(-1.36)	(-1.30)	(-1.34)	(-1.34)	(-1.34)
Geschwisterzahl (G2)		-0.04+	-0.04+	-0.04+	-0.04+	-0.04+
		(-1.81)	(-1.81)	(-1.85)	(-1.85)	(-1.86)

...Fortsetzung	M4.0 Nullmodell	M4.1 Ohne Kontext	M4.2 Soziale Dienste	M4.3 Sozialausgaben	M4.4 Familienausgaben	M4.5 Anteil f. Familien
			Kulturell-kontextuelle Strukturen			
Länderindikator			-0.05** (-2.86)	-0.10 (-1.58)	-0.05+ (-1.86)	-0.10+ (-1.85)
Modelleigenschaften						
ICC Länder (Nullmodell)	0.07					
n Länder (Ebene 4)			11			
n Haushalte (Ebene 3)			1'367			
n Personen (Ebene 2)			1'437			
n Dyaden (Ebene 1)			1'520			
Varianz Ebene 4 (Land)	0.164 (.081)	0.082 (.045)	0.036 (.024)	0.060 (.036)	0.054 (.033)	0.055 (.033)
Varianz Ebene 3 (Haushalt)	0.756 (.219)	0.531 (.201)	0.532 (.201)	0.533 (.201)	0.534 (.201)	0.535 (.201)
Varianz Ebene 2 (Person)	0.782 (.227)	0.717 (.213)	0.715 (.212)	0.715 (.212)	0.714 (.212)	0.713 (.212)
Varianz Ebene 1 (Dyade)	0.566 (.086)	0.564 (.086)	0.565 (.086)	0.564 (.086)	0.564 (.086)	0.564 (.086)
BIC		5'345.0	5'346.5	5'350.2	5'349.5	5'349.5

Datenbasis: SHARE release 2, eigene Berechnungen, ungewichtet/OECD (2005; 2007a; 2007b). Lineare Mehrebenenmodelle. Hilfestunden logarithmiert, Sozialausgaben in 1'000 USD/Kopf, Familienausgaben in 100 USD/Kopf. Koeffizient signifikant zum +10%, *5%, **1%-Niveau. Z-Werte (Koeffizienten) bzw. Standardfehler (Varianzen) in Klammern. ICC=Intraclass Correlation; BIC=Bayesian Information Criterion.

Ebenfalls zentral für Hilfeintensitäten sind die Bedürfnisse des Elternteils: Ein höheres Alter und eine schlechtere Gesundheit der Eltern führen zu einer größeren Hilfeintensität der erwachsenen Kinder. Je älter Eltern werden, desto fragiler und hilfsbedürftiger sind sie – auch unabhängig von ihrem durch die Kinder eingeschätzten Gesundheitszustand. Hierbei hat das Vorhandensein eines Partners kaum mehr signifikante Auswirkungen. Außerdem gilt bezüglich der Familienstrukturen, dass Hilfe in Tochter-Mutter-Dyaden nicht nur häufiger sondern auch intensiver, in Sohn-Vater-Dyaden dagegen seltener und weniger intensiv ist als in Sohn-Mutter-Dyaden.

Im Falle der vorliegenden Modelle muss darauf hingewiesen werden, dass die Einführung von Ländereigenschaften nicht zu einer Modellverbesserung führt (s. BIC M4.1 und BIC M4.2-4.5), obwohl sie die Varianz auf Länderebene stark reduziert – im Falle des Dienstleistungssektors um mehr als die Hälfte. Wieder ist dies der treffendste Indikator (M4.2), diesmal jedoch wie alle anderen Länderfaktoren mit negativem Effekt (M4.3-M4.5). Je mehr für Familien und Bedürftige staatlicherseits geleistet wird, desto weniger zeitintensiv ist private Hilfe an die Eltern.[37] Am Beispiel der Dienstleistungen zahlenmäßig exakt ausgedrückt: Mit jedem Beschäftigungsprozent im Dienstleistungssektor helfen erwachsene Kinder etwa fünf Prozent Wochenstunden weniger. Betrachtet man die Rangfolge der verschiedenen Faktoren (z-Werte), so hat wieder die Wohnentfernung den bedeutsamsten Einfluss, darauf folgen die Geschlechterkombination, die Erwerbstätigkeit und der Gesundheitszustand des Elternteils sowie derjenige des Kindes. Der Dienstleistungsindikator liefert danach den wichtigsten Erklärungsbeitrag, während sozial- und familienpolitische Ausgaben vergleichsweise wiederum weniger relevant sind.

Je mehr die Familie von Staat und Markt bei der Betreuung unterstützt wird, desto weniger zeitintensiv fällt die private Hilfe von erwachsenen Kindern für ihre betagten Eltern aus. Allerdings ist ein solches 'crowding out' aus Sicht der Hilfeempfänger und Helfer nicht unter allen Umständen als problematisch zu bewerten, beispielsweise wenn niedrigere private Unterstützungsintensitäten gesunkenem Bedarf folgen und nicht mit einer geringeren Unterstützungsmotivation einhergehen (s. auch Daatland, Herlofson 2003). Zudem muss weniger gesundheitlich belastende, intensive Hilfe von den Kindern geleistet werden, wenn Staat und Markt Unterstützung bieten. Im Zusammenspiel deuten die Befunde zu den Hilfewahrscheinlichkeiten und Hilfeintensitäten auf eine Spezialisierung zwischen Familie, Staat und Markt hin: Professionelle Anbieter übernehmen die stetigen, gut planbaren und zeitintensiven Hilfeleistungen. Wenn ein umfassendes Dienstleistungsangebot zur Verfügung steht, spezialisiert sich die Familie auf sporadische, kurzfristige und weniger zeitintensive Hilfe.

5.3 Staat, Markt und Hilfe an Kinder

In den folgenden Abschnitten soll nun vergleichend untersucht werden, ob ähnliche Zusammenhänge mit dem Kontext auch bei Hilfeleistungen von Alt nach Jung (G2 nach G3) Geltung haben. In derselben Weise, wie im letzten Abschnitt 5.2 Hilfe an die betagten Eltern analysiert wurde, wird dies für die Hilfe an die erwachsenen Kinder außerhalb des Haushalts durchgeführt.

Die Ergebnisse können damit im Anschluss zwischen den beiden Richtungen von Generationenhilfe der mindestens 50-Jährigen – 'nach oben' und 'nach unten' – verglichen werden, um Gemeinsamkeiten und Unterschiede auf Individual-,

---

[37] Berechnet man geordnete logistische Modelle mit den Kategorien 'täglich', 'wöchentlich', 'monatlich' und 'seltener' ergeben sich hinsichtlich der Einflüsse unabhängigen Variablen dieselben Schlussfolgerungen. Dies gilt auch für alle folgenden Intensitätsanalysen.

Familien- und Länderebene zu beleuchten und damit auch die bisherigen Ergebnisse bezüglich struktureller Einflüsse auf intergenerationale Hilfe zu validieren.

Abbildung 5.8 Hilfearten an erwachsene Kinder

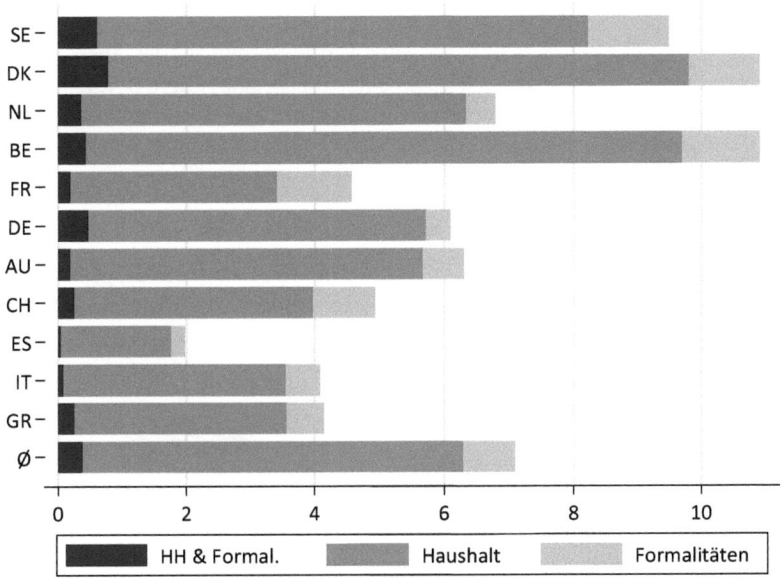

Datenbasis: SHARE 2004 release 2, eigene Berechnungen, gewichtet (ausgenommen Gesamtdurchschnitt), n=42'193 Dyaden. Einzelne Hilfearten in Prozent, aufaddiert.

In den letzten zwölf Monaten halfen die Befragten in Skandinavien ihren erwachsenen Kindern außerhalb des Haushaltes in knapp über zehn Prozent der Beziehungen, abnehmend bis zu zwei Prozent in Spanien (Abbildung 5.8). Wieder ist Haushaltshilfe die vorwiegende Unterstützungsform; kombinierte Hilfe bei Formalitäten und im Haushalt kommt nur in unter einem Prozent der Fälle in ganz Europa vor. Auch die ausschließliche Hilfe im Umgang mit Ämtern und Behörden ist weit seltener vertreten als dies bei der Hilfe an die betagten Eltern der Fall ist. Den erwachsenen Kindern wird demnach von ihren Eltern in allen untersuchten Ländern nach dem Auszug vor allem bei haushaltsbezogenen Tätigkeiten wie bei Reparaturen, der Gartenarbeit, dem Einkaufen oder der Hausarbeit geholfen.

Auf Basis des Forschungsstandes zu Generationensolidarität (Abschnitt 2.3) ist zu vermuten, dass ein Elternteil seinem Kind dann eher bei der Haushaltsführung hilft, wenn die Möglichkeiten (Wohnentfernung, Bildung, Einkommen, Erwerbsstatus, Gesundheit) bestehen und das Kind einen gewissen Hilfebedarf (Alter, Trennung, Erwerbsunfähigkeit) aufweist und/oder die Möglichkeit besitzt, Hilfe von den Eltern als Gegengabe zu stimulieren (Hilfeleistungen/finanzielle Transfers an die Eltern). Wieder ist davon auszugehen, dass auch die Zahl der Kinder und Enkel, die Geschlechterkombination sowie der rechtliche Status der Beziehung (Stiefkind) im Sinne familialer Strukturen Hilfeleistungen fördern oder deren Wahrscheinlichkeit verringern. Hinsichtlich kontextueller Einflüsse gilt es, die oben gefundenen Zusammenhänge zu untermauern. Dies setzt die Bestätigung der folgenden These voraus: Je mehr öffentliche und privatwirtschaftliche Unterstützung angeboten wird, desto eher erfolgt Hilfe an die Kinder, jedoch in zeitlich beschränktem Ausmaß.

Hilfewahrscheinlichkeit und Hilfeintensität

Bevor Hilfeleistungen konkret mit kontextuellen Strukturen verknüpft werden, wird wieder zunächst ihre Wahrscheinlichkeit und Intensität in den SHARE-Ländern dargestellt.

Abbildung 5.9   Häufigkeit der Hilfe an Kinder

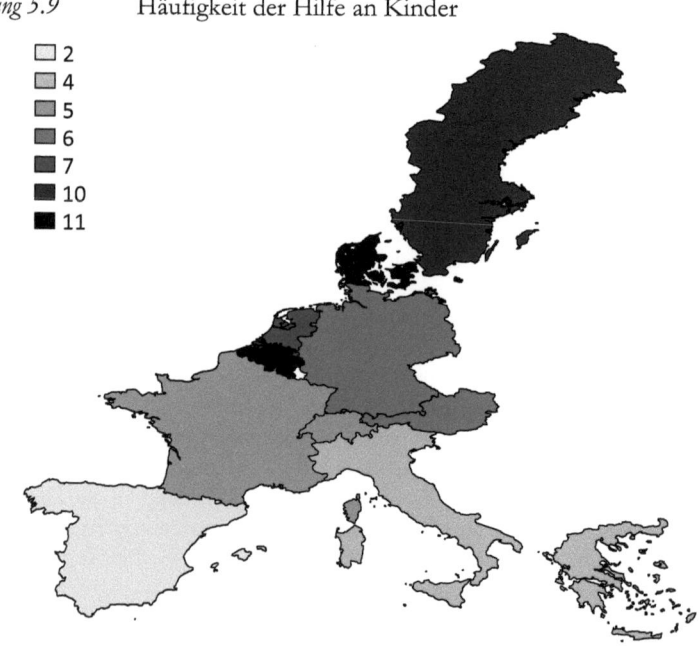

Datenbasis: SHARE 2004 release 2, eigene Berechnungen, gewichtet, n=40'073 Dyaden. Hilfedyaden in Prozent.

Abbildung 5.9 zeigt das inzwischen bekannte Nord-Süd-Muster. Eltern helfen ihren Kindern am häufigsten in Belgien und Dänemark, wo elf Prozent der Dyaden Hilfebeziehungen sind. Gleich darauf folgt Schweden mit kaum weniger Hilfe an die Kinder (zehn Prozent) und in den Niederlanden wird immerhin noch in etwa sieben Prozent der Eltern-Kind-Beziehungen Haushaltshilfe an die Kinder ab 18 Jahren geleistet. Im übrigen Mitteleuropa sind solche Unterstützungsleistungen von den Eltern mit etwa fünf bis sechs Prozent etwas seltener, am niedrigsten aber sind die Hilfehäufigkeiten in Spanien, Italien und Griechenland (zwei bis vier Prozent). Die Länderunterschiede hinsichtlich der Wahrscheinlichkeit von Hilfe von G2 nach G1 lassen auf den ersten Blick also weitgehend bestätigen.

Abbildung 5.10   Intensität der Hilfe an Kinder

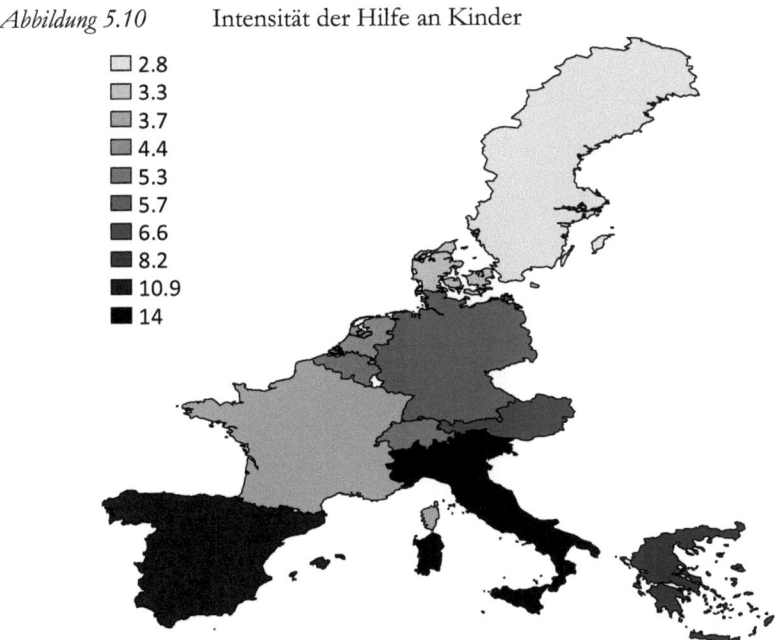

Datenbasis: SHARE 2004 release 2, eigene Berechnungen, gewichtet, n=2'584 Dyaden. Durchschnittliche Stunden/Woche, nur Helfer.

Auch was die Intensität dieser geleisteten Unterstützung angeht, bestätigen sich die Befunde des letzten Abschnittes, in Abbildung 5.10 gestalten sich die Nord-Süd-Unterschiede sogar noch deutlicher als bei der Hilfe an die Eltern (s. Abbildung 5.5). Die Hilfeintensität rangiert zwischen durchschnittlich drei Stunden in Skandinavien und 14 Stunden in Italien. Auch in Spanien (elf Stunden) und Griechenland (acht Stunden) sind Hilfeleistungen an die Kinder – wenn sie überhaupt erfolgen –

sehr zeitintensiv. Gleich darauf folgen die deutschsprachigen Länder sowie Belgien mit fünf bis sechs Stunden, und in den Niederlanden sind es immerhin noch etwas über vier Wochenstunden, die Eltern der Hilfe an ihre Kinder widmen. In Frankreich umfasst Haushaltshilfe an Kinder durchschnittlich nur knapp vier Stunden; Dänemark und Schweden bilden dann mit ungefähr drei Stunden die Schlusslichter in SHARE-Europa, wenn es um die zeitliche Intensität der Hilfe der Befragten an ihre erwachsenen Kinder geht.

Tabelle 5.6   Hilfe an Kinder je Land (M5)

	SE	DK	NL	BE	FR	DE	AU	CH	ES	IT	GR
Opportunitäts- & Bedürfnisstrukturen											
G2 Elternteil (Befragungsperson)											
Wohnentfernung	-	-	-	-	-	-		-	-	-	-
Gesundheitszustand	+	+	+	+	+	+	+	+	+	+	+
Bildung niedrig						Referenz					
mittel	+	-	-	+	+	+	+	-	+	+	+
hoch	-	-	-	+	+	-	+	+	+	+	+
Haushaltsauskommen	+	-	+	+	+	-	+	+	+	+	+
Erwerbstätigkeit	-	+	+	-	-	-	-	-	-	+	-
G3 Kind											
Hilfe an Eltern	+	+	+	+	+	+	+	+	-	+	+
Finanzielle Transfers an Eltern	-	-	+	+	+	+	+	/ -	/ -	-	-
Alter	-	-	-	-	-	-	-	-	-	-	-
Alter²	-	-	-	-	-	-	-	+	-	-	-
Erwerbsunfähigkeit	+	-	+	+	+	+	+	-	/ -	+	+
Trennung vom Partner	+	+	+	+	+	+	+	+	+	-	-
Familiale Strukturen											
Mutter-Tochter						Referenz					
Mutter-Sohn	-	-	-	-	-	-	-	-	-	-	-
Vater-Tochter	+	+	+	+	+	-	-	-	-	-	-
Vater-Sohn	+	+	-	+	+	-	-	-	-	+	-
Kinderzahl (G3)	-	-	-	-	-	-	-	-	-	-	-
Enkelzahl (G4)	+	+	+	+	+	+	+	+	+	+	+
Stiefkind (G3)	-	-	-	-	-	-	+	/ -	/ -	+	+
Modelleigenschaften											
n Dyaden	5'497	2'885	4'740	5'700	4'503	4'107	2'703	1'374	2'702	2'751	2'984
Pseudo r²	0.09	0.10	0.07	0.08	0.07	0.10	0.10	0.09	0.09	0.16	0.10

Datenbasis: SHARE 2004 release 2, eigene Berechnungen, ungewichtet. Logistische Regressionsmodelle. - = negative, + = positive Effekte, / - = keine Schätzung möglich, da perfekte Vorhersage der 0. Statistisch signifikante Effekte grau hinterlegt (5%-Niveau). Pseudo r² nach McFadden.

Was beeinflusst nun die Hilfe an erwachsene Kinder in diesen Ländern Europas? Zunächst soll entsprechend den vorangegangenen Analysen der Hilfe an die Eltern (Abschnitt 5.2) erörtert werden, ob die Mechanismen auf Mikro- und Meso-Ebene zwischen den Ländern differieren, oder ob es möglich ist, ein Modell über alle Länder zu schätzen. Tabelle 5.6 zeigt, dass auch in dieser Hilferichtung kaum Unterschiede zwischen den Einflussfaktoren in den Ländern bestehen. Über die Länder hinweg (mit Ausnahme der Schweiz) erweist sich einmal mehr die Wohnentfernung als stabiler und wichtiger Faktor für Hilfeleistungen, auch an die erwachsenen Kinder. Zudem ist die Anzahl der Kinder – als Familien- und auch Opportunitätsstruktur – von Bedeutung dafür, wie wahrscheinlich dem einzelnen Kind geholfen wird.[38] Konkurrierende Verpflichtung im Sinne weiterer Kinder führt überall dazu, dass dem einzelnen Kind weniger Hilfe zukommt.

Es existieren jedoch zwei Ausnahmen: In Nord- und Mitteleuropa helfen Väter ihren Töchtern häufiger als die Mütter, während im Süden Mütter ihren Töchtern eher Hilfe zukommen lassen. Zudem erhalten Stiefkinder in den meisten Ländern weniger Hilfe als biologische Nachkommen, mit Ausnahme Italiens.[39] Abgesehen davon ist es ohne großen Informationsverlust möglich, alle Länder in einem Modell zu vereinen, um die Hilfeniveaus in den Ländern nach Kontrolle der oben genannten Eigenschaften zu vergleichen: Bleiben die Unterschiede im Hilfeniveau zwischen den Ländern unter Berücksichtigung der Opportunitäten, Bedürfnissen und Familienstrukturen signifikant (Tabelle 5.7)?

Auch in diesem Fall bestätigt sich das Gesamtbild: In Schweden, Dänemark und Belgien helfen mehr Eltern ihren Kindern als in Deutschland. In Frankreich, der Schweiz, Spanien, Italien und Griechenland sind es hingegen weniger Helfer. In Referenz zu Deutschland sind dafür die Hilfeleistungen im Norden (Schweden, Dänemark) sowie in Frankreich zeitlich weniger intensiv, im Süden (Spanien, Italien) hingegen deutlich intensiver.

---

[38] Die Angaben über die Kinder stammen alle von einem (Familien-) Befragten und beziehen sich in der Regel auf höchstens vier Nachkommen. Daher wurden alle Kindereigenschaften gegebenenfalls auf den Partner im Haushalt überschrieben, der in der überwiegenden Zahl der Fälle (ca. 95 Prozent) auch der zweite leibliche (oder Adoptiv-) Elternteil ist. Darüber hinaus wurde Auskunft über (von den Kindern) empfangene Unterstützungsleistungen (Hilfe, finanzielle Transfers) ebenfalls nur von einem Befragten eingeholt, weshalb auch diese Informationen auf die Partner übertragen wurden. Leider enthält die Variable 'Bildung der Kinder' (noch) Fehler, weshalb in den jeweiligen Modellen im Sinne Bildungsvererbung (s. z. B. Pfeffer 2008) die Bildung der Eltern als Proxy-Variable beziehungsweise als Bildungshintergrund dient.

[39] Dieses Ergebnis beruht allerdings auf nur 19 Beobachtungen, sollte also trotz statistischer Signifikanz nicht überinterpretiert werden.

Tabelle 5.7   Länderunterschiede zwischen Hilfeleistungen an Kinder (M6)

Länderindikatoren	M6.1 Wahrscheinlichkeit (Logit)	M6.2 Intensität (OLS)
Schweden	0.61**	-0.44**
Dänemark	0.66**	-0.48**
Niederlande	0.06	-0.09
Belgien	0.66**	0.14
Frankreich	-0.22*	-0.45*
Deutschland	Referenz	
Österreich	-0.14	-0.02
Schweiz	-0.33*	-0.10
Spanien	-1.02**	0.82**
Italien	-0.49**	1.07**
Griechenland	-0.53**	0.27
Modelleigenschaften		
n Dyaden	40'073	2'584
(Pseudo) r^2	0.10	0.14

Datenbasis: SHARE 2004 release 2, eigene Berechnungen, ungewichtet. Logistisches/lineares Regressionsmodell. Unter Kontrolle von Opportunitäts-, Bedürfnis- und Familienstrukturen (s. Tabelle 5.8 und 5.9). Pseudo r^2 nach McFadden. Effekte signifikant zum **1%, *5%-Niveau, robuste Standardfehler.

Der Einfluss von Staat und Markt

Ein weiteres Mal stellt sich die Frage, ob die dokumentierten Länderunterschiede auf konkrete Kontextfaktoren zurückgeführt werden können. In den folgenden Abbildungen 5.11 und 5.12 werden zunächst Korrelationen zwischen sozial- und familienpolitischen Ausgaben sowie sozialen Dienstleistungsangeboten und Hilfeleistungen auf Länderebene gezeigt.

Wie schon bei geleisteter Hilfe an Eltern stehen die Hilfehäufigkeiten an Kinder pro Land signifikant mit allen vier ausgewählten Indikatoren in Zusammenhang, und zwar vor und nach Kontrolle von Dyadeneigenschaften sowie individuellen Merkmalen und Haushaltsvariablen. Die stärkste positive Korrelation zeigt sich auch hier wieder mit dem sozialen Dienstleistungskontext. Je mehr soziale Dienstleistungen in einem Land angeboten werden, desto mehr Eltern helfen ihren Kindern. Hinsichtlich der Abweichungen der Länder vom Trend fällt in Abbildung 5.11 vor allem Belgien auf: Dort wird häufiger Hilfe geleistet, als dies nach Sozialausgaben, familienpolitischem Kontext und Dienstleistungsniveau zu erwarten wäre. In Frankreich hingegen ist Hilfe eher seltener der Fall, als die wohlfahrtsstaatlichen Ausgaben (nicht aber das Dienstleistungsniveau) vermuten ließen.

Abbildung 5.11 Staat, Markt und Häufigkeit der Hilfe an Kinder

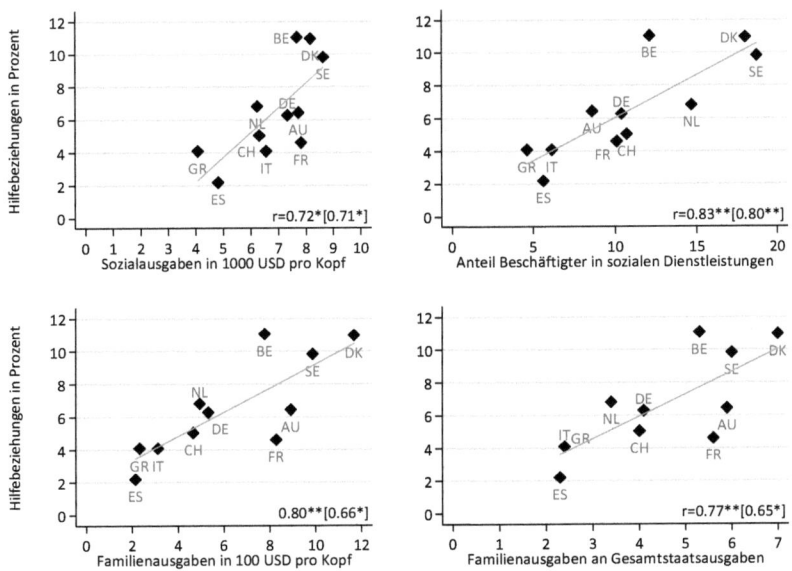

Datenbasis: SHARE 2004 release 2, eigene Berechnungen, gewichtet/OECD (2005; 2007a; 2007b). Korrelation [nach Kontrolle von Opportunitäts-, Bedürfnis- und Familienstrukturen] signifikant zum **1%, *5%-Niveau (n=11 Länder).

Insgesamt bestätigt sich aber der Befund, dass auf Länderebene vor allem Dienstleistungsangebote für Familien und Bedürftige im Zusammenhang mit Generationenhilfe stehen – auch im Hinblick auf die Intensität der Hilfeleistungen (Abbildung 5.12).

Bei der Betrachtung des Zusammenhangs zwischen Hilfestunden und wohlfahrtsstaatlichem Kontext fällt vor allem Italien aus dem Rahmen. Dort wird ausnahmslos zeitintensivere Hilfe geleistet, als nach bivariatem Zusammenhang an der jeweiligen Stelle geschätzt würde. Die stärkste Korrelation vor dem 'Herausrechnen' der Individual- und Familieneigenschaften zeigen wieder das Dienstleistungsniveau und die durchschnittlichen Hilfestunden: Je mehr Dienstleistungen in einem Land angeboten werden, desto weniger zeitintensiv helfen Eltern ihren Kindern. Nach Kontrolle der Länderkomposition dagegen sind es familienpolitische Ausgaben, die die höchste Korrelation mit Hilfeniveaus aufweisen.

Abbildung 5.12   Staat, Markt und Intensität der Hilfe an Kinder

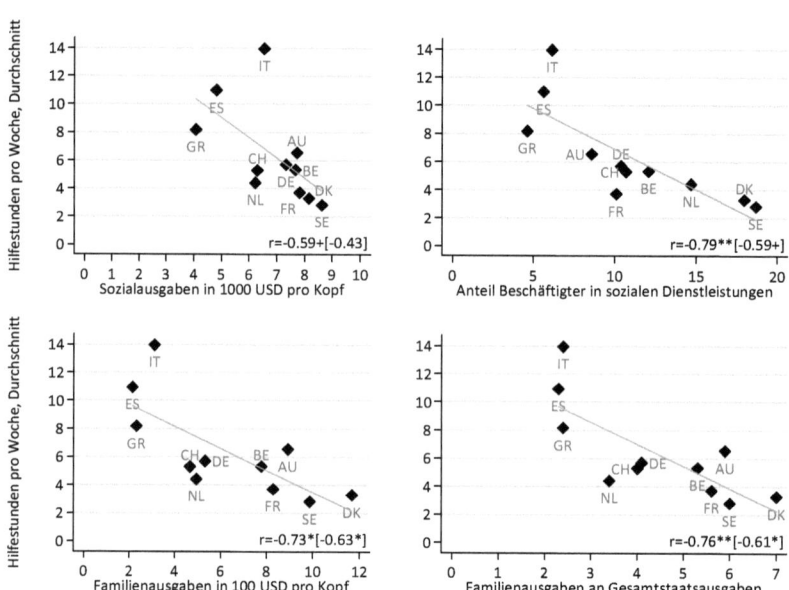

Datenbasis: SHARE 2004 release 2, eigene Berechnungen, gewichtet/OECD (2005; 2007a; 2007b). Korrelation [nach Kontrolle von Opportunitäts-, Bedürfnis- und Familienstrukturen] signifikant zum **1,*5%, +10%-Niveau, n=11 Länder.

Multivariaten Mehrebenenanalysen zufolge haben Ländereigenschaften auch unter Kontrolle von Opportunitäts-, Bedürfnis- und Familienstrukturen signifikante Einflüsse auf Hilfe, selbst wenn Individual- und Haushaltsmerkmale einen größeren Anteil an deren Variation haben (s. Varianzanteil auf Haushaltsebene, Tabelle 5.8).

Auch bei Hilfe an die Kinder spielt die Wohnentfernung als eine der wichtigsten Opportunitätsstrukturen (s. z-Werte) eine herausragende Rolle: Je weiter entfernt ein Kind wohnt, desto seltener erbringen die Eltern alltägliche Hilfe. Gesundheit hat wie auch zuvor im Sinne einer Opportunitätsstruktur positive Auswirkungen auf die Wahrscheinlichkeit praktischer Hilfe an die Kinder. Die Bildung hat im Gegensatz zu Hilfe an die Eltern keinen bedeutsamen Einfluss, ein ausreichendes Haushaltseinkommen der Eltern wirkt sich jedoch positiv auf Hilfeleistungen an die Kinder aus. Vermutlich aufgrund fehlender Zeitressourcen helfen erwerbstätige Eltern ihren Kindern seltener als Nicht-Erwerbstätige.

Tabelle 5.8   Staat, Markt und Wahrscheinlichkeit der Hilfe an Kinder (M7)

	M7.0 Nullmodell	M7.1 Ohne Kontext	M7.2 Soziale Dienste	M7.3 Sozialausgaben	M7.4 Familienausgaben	M7.5 Anteil f. Familien
Opportunitäts- & Bedürfnisstrukturen						
G2 Elternteil (Befragungsperson)						
Wohnentfernung		-0.29**	-0.34**	-0.33**	-0.33**	-0.33**
		(-13.96)	(-14.56)	(-14.37)	(-14.50)	(14.42)
Gesundheitszustand		0.29**	0.32**	0.35**	0.33**	0.33**
		(7.56)	(7.17)	(7.75)	(7.32)	(7.34)
Bildung niedrig				Referenz		
mittel		0.13	0.21*	0.11	0.10	0.09
		(1.61)	(2.41)	(1.22)	(1.20)	(1.04)
hoch		0.11	0.20*	0.14	0.13	0.11
		(1.19)	(1.96)	(1.33)	(1.22)	(1.09)
Haushaltsauskommen		0.30**	0.27**	0.33**	0.34**	0.35**
		(3.43)	(2.87)	(3.53)	(3.64)	(3.72)
Erwerbstätigkeit		-0.17*	-0.23*	-0.16+	-0.17+	-0.16+
		(-2.14)	(-2.47)	(-1.74)	(-1.81)	(-1.68)
G3 Kind						
Hilfe an Eltern		1.08**	1.13**	1.12**	1.11**	1.10**
		(10.76)	(10.16)	(10.09)	(9.95)	(9.94)
Finanzielle Transfers an Eltern		0.47+	0.54+	0.49	0.46	0.44
		(1.75)	(1.80)	(0.97)	(1.56)	(1.50)
Alter		-0.09**	-0.09**	-0.09**	-0.09**	-0.09**
		(16.55)	(-15.64)	(-15.83)	(-15.79)	(-15.84)
Alter^2		-0.00**	-0.00**	-0.00**	-0.00**	-0.00**
		(-8.59)	(-8.23)	(-8.03)	(-8.32)	(-8.32)
Erwerbsunfähigkeit		0.73**	0.81**	0.79**	0.77**	0.78**
		(5.07)	(5.11)	(4.98)	(4.88)	(4.91)
Trennung vom Partner		0.68**	0.76**	0.75**	0.74**	0.74**
		(5.67)	(5.85)	(5.76)	(5.69)	(5.67)
Familiale Strukturen						
Mutter-Tochter				Referenz		
Mutter-Sohn		-0.71**	-0.80**	-0.79**	-0.79**	-0.79**
		(-9.16)	(-9.38)	(-9.29)	(-9.32)	(-9.30)
Vater-Tochter		0.10	0.08	0.09	0.09	0.09
		(1.36)	(1.05)	(1.09)	(1.14)	(1.15)
Vater-Sohn		-0.03	-0.06	-0.05	-0.05	-0.04
		(-0.43)	(-0.67)	(-0.56)	(-0.53)	(-0.50)
Kinderzahl (G3)		-0.33**	-0.37**	-0.36**	-0.36**	-0.35**
		(-10.70)	(-10.37)	(-10.04)	(-10.06)	(-10.00)
Enkelzahl (G4)		0.26**	0.29**	0.29**	0.29**	0.29**
		(9.06)	(9.18)	(9.29)	(9.11)	(9.16)
Stiefkind (G3)		-0.80**	-0.89**	-0.84**	-0.86**	-0.84**
		(-4.85)	(-4.75)	(-4.51)	(-4.59)	(-4.49)

...Fortsetzung	M7.0 Nullmodell	M7.1 Ohne Kontext	M7.2 Soziale Dienste	M7.3 Sozialausgaben	M7.4 Familienausgaben	M7.5 Anteil f. Familien
			Kulturell-kontextuelle Strukturen			
Länderindikator			0.15** (13.64)	0.48** (12.06)	0.22** (12.75)	0.41** (12.23)
Modelleigenschaften						
ICC Länder (Nullmodell)	0.02					
n Länder (Ebene 4)			11			
n Haushalte (Ebene 3)			13'438			
n Personen (Ebene 2)			19'148			
n Dyaden (Ebene 1)			40'073			
Varianz Ebene 4 (Land)	0.125 (.064)	0.109 (.064)	0.003 (.001)	0.003 (.001)	0.003 (.001)	0.003 (.001)
Varianz Ebene 3 (Haushalt)	4.064 (.249)	3.450 (.235)	5.129 (.350)	5.135 (.351)	5.144 (.352)	5.146 (.352)
Varianz Ebene 2 (Person)	0.557 (.132)	0.421 (.134)	1.426 (.223)	1.409 (.223)	1.412 (.223)	1.400 (.223)
Varianz Ebene 1 (Dyade)			$\pi^2/3$			
BIC		17'453.6	17'278.4	17'316.3	17'302.0	17'315.1

Datenbasis: SHARE 2004 release 2, eigene Berechnungen, ungewichtet/ OECD (2005; 2007a; 2007b). Logistische Mehrebenenmodelle. Sozialausgaben in 1'000 USD/Kopf, Familienausgaben in 100 USD/Kopf. Koeffizient signifikant zum *5%, **1%-Niveau. Z-Werte (Koeffizienten) bzw. Standardfehler (Varianzen) in Klammern. ICC=Intraclass Correlation; BIC=Bayesian Information Criterion. Samplebeschreibung s. Tabelle A.9.

Zwischen den vergleichsweise jungen Generationen G2 und G3 sind wie bei den Hilfen an G1 ebenfalls zeitnah-reziproke Transferbeziehungen zu finden: Finanzielle Transfers und vor allem Hilfeleistungen der Kinder wirken sich positiv auf Hilfe von den Eltern aus. Kinder mit ausreichenden Möglichkeiten können also über solche Leistungen vermutlich Hilfe von den Eltern anregen – wobei über eine dahinter stehende Kausalbeziehung auf Basis dieses Modells keine abschließende Aussage gemacht werden kann. Je älter die erwachsenen Kinder sind, desto seltener erhalten sie von ihren Eltern Hilfe im Haushalt, und zwar exponentiell abnehmend. Vor allem in jüngeren Jahren scheinen Kinder Hilfestellung zum Aufbau eines eigenen Haushaltes zu erhalten. Wenn sich die eigene Familie dort erst etabliert hat, sind elterliche Hilfeleistungen auch nicht mehr in dieser Form notwendig. Außerdem kommt hinzu, dass mit steigendem Alter der Kinder auch die Eltern älter werden und damit weniger Hilfe zu leisten imstande sind.[40] Es verwundert also nicht,

---

[40] Aufgrund von Multikollinearität wurden nicht beide Altersvariablen (Eltern, Kinder) im Modell gleichzeitig berücksichtigt. Der quadratische Altersterm wurde aus der zuvor zentrierten Altersvariable gebildet, weshalb in diesem Falle keine solchen Probleme entstehen.

dass das Alter der Kinder mit Abstand der wichtigste Hilfeprädiktor im Modell ist. Trennt sich ein Kind aber vom Partner oder wird erwerbsunfähig, stehen die Eltern weiterhin oder wieder mit Rat und Tat zur Verfügung, was den Lebenslaufaspekt intergenerationaler Beziehungen unterstreicht.

Hinsichtlich der Beziehungs- und Familienstrukturen[41] lassen sich einige interessante Konstellationen zeigen: Hilfe der Mütter an ihre Töchter ist zwar häufiger als an ihre Söhne. Es lässt sich aber auch feststellen, dass Väter ihren Töchtern mindestens so häufig helfen wie ihre Mütter – und auch die Söhne erhalten von ihnen kaum weniger praktische Hilfe als Töchter von den Müttern.[42] Wieder gilt: Je mehr Kinder vorhanden sind, desto seltener erfolgen Hilfeleistungen an das einzelne Kind. Dabei erhalten Kinder mit jedem Enkel eher Hilfe und Stiefkinder seltener Hilfe als leibliche Kinder, Adoptiv- und Pflegekinder.

Die Varianzdekomposition zeigt klar, dass sich der Hauptteil der Variation auf Haushaltsebene befindet. Das ist durchaus plausibel, wenn man bedenkt, dass Elternteile vermutlich häufig gemeinsam Hilfe an ihre Nachkommen leisten. Es ist also vor allem Familien- und erst in zweiter Linie Beziehungssache, ob Eltern ihren Kindern helfen oder nicht. Selbst wenn auch der Anteil der Variation auf Länderebene niedrig ist, haben Dienstleistungsangebote, aber auch Sozial- und Familienleistungen positive Auswirkungen auf das Gesamtunterstützungsniveau in einem Land: Junge Erwachsene werden in ausgebauten Wohlfahrtsstaaten von ihren Eltern nach dem Auszug eher unterstützt als in den familialistischen Ländern im Süden.

Die berücksichtigten Kontextbedingungen erklären den vergleichsweise kleinen Variationsanteil auf Länderebene sehr gut, und alle vier Indikatoren gehören laut z-Werten zu den jeweils drei wichtigsten Erklärungsfaktoren im Modell. Laut BIC ist es wieder das Modell mit Berücksichtigung des Dienstleistungssektors (M7.2), welches Hilfe am treffendsten vorhersagt. Ob die Befragten ihren Kindern helfen, scheint dennoch insgesamt weniger stark von kulturell-kontextuellen Strukturen beeinflusst zu sein als bei der Hilfe an die Eltern (s. Abschnitt 5.2). Bei der zeitlichen Intensität gestaltet sich das anders (M8.0-M8.5, Tabelle 5.9).

---

[41] Es ist hierbei weder für die Hilfewahrscheinlichkeit noch ihre Intensität von Bedeutung, ob die Eltern der Befragten noch am Leben sind (potenzielle Sandwichkonstellation), weshalb diese Variable nicht in die Analysen miteinbezogen wurde.

[42] Wie in Tabelle 5.6 gezeigt, lässt sich hierbei ein Nord-Süd-Unterschied finden: Dieses Ergebnis ist vor allem auf die hohen Hilferaten der Väter in Nordeuropa zurückzuführen. Tests zufolge ist die Variation des Einflusses der Geschlechterkombination Vater-Tochter jedoch nicht signifikant.

Tabelle 5.9   Staat, Markt und Intensität der Hilfe an Kinder (M8)

	M8.0 Nullmodell	M8.1 Ohne Kontext	M8.2 Soziale Dienste	M8.3 Sozialausgaben	M8.4 Familienausgaben	M8.5 Anteil f. Familien
		Opportunitäts- & Bedürfnisstrukturen				
G2 Elternteil (Befragungsperson)						
Wohnentfernung		-0.15**	-0.15**	-0.15**	-0.15**	-0.15**
		(-5.99)	(-5.94)	(-5.95)	(-5.98)	(-5.98)
Gesundheitszustand		0.04	0.04	0.03	0.03	0.03
		(0.78)	(0.78)	(0.74)	(0.74)	(0.76)
Bildung niedrig				Referenz		
mittel		0.04	0.03	0.04	0.05	0.05
		(0.43)	(0.36)	(0.51)	(0.55)	(0.59)
hoch		-0.11	-0.12	-0.11	-0.11	-0.10
		(-1.15)	(-1.18)	(-1.11)	(-1.07)	(-1.04)
Haushaltsauskommen		-0.04	-0.03	-0.04	-0.04	-0.04
		(-0.45)	(-0.36)	(-0.38)	(-0.41)	(-0.38)
Erwerbstätigkeit		-0.38**	-0.37**	-0.38**	-0.39**	-0.38**
		(-4.17)	(-4.03)	(-4.13)	(-4.14)	(-4.18)
G3 Kind						
Hilfe an Eltern		-0.02	-0.02	-0.01	-0.01	-0.01
		(-0.15)	(-0.15)	(-0.10)	(-0.08)	(-0.07)
Finanzielle Transfers an Eltern		-0.06	-0.08	-0.06	-0.07	-0.06
		(-0.19)	(-0.28)	(-0.20)	(-0.22)	(-0.21)
Alter		-0.01	-0.01	-0.01	-0.01	-0.01
		(-0.82)	(-0.78)	(-0.80)	(-0.82)	(-0.82)
Alter^2		-0.00*	-0.00*	-0.00*	-0.00*	-0.00+
		(-1.96)	(-2.00)	(-1.98)	(-1.97)	(-1.95)
Erwerbsunfähigkeit		0.37*	0.37*	0.37*	0.38*	0.38*
		(2.29)	(2.32)	(2.33)	(2.37)	(2.38)
Trennung vom Partner		0.19	0.19	0.19	0.19	0.20
		(1.45)	(1.43)	(1.46)	(1.48)	(1.49)
		Familiale Strukturen				
Mutter-Tochter				Referenz		
Mutter-Sohn		-0.31**	-0.31**	-0.32**	-0.31**	-0.31**
		(-3.45)	(-3.44)	(-3.46)	(-3.43)	(-3.43)
Vater-Tochter		-0.41**	-0.41**	-0.41**	-0.41**	-0.41**
		(-4.98)	(-4.95)	(-4.96)	(-4.97)	(-4.98)
Vater-Sohn		-0.41**	-0.40**	-0.41**	-0.40**	-0.41**
		(-4.58)	(-4.54)	(-4.55)	(-4.55)	(-4.56)
Kinderzahl (G3)		-0.15**	-0.15**	-0.15**	-0.15**	-0.15**
		(-4.40)	(-4.36)	(-4.38)	(-4.39)	(-4.39)
Enkelzahl (G4)		0.14**	0.14**	0.14**	0.14**	0.14**
		(4.30)	(4.31)	(4.32)	(4.35)	(4.35)
Stiefkind (G3)		-0.05	-0.04	-0.05	-0.04	-0.04
		(-0.25)	(-0.21)	(-0.23)	(-0.22)	(-0.23)

5.3 Staat, Markt und Hilfe an Kinder

...Fortsetzung	M8.0 Nullmodell	M8.1 Ohne Kontext	M8.2 Soziale Dienste	M8.3 Sozialausgaben	M8.4 Familienausgaben	M8.5 Anteil f. Familien
			Kulturell-kontextuelle Strukturen			
Länderindikator			-0.08** (-3.81)	-0.24** (-2.75)	-0.13** (-4.28)	-0.25** (-4.39)
Modelleigenschaften						
ICC Länder (Nullmodell)	0.11					
n Länder (Ebene 4)			11			
n Haushalte (Ebene 3)			1'752			
n Personen (Ebene 2)			2'030			
n Dyaden (Ebene 1)			2'584			
Varianz Ebene 4 (Land)	0.366 (.173)	0.208 (.106)	0.071 (.044)	0.111 (.061)	0.058 (.036)	0.057 (.034)
Varianz Ebene 3 (Haushalt)	1.351 (.135)	1.167 (.126)	1.169 (.125)	1.170 (.125)	1.172 (.125)	1.171 (.125)
Varianz Ebene 2 (Person)	0.396 (.125)	0.371 (.119)	0.369 (.119)	0.369 (.119)	0.367 (.119)	0.368 (.119)
Varianz Ebene 1 (Dyade)	1.321 (.076)	1.305 (.076)	1.305 (.076)	1.305 (.076)	1.305 (.076)	1.305 (.076)
BIC		9'978.3	9'976.5	9'980.2	9'974.7	9'974.0

Datenbasis: SHARE 2004 release 2, eigene Berechnungen, ungewichtet/OECD (2005; 2007a; 2007b). Lineare Mehrebenenmodelle. Hilfestunden logarithmiert, Sozialausgaben in 1'000 USD/Kopf, Familienausgaben in 100 USD/Kopf. Koeffizient signifikant zum *5%, **1%-Niveau. Z-Werte (Koeffizienten) bzw. Standardfehler (Varianzen) in Klammern. ICC=Intraclass Correlation; BIC=Bayesian Information Criterion.

Die Wohnentfernung zwischen Kind und Elternteil wirkt sich auf die zeitliche Intensität der Hilfe von Eltern an ihre Kinder wie erwartet negativ aus. Weiterhin hat hinsichtlich der elterlichen Opportunitätsstrukturen nur ihre Erwerbstätigkeit einen signifikanten Effekt auf Hilfe: Wenn Eltern einer Erwerbsarbeit nachgehen, helfen sie ihren Kindern (möglicherweise wieder aufgrund fehlender Zeitressourcen) weniger Stunden in der Woche. Ein Rückkopplungseffekt auf die Gesundheit wie in den vorangegangenen Analysen zur Hilfe an Eltern lässt sich hier nicht feststellen. Wenn Kinder allerdings erwerbsunfähig sind, erhalten sie eher Hilfe von ihren Eltern.

Vor allem die Familienstrukturen sind von Bedeutung dafür, ob Eltern ihren Kindern zeitintensiv helfen. Dies zeigt sich nicht nur daran, dass wie zuvor ein großer Teil der Variation in der Hilfeintensität auf Haushaltsebene liegt, sondern auch an den Effekten der Familienindikatoren. Hinsichtlich der Zeitintensität bestätigen sich die bekannten Geschlechtereffekte: Mütter helfen ihren Töchtern am intensivsten, bei allen anderen Geschlechterkombinationen sind die Hilfeleistungen weniger intensiv – allerdings im Gegensatz zu den Hilfe an die Eltern in untereinander vergleichbarem Ausmaß. Je mehr Kinder die Eltern haben, desto weniger Haushaltshilfestunden widmen sie dem einzelnen Kind. Kinder erhalten aber deutlich mehr Hilfestunden von den Eltern, wenn sie eigene Kinder (und die Befragten damit Enkel) haben. Im Unterschied zur Hilfewahrscheinlichkeit hängen Hilfeintensitäten relativ stark vom jeweiligen Kontext ab: Geschätzte elf Prozent der Variation sind auf den jeweiligen Länderkontext zurückzuführen (ICC M8.0). Wie auch bei den Hilfe an die betagten Eltern lässt sich ein 'crowding out' hinsichtlich der geleisteten Hilfestunden ausmachen: Je mehr Angebote Staat und Markt für Familien und Bedürftige bereithalten, desto weniger zeitintensiv müssen Eltern der mittleren Generation ihren Nachwuchs unterstützen. Im Gegensatz zu Hilfe an die Eltern hat im Falle der Hilfe an die Kinder der Anteil familienpolitischer Leistungen an den Gesamtausgaben den stärksten kontextuellen Einfluss und ist der viert-bedeutendste Faktor im Modell (nach Wohnentfernung, Geschlechterkombination und Kinderzahl, s. z-Werte). Der gesamtgesellschaftliche Wert der Familie, der sich in absoluten und relativen Ausgaben für Familien niederschlägt, steht stärker mit der Intensität der Hilfe an die nachkommende Generation (G3) im Zusammenhang als das tatsächliche Leistungsangebot. Dies könnte unter anderem darauf zurückzuführen sein, dass sporadische Hilfe an die Kinder weniger an professionelle Dienstleister abgegeben werden kann und muss, als dies bei den häufiger intensiven Hilfeleistungen an alternde Eltern der Fall ist. Das Dienstleistungsangebot zielt zudem generell weniger stark auf die Bedürfnisse junger Familien ab als staatliche Familienausgaben.

5.4 Zwischenfazit

Es lässt sich festhalten, dass funktionale Solidarität im Sinne praktischer Hilfeleistungen von Befragten ab 50 Jahren an ihre betagten Eltern (65+) und an ihre erwachsenen Kinder über die europäischen SHARE-Länder hinweg zu einem beachtlichen Teil mit Opportunitäts-, Bedürfnis- und Familienstrukturen erklärt werden kann. Die Bedeutung dieser drei Faktorengruppen für intergenerationale Solidarität bestätigt sich in allen untersuchten europäischen Ländern.

Je mehr zeitliche und finanzielle Möglichkeiten Kinder haben, je geringer die Wohnentfernung und je weniger konkurrierende Verpflichtungen und gesundheitliche Einschränkungen im Wege stehen, desto eher helfen sie ihren Eltern. Zeitintensivere Hilfe geht dabei allerdings häufig mit einem schlechten Gesundheitszustand der Helfer einher, was ein Hinweis darauf sein könnte, dass nicht nur eine Pflegetätigkeit sondern auch intensive Hilfe für die betagten Eltern zu physischer und psychischer Belastung der Kinder führt. Eltern können sporadische Hilfe ihrer Kinder durch aktuelle und in Aussicht gestellte finanzielle Leistungen anregen, intensive Hilfe erfolgt allerdings vor allem bei hohem Bedarf der Empfänger (Krankheit und Alter). In Tochter-Mutter-Dyaden ist Hilfe generell am häufigsten und zeitintensivsten. In Familien mit vielen Kindern und Kindeskindern hilft das einzelne Kind aufgrund der Arbeitsteilung unter Geschwistern und der erforderlichen Betreuung der eigenen Kinder weniger häufig. Hilfeleistungen an die Eltern lassen sich demnach sowohl im Sinne von Geschlechterungleichheit als auch hinsichtlich ökonomischer und gesundheitlicher Ungleichheit interpretieren: Frauen tragen die Hauptlast der Hilfe an die betagten Eltern. Eltern mit geringeren finanziellen Ressourcen erhalten weniger Hilfe, und Kinder, die über ein ausreichendes Haushaltseinkommen verfügen, helfen eher. Zusätzlich befinden sich Kinder, die zeitintensive Hilfe leisten, häufiger in schlechter gesundheitlicher Verfassung.

Über Europa hinweg lassen sich Hilfeleistungen auf einer Nord-Süd-Achse verorten: In den skandinavischen Ländern ist die Hilfe von erwachsenen Kindern an ihre Eltern am häufigsten, in Südeuropa am seltensten. Werden länderspezifische Faktoren in die Analysen mit aufgenommen, zeigt sich demzufolge auch ein signifikanter Zusammenhang zwischen diesen kontextuellen Strukturen und Hilfeleistungen in der Familie: In Ländern mit ausgebautem formellem Hilfeangebot und hohen Familien- und Sozialleistungen wie Schweden und Dänemark helfen mehr Kinder ihren Eltern als in Ländern wie Spanien oder Italien, in denen weniger institutionelle Hilfeleistungen angeboten werden. Dagegen kann man ein 'crowding out', das heißt eine Verdrängung privater Hilfeleistungen durch den Staat auf Basis der Hilfeintensitäten feststellen: In Ländern mit umfassenden Sozial- und Familienleistungen helfen Kinder ihren Eltern weniger Stunden pro Woche.

Je nach Indikator lässt sich also auf den ersten Blick sowohl ein 'crowding in' als auch ein 'crowding out' vermuten – zusammengenommen sprechen die Ergebnisse zu Hilfeniveau und -intensität allerdings für eine Spezialisierung von professioneller und privater Hilfe. Das „task-specifity"-Modell (Litwak 1985) kann über für verschiedene Unterstützungsaufgaben benötigtes Wissen[43] hinaus auch auf weitere Tätigkeitsattribute wie Intensität, Dauer und Planbarkeit übertragen werden, welche die bestmögliche Passung zwischen Gruppenstruktur und Anforderungsprofil mitbestimmen (Litwak et al. 2003). Die Annahme ist dann, dass sich Hilfe in der Familie mit dem Ausbau wohlfahrtsstaatlicher Leistungen von „routine help" zu „back up-" oder „sporadic help" (Matthews, Rosner 1988) wandelt: Kinder engagieren sich eher bei weniger belastender, unregelmäßiger Hilfe, während professionelle Anbieter zeitintensive, regelmäßige und damit gut planbare Leistungen über-

---

[43] Prüft man die Spezialisierungsthese anhand einer vergleichenden Analyse von Hilfe und Pflege in Europa, so lassen sich dieselben Schlüsse ziehen: intensive (Körper-) Pflege findet wie zeitintensive Hilfe eher im Süden statt (Brandt et al. 2009b). Auch Koresidenz mit den betagten Eltern, definiert man diese als 'intensive' Unterstützung an die Eltern, ist entsprechend im Süden am häufigsten, wenn auch in diesen Altersgruppen insgesamt gering ausgeprägt (s. Tabelle A.1). Die hier berichteten Ergebnisse hinsichtlich der 'Arbeitsteilung' zwischen Staat und Familie lassen sich demnach auch mithilfe anderer Solidaritätsindikatoren untermauern.

nehmen. Durch diese Kooperation wird der Unterstützungsbedarf am effizientesten gedeckt.

Wenn intensive Hilfeleistungen an professionelle Dienstleister abgegeben werden können, entlastet dies die Familie und schafft neue, freie Ressourcen. Es führt keineswegs dazu, dass die erwachsenen Kinder weniger zur Unterstützung motiviert sind oder sich gar aus der Beziehung mit den betagten Eltern zurückziehen. Es hat vielmehr zur Folge, dass Kinder auf Bedürfnisse und Möglichkeiten abgestimmte freiwillige und (zeitlich) weniger belastende Hilfe an die Eltern leisten: Jeder übernimmt das, was er am besten kann – und dies sollte auch die Qualität der Unterstützung für die Älteren positiv beeinflussen (vgl. Schmidt 2005: 612f.). Auch für die Hilfebedürftigen selbst ist es unter Umständen eine Erleichterung, wenn ihnen unterschiedliche Hilfequellen zu Verfügung stehen, denn damit kann eine unerwünscht starke Abhängigkeit von der Familie verhindert werden (vgl. Dunér, Nordström 2005: 442).

Auch Hilfe bei Haushaltstätigkeiten von Eltern für ihre erwachsenen Kinder ist ein wichtiger Indikator für die Solidarität zwischen den Generationen. Weitet man den Begriff des 'aktiven Alterns' auf Familienarbeit aus, so ist auch instrumentelle Hilfe für den Nachwuchs ein Bereich, in dem sich betagte Personen im Zuge der erhöhten Lebenserwartung und des Anstiegs behinderungsfreier Jahre in wachsendem Maße engagieren können. Diese Richtung der Generationentransfers spielt bis dato in der Forschung allerdings eine untergeordnete Rolle, da im Zuge des steigenden Pflegebedarfs vor allem die Versorgung der Älteren im Vordergrund des wissenschaftlichen Interesses steht – wenn auch in der sozialpolitischen Debatte beide Themen koexistieren (Biggs, Powell 2003: 115).

Hinsichtlich der Einflüsse auf Dyaden-, Personen- und Haushaltsebene lassen sich 'nach unten' analoge Mechanismen zur Hilfe an die betagten Eltern zeigen. Auch in dieser Transferrichtung können Hilfeleistungen grundsätzlich mit Opportunitäten, Bedürfnissen und Familienstrukturen erklärt werden, auch wenn aufgrund unterschiedlicher Operationalisierungsmöglichkeiten teilweise andere Indikatoren geprüft wurden als bei der Hilfe an die Eltern: Mit zunehmender Wohnentfernung helfen Personen über 49 Jahren ihren erwachsenen Kindern weniger häufig. Sind sie erwerbstätig und gesundheitlich beeinträchtigt, sinkt die Hilfewahrscheinlichkeit ebenfalls. Im Falle der Hilfe an Kinder hat nur das Haushaltsauskommen als sozioökonomische Ressource einen positiven Einfluss auf Hilfeleistungen. Die Bildung ist im Gegensatz zu Hilfe an die Eltern nicht von Bedeutung und Eltern helfen ihren Kindern in allen Bildungsschichten ähnlich häufig. Bis zu einem gewissen Grad sind aber auch hier Hinweise auf soziale Ungleichheiten zu finden, und zwar hinsichtlich ökonomischer und gesundheitlicher Vorbedingungen, die sich reduzierend auf Hilfe auswirken. Zwischen Eltern der mittleren Generation und ihren Kindern sind zum Austausch finanzieller Transfers gegen zeitliche Unterstützung auch aktuell reziproke Hilfeleistungen von großer Bedeutung, Kinder und Eltern helfen sich häufig gegenseitig. Wieder einmal gilt: Wer hat, dem wird gegeben. Hingegen lässt sich in dieser Richtung auf Basis der Hilfewahrscheinlichkeiten kaum Geschlechterungleichheit finden. Während Männer der mittleren Generation ihren betagten Eltern selten helfen, unterstützen sie ihre Söhne und Töchter nicht weniger wahrscheinlich als Mütter ihre Töchter. Die wenigsten praktischen Hilfeleistungen fließen von Müttern an ihre erwachsenen Söhne. Dies könnte mit unterschiedlichen Hilfeaufgaben je Altersgruppen (z. B. Reparaturen für die Kinder, Hausarbeit für die Eltern) zu tun haben, aber unter Umständen auch auf einen allmählichen Wandel der Vater- und/oder Geschlechterrollen hinweisen.

Vor allem in jungen Jahren, in der Lebensphase, in der der Aufbau eines Haushalts und der eigenen Familie ansteht, benötigen die volljährigen Kinder Hilfe, die sie dann häufig von ihren Eltern erhalten. Kommen im Lebensverlauf Probleme wie eine Erwerbsunfähigkeit oder eine Trennung vom Partner auf die Nachkommen zu, können sie sich ebenso auf die tatkräftige Unterstützung der Eltern verlassen, wie wenn Enkelkinder zur Welt kommen. Dies zeigt einmal mehr, dass Eltern-Kind-Beziehungen dynamisch zu verstehen sind. Trotz des Konzepts der 'filialen Reife' werden Eltern immer wieder „in die Pflicht genommen – entgegen der normativen Vorstellungen von der Selbstständigkeit der Kinder und dem Ende der aktiven Elternrolle" (Dallinger, Walter 1999: 65). Der Lebenslaufaspekt von Generationenbeziehungen (z. B. Norris, Tindale 1994) lässt sich auch hier im Querschnitt eindrücklich zeigen, insofern bestimmte Ereignisse, die an den Lebenslauf und den Familienzyklus gekoppelt sind, sich direkt auf Opportunitäten, Bedürfnisse und Familienstrukturen auswirken, die wiederum Hilfe beeinflussen.

Insgesamt muss aber angemerkt werden, dass sich die Wahrscheinlichkeit der Hilfe an die Kinder auf Basis der präsentierten Modelle weit weniger treffend vorhersagen lässt als bei Hilfe an die Eltern. Hierfür könnten einerseits technische Gründe verantwortlich sein: Hilfe an die Kinder scheint weit weniger von 'objektiven' Gegebenheiten abzuhängen, die über die SHARE-Daten messbar sind. Zudem ist die abhängige Variable äußerst schief verteilt, was die Schätzung erschwert. Andererseits ist auch vorstellbar, dass für Hilfe an die Kinder eher emotionale Motive eine Rolle spielen. Solche Hilfeleistungen sind tendenziell weniger aufwendig und sollten damit auch nicht so stark abhängig von Möglichkeiten sein, wie die Unterstützung betagter Personen. Nicht zuletzt ist die Unterstützungspflicht gegenüber den eigenen Kindern (über Europa hinweg) möglicherweise stärker normativ verankert und selbstverständlicher als diejenige gegenüber den betagten Eltern.

Zeitintensive Hilfe wird vor allem bei geringer Wohnentfernung an bedürftige Kinder (Erwerbsunfähigkeit, Enkel) geleistet, wenn die Eltern nicht erwerbstätig sind und wenige Kinder haben. Wieder sind hierbei Hilfeleistungen von der Mutter an ihre Tochter die weitaus zeitintensivsten. Es lässt sich aber auch ein deutlicher Unterschied zur intensiven Hilfe an die betagten Eltern zeigen: Ausgeprägte Hilfe an die Kinder wirkt sich *nicht* negativ auf den Gesundheitszustand der Eltern aus.

Der Einfluss kulturell-kontextueller Strukturen, wie sie hier gemessen wurden, lässt sich in beide Transferrichtungen vergleichen:[44] Die mittlere Generation übernimmt sowohl mehr Hilfe an ihre Eltern als auch an ihre Kinder, wenn mehr staatliche und marktwirtschaftliche Leistungen angeboten werden. Soziale Dienstleistungsangebote, familien- und sozialpolitische Ausgaben sowie der Anteil familienpolitischer Ausgaben an den Gesamtstaatsausgaben beeinflussen die Hilfewahrscheinlichkeiten positiv. Auf zeitliche Intensitäten dieser Hilfeleistungen haben die genannten Faktoren jedoch negative Auswirkungen, vor allem der Anteil familienpolitischer Ausgaben an den Gesamtstaatsausgaben.

Zusammenfassend lässt sich schließen, dass sich die Form der Solidarität zwischen Generationen mit dem Ausbau des Wohlfahrtsstaatsangebots verändert. Das zeigt nicht, dass der Wohlfahrtsstaat den Familienzusammenhalt obsolet macht oder verdrängt; es bedeutet viel eher, dass die Familie mehr Ressourcen besitzt (z. B. Zeit durch Kinderbetreuungsangebote, Geld durch Rentenzahlungen, Kindergeld etc.) und mit diesen Ressourcen auch auf andere Weise umgehen kann. Dies scheint gesamtgesellschaftlich dazu zu führen, dass die Generationen eher Unterstützungsleistungen austauschen, wobei praktische Hilfeleistungen dann aber weniger zeitintensiv sind.[45]

---

[44] Kritisch betrachtet könnte dies natürlich am Antwortverhalten einer Kohorte über ganz Europa liegen, auch wenn die Befragten mit Kindern nicht (ausschließlich) dieselben sind, die noch Eltern besitzen. Dies scheint jedoch auch in Anbetracht der Unterschiede zwischen entscheidenden Faktoren auf Länderebene sehr unwahrscheinlich.

[45] Wenn man die – aus den Analysen ausgeschlossene – Koresidenz in diese Überlegungen einbezieht, verstärkt dies die Schlussfolgerungen tendenziell noch: Dort, wo Hilfe zwar selten aber intensiv ist, wohnen auch besonders viele Kinder bei ihren Eltern (s. Tabelle A.1), was man als eine besonders intensive und möglicherweise nicht immer freiwillige Form der Unterstützung auffassen kann.

6 Erhaltene Hilfe und professionelle Dienste

Auch die erhaltenen Netzwerk-Hilfen haben ein nicht zu unterschätzendes Gesamtvolumen in Europa. Insgesamt erhielt etwa ein Viertel aller Befragten im letzten Jahr private Hilfe. Davon geben 15 Prozent der Befragten an, dass sie oder ihr Partner im letzten Jahr von einer Person Hilfe bei Haushaltstätigkeiten oder Formalitäten erhalten haben, fünf Prozent nennen zwei Helfer und knapp drei Prozent erhielten Hilfeleistungen von drei Personen (n=18'230, Analysen nicht gezeigt). Die Helfer der mittleren Kohorte sind, wie in Abbildung 6.1 ersichtlich, vor allem die eigenen Kinder (53 Prozent). Bekannte und Nachbarn folgen mit deutlichem Abstand (knapp 20 Prozent); alle anderen Personengruppen wurden weit unter zehn Prozent als Helfer genannt.

Abbildung 6.1  Hilfe von Personen außerhalb des Haushalts

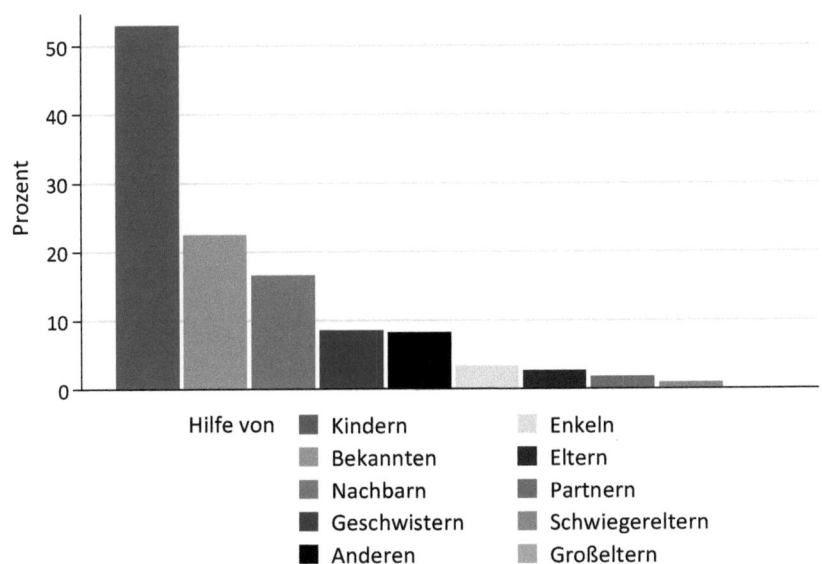

Datenbasis: SHARE 2004 release 2, eigene Berechnungen, ungewichtet, n=4'248 Personen.

Hilfe von den Kindern macht in Europa also nicht nur den größten Teil geleisteter, sondern auch den Löwenanteil empfangener privater Hilfe aus. Im Folgenden wird diese Hilfe nun detailliert in den Blick genommen und spezifisch im Hinblick auf Unterschiede zwischen den europäischen Ländern untersucht.

Dabei sollen die bisherigen Ergebnisse auf den Prüfstand gestellt werden, und zwar anhand der Analyse des Einflusses ambulanter Dienstleistungen auf individueller und familialer Ebene. Den bisherigen theoretischen Überlegungen und empirischen Resultaten folgend ist zu erwarten, dass sich in Ländern mit mehr öffentlichen und privatwirtschaftlichen Unterstützungsleistungen auch unter Berücksichtigung individueller und familialer Einflussfaktoren mehr intergenerationale Hilfe finden lässt. So sollten Eltern, die professionelle Dienstleistungen empfangen, auch eher Hilfe von ihren Kindern erhalten – und dies vor allem, wenn es sich um betreuungsintensive ambulante Leistungen wie beispielsweise Pflege handelt. Solche ergänzenden familialen Hilfeleistungen sollten nach der Spezialisierungsthese aber mit einer geringeren zeitlichen Intensität erfolgen.

Im nächsten Abschnitt 6.1 wird der Empfang ambulanter Dienste in Privathaushalten für die SHARE-Länder nach Aussage der Befragten zunächst detailliert dargestellt, bevor in Abschnitt 6.2 die Länderunterschiede im Hinblick auf die Hilfe von den Kindern, im Zentrum stehen. Daraufhin werden diese dann mit ambulanten Diensten in Verbindung gebracht (Abschnitt 6.3). Zuerst wird gezeigt, wer welche Unterstützungsformen in Anspruch nimmt oder in Anspruch nehmen kann: Unter Berücksichtigung des Hilfebedarfs der Eltern sowie ihrer Einbettung in familiale Strukturen wird der erhaltene Hilfemix (Hilfe von Kindern, professionelle Dienste, beides) in Schweden, Dänemark, den Niederlanden, Belgien, Deutschland, Österreich und Italien analysiert. Im letzten Analyseschritt wird der Einfluss des Empfangs ambulanter Leistungen (Pflege, Haushaltshilfe und Essen auf Rädern) auf Hilfewahrscheinlichkeiten und Hilfeintensitäten von den Kindern in den Blick genommen, bevor die Ergebnisse im Zwischenfazit (6.4) zusammengefasst werden.

6.1 Ambulante Pflege und Haushaltshilfe

Im Folgenden werden die Länder mithilfe der aktuellen SHARE-Daten im Hinblick auf professionelle Dienste beschrieben, die Befragten ab 50 Jahren zuteilwerden. Wichtig ist im Vergleich zum vorigen Kapitel 5: Es handelt sich nun um die Inanspruchnahme von ambulanten Diensten, nicht das Gesamtangebot an Dienstleistungen. Obwohl die beiden Indikatoren sicherlich einen starken Zusammenhang aufweisen, sind sie nicht deckungsgleich. Professionelle Hilfeleistungen, die Personen in Privathaushalten im letzten Jahr empfangen haben, wurden im SHARE in Schweden, Dänemark, den Niederlanden, Belgien, Deutschland, Österreich und

Italien detailliert erhoben. Es handelt sich dabei um Dienste wie (Körper) Pflege, Haushaltshilfe und Essenslieferungen. Der häufigste anzutreffende Dienst ist Haushaltshilfe, die in Dänemark, den Niederlanden und Belgien mit acht bis neun Prozent Empfängern ab 50 Jahren relativ ausgeprägt ist. Fünf Prozent erhalten solche Dienste noch in Schweden, in allen weiteren Ländern (Deutschland, Österreich, Italien) berichten nur ungefähr zwei Prozent der Befragten von professioneller Hilfe im Haushalt. Ambulante Pflegeleistungen sind vor allem in Belgien (ungefähr acht Prozent der Fälle) anzutreffen, und sie erreichen in Dänemark, Österreich und den Niederlanden immerhin noch zwischen zwei und vier Prozent der Befragten. In den übrigen Ländern fallen sie mit unter zwei Prozent sehr gering aus. Essen auf Rädern wird in allen betrachteten Staaten an ungefähr zwei Prozent der über 49-Jährigen geliefert. Einzig in Italien ist in der Stichprobe kein solcher Dienst zu verzeichnen (Abbildung 6.2).

Abbildung 6.2   Empfangene professionelle Dienste

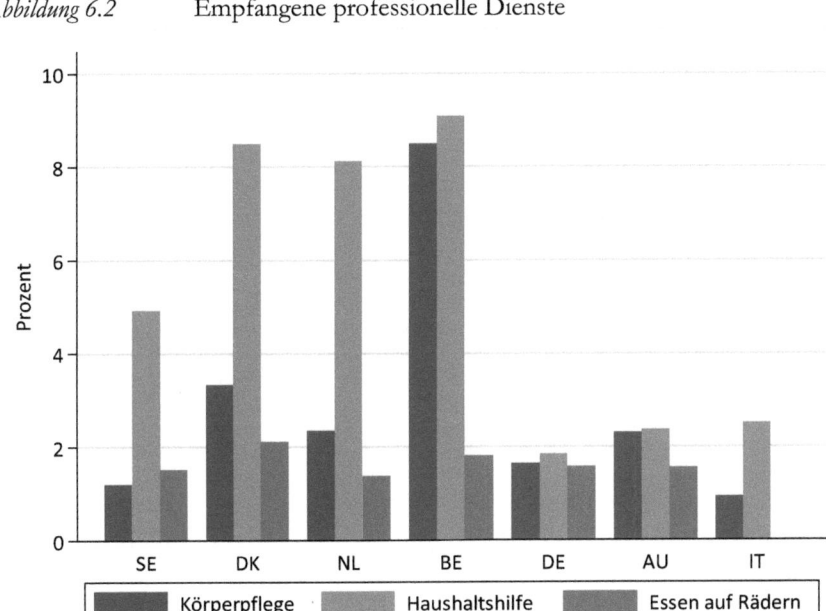

Datenbasis: SHARE 2004 release 2, eigene Berechnungen, gewichtet, n=17'299 Personen.

Insgesamt sind professionelle Dienstleistungen also im Norden und Nordwesten Europas am stärksten vertreten, in Mittel- und Südeuropa erhalten nur wenige Befragte Pflege oder Hilfe im Haushalt. Diese Ergebnisse decken sich weitgehend mit denjenigen, die auf Länderebene über alle Sozial- und Gesundheitsdienste im Abschnitt 5.1 gezeigt wurden.[46]

Interessant ist auch, wie zeitintensiv ambulante Betreuung in den jeweiligen Ländern erfolgt. Dies lässt sich mithilfe durchschnittlich empfangener Stunden (Wochen * Wochenstunden) im letzten Jahr beschreiben (Abbildung 6.3, links). Es fällt ins Auge, dass personen- und haushaltsbezogene professionelle Dienste in Italien und vor allem in Deutschland und Österreich langfristiger erfolgen als in Nord- und Nordwesteuropa.[47] Tendenziell scheint zudem Haushaltshilfe im Norden zeitlich ausgeprägter zu sein als ambulante Pflegedienste, was in Kontinentaleuropa genau umgekehrt ist. Dasselbe zeigt sich auch, wenn man nicht durchschnittliche Gesamtjahresstunden, sondern durchschnittliche Wochenstunden abträgt (Abbildung 6.3, rechts). Dienste werden in Deutschland, Österreich und Italien also nicht nur langfristiger, sondern auch zeitintensiver in Anspruch genommen als in Schweden, Dänemark, den Niederlanden und Belgien. Entweder springen Dienste im Norden also schon bei geringerem Bedarf ein, oder die geteilte Verantwortung zwischen Staat und Familie führt zu einer zeitlich begrenzten Inanspruchnahme an ambulanten Dienstleistungen im individuellen Falle.[48]

---

[46] Auf Basis von Daten für Deutschland 1991 lässt sich ebenfalls eine relativ geringe Inanspruchnahme ambulanter Dienste zeigen (allerdings mit Unterschieden zwischen West- und Ostdeutschland): ein Drittel der zu Hause versorgten älteren Pflegebedürftigen erhält soziale Dienste, meist als zusätzliche Hilfequelle zur Familie. Besteht nur hauswirtschaftlicher Hilfebedarf, sind es etwa 15 Prozent, die ambulante Dienste erhalten (Dallinger, Walter 1999: 89). Vergleicht man die Ergebnisse zur ambulanten Hilfe 2002 aus dem SHARE für die Personen über 65 Jahre mit den Ergebnissen von Pinelli (2001) zu ambulanter Pflege 2000, so sind diese Dienste im SHARE in allen Ländern mit Ausnahme von Schweden (nach Gewichtung) stärker vertreten. Leider ist aber nicht abschließend zu klären, welcher Teil der Abweichungen auf Veränderungen der Angebote und der demografischen Strukturen, welcher auf unterschiedliche Definitionen und Operationalisierungen und welcher auf die jeweilige Stichprobenziehung und Gewichtung zurückzuführen ist. Zudem ist möglich, dass bei den vorliegenden Daten auch der Dienstleistungs-Schwarzmarkt eine Rolle spielt. Zu guter Letzt steigen die Anteile in allen Ländern und bei allen Hilfearten um etwa ein Prozent an, wenn man auch diejenigen Interviews berücksichtigt, in denen die Befragungsperson laut Interviewerangabe einen Großteil der Fragen nicht verstanden hat.

[47] Diese Tendenz verstärkt sich unter Berücksichtigung der Personen, die die meisten Fragen laut Interviewereinschätzung nicht richtig verstanden haben: Die Stunden steigen teils deutlich an, in Italien ergeben sich beiwspielsweise Haushaltshilfestunden von über 1'200. Dies zeigt auch, dass die Ergebnisse hinsichtlich der Stundenangaben keinesfalls absolut interpretiert werden sollten, sondern vorrangig im Verhältnis zwischen den Ländern.

[48] Sicherlich können unterschiedliche institutionelle Lösungen ein weiterer Auslöser für die Unterschiede sein, wenn zum Beispiel stark Pflegebedürftige in Nordeuropa eher in Alten- und Pflegeheimen, und in Süd- und Kontinentaleuropa (länger) zuhause versorgt werden. Die vergleichsweise Zeitintensität von Pflegediensten in Italien könnte unter anderem auf das beschränkte Angebot zurückzuführen sein. Zudem steigen wie oben die Anteile der Haushaltshilfestunden in Italien besonders stark an, wenn auch die Befragten mit unzureichendem Verständnis der Interviewfragen hinzugenommen werden.

6.1 Ambulante Pflege und Haushaltshilfe

Abbildung 6.3 Zeitliches Ausmaß professioneller Dienste

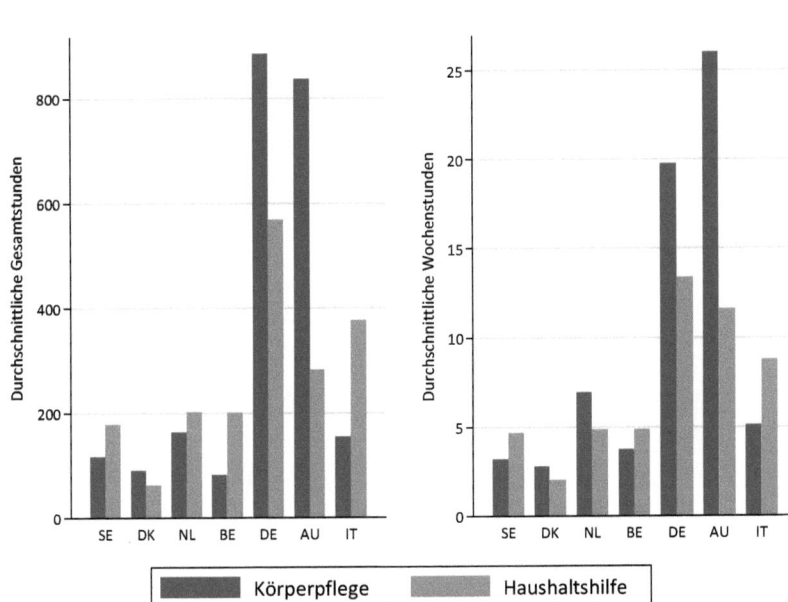

Datenbasis: SHARE 2004 release 2, eigene Berechnungen, gewichtet. n=485 Personen (Pflege)/784 Personen (Hilfe).

Bei Essenslieferungen fällt das Ländermuster etwas anders aus (Analysen nicht gezeigt): Im Schnitt erhielten Befragte im letzten Jahr zwischen 32 und 44 Wochen Essen auf Rädern. Am höchsten ist die durchschnittliche Wochenzahl dabei in Dänemark, am niedrigsten in Deutschland (Niederlande, Belgien: 33; Österreich: 36; Schweden: 41).

Es ergibt sich folgendes Gesamtbild: Professionelle Dienste unterscheiden sich sowohl in der Inanspruchnahme als auch in zeitlichem Umfang und Intensität deutlich zwischen europäischen Staaten, und zwar im Einklang mit den bisherigen Ergebnissen weitgehend auf einer Nord-Süd-Achse. Wie sich der Empfang solcher ambulanter Leitungen im Einzelfalle auf alltägliche Hilfeleistungen von den eigenen Kindern auswirkt, soll im Folgenden analysiert werden. Damit wird die 'Spezialisierungsthese', nach der eine spezifische Aufgabenteilung zwischen professionellen und privaten Hilfeleistern zu erwarten ist, nun also auf individueller Ebene geprüft. Zuvor werden im folgenden Abschnitt die erhaltenen Hilfen von den Kindern vergleichend dargestellt.

6.2 Hilfe von Kindern

In Abbildung 6.4 werden Hilfeleistungen von Kindern auf Basis einzelner Kind-Eltern-Dyaden abgetragen. Vor allem österreichische, dänische, griechische und deutsche Eltern (-teile und -paare) erhalten von ihren Kindern Hilfe im Haushalt und bei Formalitäten, nämlich zwischen knapp zwölf und 14 Prozent.

Abbildung 6.4   Hilfearten von erwachsenen Kindern

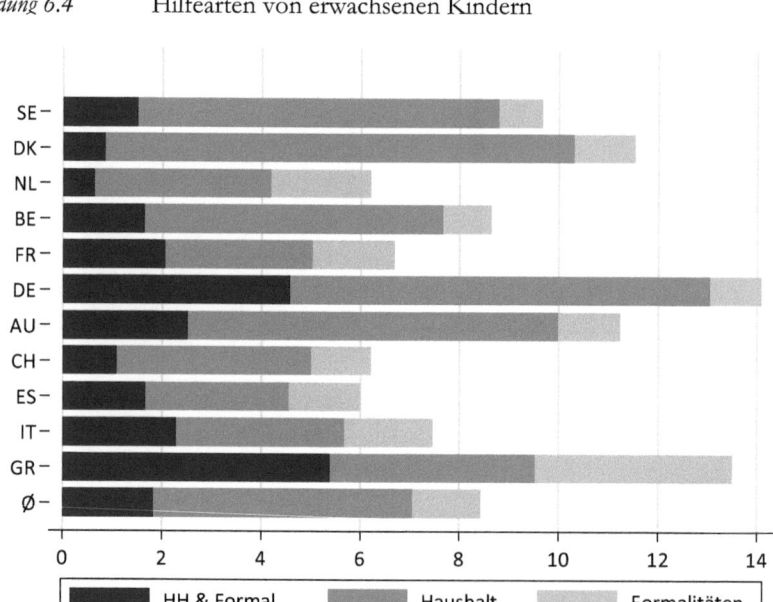

Datenbasis: SHARE 2004 release 2, eigene Berechnungen, gewichtet (ausgenommen Gesamtdurchschnitt), n=29'150 Dyaden. Einzelne Hilfearten in Prozent, aufaddiert.

Dagegen empfangen Befragte in Spanien, der Schweiz, den Niederlanden, Frankreich, Italien und Belgien nur in ungefähr sechs bis neun Prozent der Dyaden Hilfe von ihren volljährigen Kindern. Außerdem fällt der vergleichsweise hohe Anteil von Hilfe bei formalen Angelegenheiten (mit und ohne Haushaltshilfe) in Deutschland und Griechenland auf. Im Durchschnitt sind aber die weitaus meisten Hilfeleistungen von Kindern mit etwa acht Prozent solche bei Haushaltstätigkeiten. Nur in knapp zwei Prozent der Eltern-Kind-Beziehungen erhält der Elternteil beide Hilfeformen und in ungefähr einem Prozent Hilfe allein bei Formalitäten.

6.2 Hilfe von Kindern

Es lässt sich bei erhaltener Hilfe insgesamt keine klare Nord-Süd-Verteilung ermitteln wie bei den bisher untersuchten Hilfetransfers. Die Hilfeniveaus liegen sowohl in Mitte- und Nord- als auch in Südosteuropa mit über zehn Prozent der Dyaden vergleichsweise hoch (Abbildung 6.5).

Abbildung 6.5   Häufigkeit der Hilfe von Kindern

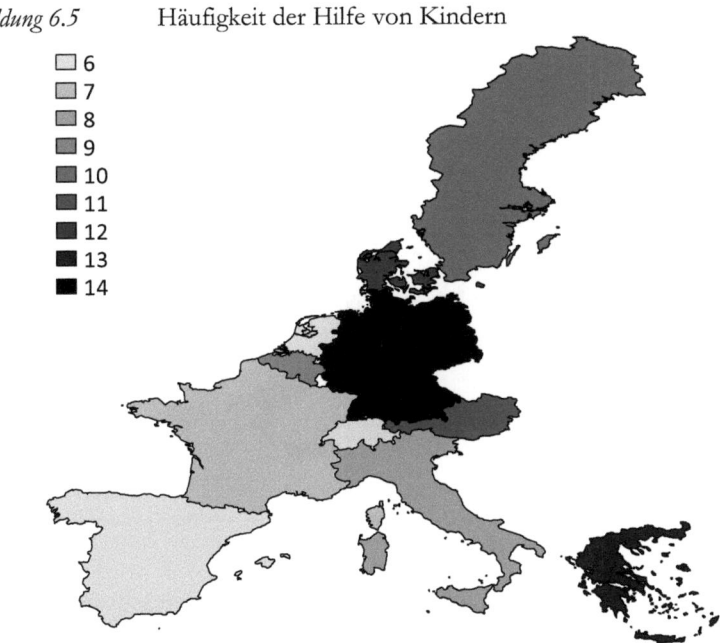

Datenbasis: SHARE 2004 release 2, eigene Berechnungen, gewichtet, n=27'566 Dyaden. Hilfedyaden in Prozent.

Die Hilfestunden hingegen sind auf einer Nord-Süd-Achse verteilt (Abbildung 6.6). In den Niederlanden, Dänemark und Schweden erhalten Eltern weniger als drei Stunden wöchentlich Hilfe von den Kindern, vergleichbar wenig wie auch in umgekehrter Transferrichtung (s. Abbildung 5.10). Je weiter man sich nach Süden begibt, desto mehr Hilfestunden erbringen Kinder pro Woche: In Mitteleuropa zwischen drei und fünf, in Südeuropa zwischen rund sechs (Griechenland, Spanien) und knapp zwölf (Italien). Dieser außergewöhnlich hohe Wert ergibt sich trotz der Festsetzung der täglichen Hilfestunden auf höchstens 8 ('top-coding', s. Abschnitt 4.1), was darauf hindeutet, dass Kinder in Italien ihren Eltern nahezu rund um die Uhr helfen – wenn sie überhaupt eine Hilfe übernehmen.

Abbildung 6.6 Intensität der Hilfe von Kindern

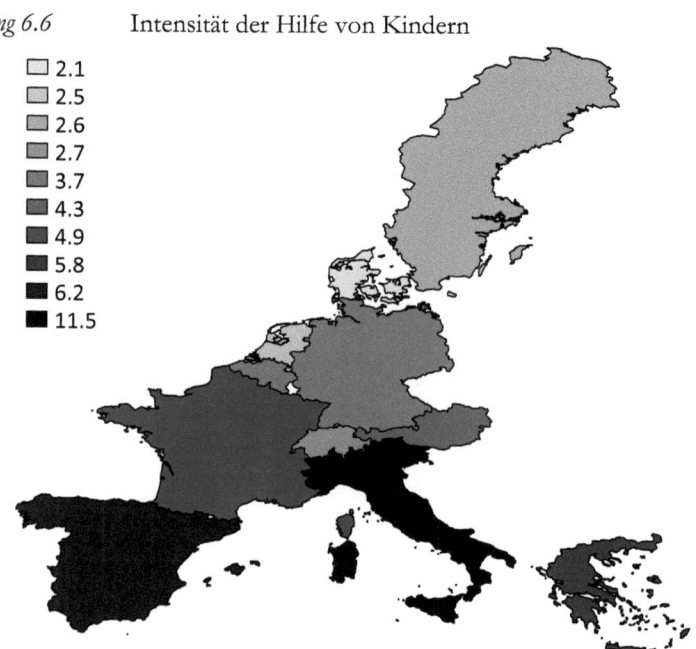

Datenbasis: SHARE 2004 release 2, eigene Berechnungen, gewichtet, n=1'915 Dyaden. Durchschnittliche Stunden/Woche, nur Helfer.

Im Hinblick auf erhaltene Hilfe von den Kindern weist Deutschland auch nach Kontrolle individueller Eigenschaften die höchsten Hilferaten in Europa auf (M9.1, Tabelle 6.1).[49] Bis auf Dänemark, wo Eltern von beinahe ebenso viel Hilfe berichten, ist in allen anderen Ländern der Erhalt von Hilfe seltener als im Referenzland. Die Reihenfolge der Hilfeniveaus verändert sich also unter Kontrolle der Komposition der Länder leicht, beschreibt aber trotzdem keine eindeutige Nord-Süd-Verteilung.

Auch das Muster der Landkarte mit den durchschnittlichen Hilfestunden (Abbildung 6.6) wird im Gesamtmodell M9.2 ein wenig modifiziert: In Spanien, Italien, Griechenland, Frankreich und Österreich sind Hilfeintensitäten unter Kontrolle individueller und familialer Eigenschaften ähnlich ausgeprägt wie in Deutschland. Im übrigen Europa, vor allem in den skandinavischen Ländern und den Niederlanden, umfassen Hilfetransfers durchschnittlich deutlich weniger Wochenstunden.

---

[49] Die Einzelmodelle je Land in der weiter untersuchten Länderauswahl finden sich in Tabelle 6.2. Die Einflussmechanismen unterscheiden sich nicht substanziell zwischen den Ländern.

Tabelle 6.1   Länderunterschiede zwischen Hilfeleistungen von Kindern (M9)

	M9.1 Wahrscheinlichkeit (Logit)	M9.2 Intensität (OLS)
Länderindikatoren		
Schweden	-0.36**	-0.77**
Dänemark	-0.07	-0.69**
Niederlande	-0.91**	-1.00**
Belgien	-0.82**	-0.36*
Frankreich	-0.81**	-0.17
Deutschland	Referenz	
Österreich	-0.48**	-0.10
Schweiz	-0.86**	-0.78**
Spanien	-1.24**	-0.05
Italien	-1.25**	0.08
Griechenland	-0.60**	-0.18
Modelleigenschaften		
n Dyaden	27'566	1'915
(Pseudo) r^2	0.15	0.18

Datenbasis: SHARE 2004 release 2, eigene Berechnungen, ungewichtet. Logistisches/lineares Regressionsmodell. Unter Kontrolle von Opportunitäts-, Bedürfnis- und Familienstrukturen (s. Tabelle 6.4). Pseudo r^2 nach McFadden. Effekte signifikant zum **1%, *5%-Niveau, robuste Standardfehler.

Inwiefern die beträchtlichen Unterschiede zwischen geleisteter (s. Kapitel 5) und erhaltener Hilfe auf Generationen-, Kohorten- oder Altersunterschiede zurückzuführen sind und inwieweit auf Veränderungen des nationalen Kontextes, lässt sich in diesem Rahmen nicht klären. Es besteht im Folgenden aber die Möglichkeit, private Hilfe auf individueller Ebene mit erhaltener professioneller Hilfe in Verbindung zu bringen. Dies bietet eine zusätzliche Chance, mehr über die Bedeutung der nationalen Kontexte zu erfahren und die bisherigen Zwischenergebnisse im Hinblick auf wohlfahrtsfördernde Angebote auf Makroebene zu validieren.

6.3 Hilfe von Kindern und professionellen Dienstleistern

Im Gegensatz zu familialen Hilfeleistungen, die nicht allein Notwendigkeiten folgen, und durchaus auch ohne besonderen Grund geleistet werden, werden professionelle Dienstleister[50] vermutlich bei ausgeprägtem Hilfebedarf hinzugezogen: „Services tend to be targeted according to needs [...] more closely than family help" (Daatland, Herlofson 2003: 295). Wenn es um den Empfang ambulanter Leistungen

---

[50] Im Folgenden werden professionelle und/oder bezahlte Dienste der Einfachheit halber als professionelle Dienste bezeichnet, obwohl aufgrund der Fragestellung im SHARE auch semi-professionelle Dienste darunter fallen können.

geht, ist es daher interessant, wie die Befragten ihren eigenen Hilfebedarf einschätzen (Abbildung 6.7, oben). Knapp über zehn Prozent der über 49-Jährigen in Privathaushalten benötigen nach Eigenangaben mindestens in einer Angelegenheit Hilfe, wenn es um die Zubereitung einer warmen Mahlzeit, Einkäufe, Arbeiten in Haus und Garten oder den Umgang mit Geld geht. Das sind also insgesamt weniger Personen als jene, welche private Hilfe im Haushalt und bei Formalitäten erhalten haben (s. oben), was für die vergleichsweise geringe Bedarfsabhängigkeit solcher privater Hilfe bei Haushaltstätigkeiten spricht.

Abbildung 6.7   Hilfebedarf (Einschränkungen)

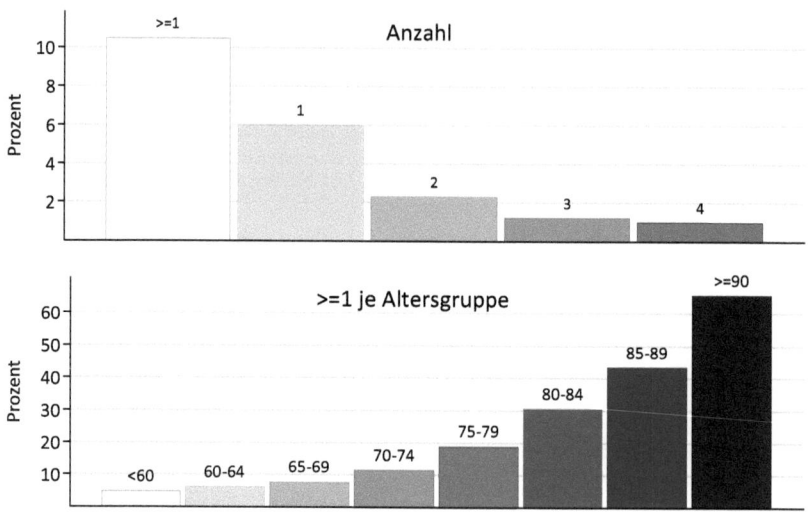

Datenbasis: SHARE 2004 release 2, eigene Berechnungen, ungewichtet, n=25'498 Personen.

Alle vier Einschränkungen nennen nur knapp ein Prozent der Befragten. Der Anteil der Hilfebedürftigen steigt beinahe exponentiell mit dem Alter an: Ab 80 Jahren sind es mehr als ein Drittel der Befragten, die mit genannten Erledigungen nicht mehr alleine zurechtkommen (Abbildung 6.7, unten).

Über die europäischen Länder hinweg besteht also vor allem bei betagten Personen ein ausgeprägter Hilfebedarf rund um den Haushalt. Im Folgenden wird es nun um das Zusammenspiel zwischen Hilfe von Kindern und haushaltsnahen und pflegerischen ambulanten Diensten gehen. Zuerst wird analysiert, welche Faktoren beeinflussen, ob eine befragte Person und/oder ihr Partner Hilfe von den Kindern, professionelle Leistungen oder beides empfängt; im zweiten Schritt wird der Einfluss ambulanter Dienste auf private Hilfe unter Kontrolle dieser weiteren Einflussfaktoren in den Blick genommen.

Privat-professioneller Hilfemix

Bei den im SHARE abgefragten professionellen Diensten handelt es sich wie im ersten Abschnitt 6.1 des Kapitels dargestellt um (Körper-) Pflege, Haushaltshilfe und Essenslieferungen.

Abbildung 6.8 Hilfemix in sieben Ländern

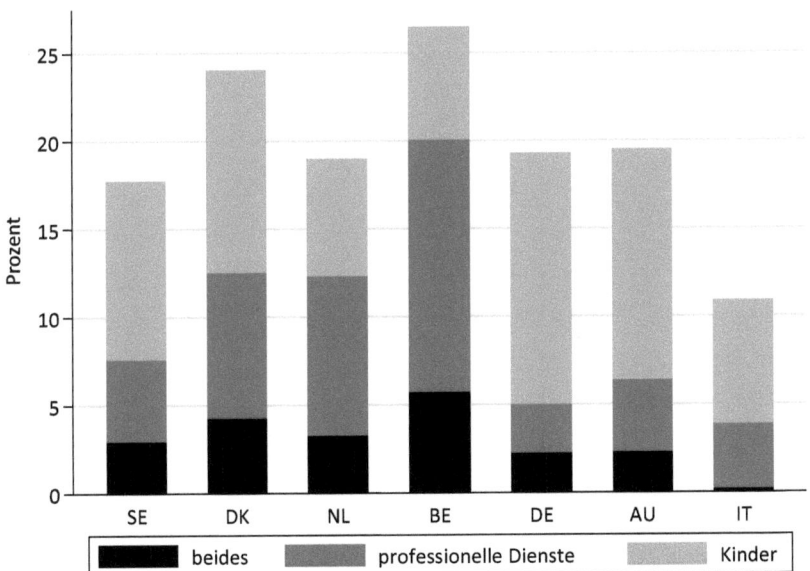

Datenbasis: SHARE 2004 release 2, eigene Berechnungen, gewichtet, n=12'137 Personen.

Betrachtet man das Zusammenspiel der Hilfe von Kindern und Dienstleistern, so lassen sich teils beachtliche Länderunterschiede erkennen (Abbildung 6.8). Insgesamt erhielten in Dänemark und Belgien mit ungefähr einem Viertel die meisten Personen mindestens eine professionelle oder familiale Hilfeleistung in den letzten zwölf Monaten. Professionelle Dienstleistungen sind in Belgien, den Niederlanden und Dänemark vergleichsweise am stärksten vertreten (s. auch Abbildung 6.2). Der Anteil der Eltern, die sowohl professionelle als auch familiale Leistungen empfangen, liegt in Belgien mit fünf Prozent ebenfalls am höchsten, ein Fünftel der Hilfe erfolgt dort in Kooperation von Kindern und Dienstleistern. Auch in Dänemark kommt kombinierte private und professionelle Hilfe relativ häufig vor. Danach folgen Deutschland, Österreich, die Niederlande und Schweden mit etwa 17 bis 20 Prozent Unterstützungsempfängern insgesamt, wobei in den deutschsprachigen Ländern ein deutlich höherer Anteil an Hilfe von Kindern zu verzeichnen ist als in Skandinavien und den Niederlanden. Schlusslicht bildet Italien mit insgesamt relativ wenig Unterstützung – besonders gering ist dort der Anteil der Befragten, die Hilfe von Kindern *und* professionelle Leistungen erhalten.

Abbildung 6.9   Hilfebedarf und Hilfeempfang

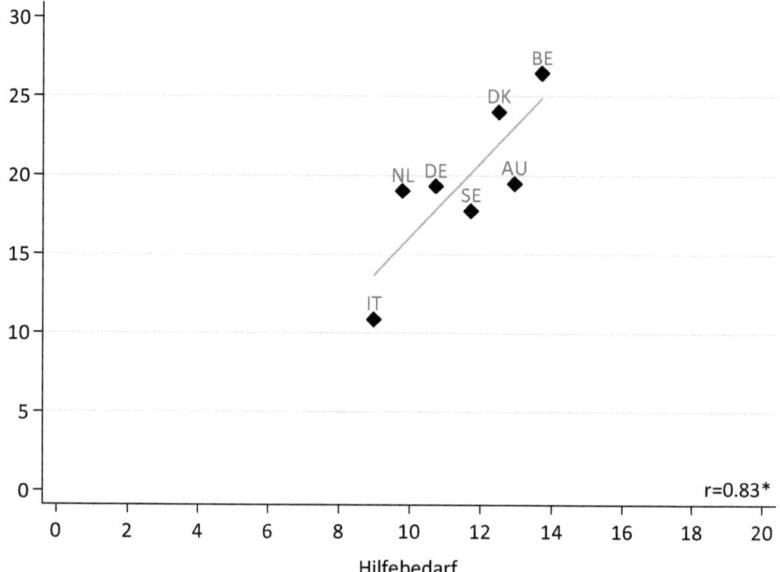

Datenbasis: SHARE 2004 release 2, eigene Berechnungen, gewichtet, n=7 Länder.

Der Empfang von Diensten ist also im Norden und Westen Europas am häufigsten, in Mittel- und Südeuropa erhalten nur wenige Befragte ambulante Pflege oder professionelle Hilfe im Haushalt. Bringt man Bedarf und Hilfeerhalt auf Länderebene zusammen, so zeigt sich wie zu erwarten ein starker positiver Zusammenhang. Es lässt sich aber auch erkennen, dass erhaltene Hilfe von Kindern und Dienstleistern in Italien fast exakt dem Bedarf entspricht, während sie in den anderen untersuchten Ländern teilweise deutlich darüber hinaus geht (Abbildung 6.9).

Alles deutet also einmal mehr darauf hin, dass die Hilfebilanz im Süden – wo die Last häufig allein von der Familie und dem privaten Netzwerk getragen werden muss – tendenziell niedriger ausfällt als in Mittel- und Nordeuropa.

Wie der Bedarf im Einzelfalle den in Anspruch genommenen Hilfemix beeinflusst, wird im folgenden multinomialen Modell (Tabelle 6.2) unter Berücksichtigung weiterer möglicher Einflussfaktoren (Opportunitäts-, Bedürfnis und Familienstrukturen) analysiert. Dabei ergeben sich zudem Hinweise darauf, inwiefern die deskriptiven Länderunterschiede (s. Abbildung 6.8) unter Kontrolle dieser Strukturen bestehen bleiben.[51] Alle Effekte sind im Vergleich zur Wahrscheinlichkeit zu interpretieren, dass eine Person oder ein Paar keine Hilfe erhalten hat.

Im Vergleich zu denjenigen Befragten, die weder Hilfe von ihren Kindern noch von Dienstleistern erhalten, zeigt sich auch auf individueller Ebene deutlich: Die Bedürftigkeit (des Partners mit dem höheren Hilfebedarf) bestimmt grundsätzlich den Erhalt von Hilfe; die Bedarfsfaktoren und das Geschlecht sind die wichtigsten Prädiktoren im Modell (z-Werte). Allerdings sind zwischen den Hilfearten und deren Kombinationen einige feine Unterschiede zu verzeichnen: Von höher Gebildeten werden eher professionelle Hilfeleistungen und seltener Hilfetransfers von den Kindern beansprucht. Erstaunlicherweise, und dazu gegenläufig, steht das Haushaltsauskommen in negativem Zusammenhang mit der Inanspruchnahme professioneller Hilfe, wirkt sich jedoch nicht signifikant auf Hilfe von Kindern aus. Dabei könnte es sich einmal mehr um einen Rückkopplungseffekt handeln: Wer kostenpflichtige professionelle Dienste in Anspruch nehmen muss, kommt eventuell aus diesem Grund schlechter mit dem verfügbaren Einkommen zurecht. Kinder scheinen vor allem einzuspringen, wenn der Bedarf noch nicht allzu stark ausgeprägt ist, und die Eltern noch erwerbstätig sind. Die Bedarfsindikatoren (Alter, Hilfebedarf, Arztbesuche) haben einen weit stärkeren Einfluss auf den Erhalt professioneller und kombinierter Hilfe als auf Hilfe von Kindern allein: Professionelle Leistungen scheinen also Hilfetransfers von Kindern zu ersetzen oder zu ergänzen, wenn die Not größer wird.

---

[51] Im Gegensatz zu Abbildung 6.8 basiert die multivariate Analyse auf Aussagen der (Familien-) Befragten mit Kindern außerhalb des Haushaltes. Wo es sich um eine Partnerschaft handelt, wurden die jeweiligen Partnereigenschaften verglichen und gegebenenfalls der geringere oder höhere Wert übertragen, was in Tabelle 6.2 ff. mit 'min.' und 'max.' angezeigt wird. Die Effektrichtungen unterscheiden sich laut Einzelmodellen je Land zwischen den Ländern nicht. Die Modelle werden im Sinne der Übersichtlichkeit nicht extra präsentiert.

Tabelle 6.2   Erhaltener Hilfemix (M10)

(Referenz: Keine Hilfe)	Hilfe von Kindern	Professionelle Hilfe	Beides
Opportunitäts- & Bedürfnisstrukturen			
G2 Eltern (Befragungsperson und Partner)			
Min. Bildung niedrig		Referenz	
mittel	-0.21*	0.21+	-0.09
	(-2.48)	(1.67)	(-0.56)
hoch	-0.25*	0.27+	0.08
	(-2.25)	(1.72)	(0.37)
Haushaltsauskommen	-0.04	-0.20+	-0.07
	(-0.52)	(-1.70)	(-0.44)
Min. Erwerbstätigkeit	0.21+	-0.49*	-0.49
	(1.94)	(-2.08)	(-1.00)
Max. Alter	0.03**	0.07**	0.10**
	(5.88)	(10.72)	(11.44)
Max. Hilfebedarf	0.94**	1.86**	2.53**
	(10.34)	(16.87)	(17.52)
Max. Anzahl Arztbesuche	0.01**	0.03**	0.03**
	(4.58)	(6.87)	(6.19)
Familienstrukturen			
Partnerschaft		Referenz	
Frau allein	1.03**	0.69**	1.84**
	(13.06)	(6.05)	(11.49)
Mann allein	0.18	0.42*	1.02**
	(1.32)	(2.40)	(4.31)
Kinderzahl (G3)	0.12**	0.00	0.11**
	(4.94)	(0.09)	(2.67)
Kulturell-kontextuelle Strukturen			
Schweden	-0.56**	0.80**	0.24
	(-4.90)	(2.72)	(0.82)
Dänemark	-0.19	1.90**	1.16**
	(-1.48)	(6.94)	(4.26)
Niederlande	-0.84**	2.08**	0.88**
	(-6.27)	(7.74)	(3.08)
Belgien	-0.83**	2.39**	1.24**
	(-7.01)	(9.39)	(5.12)
Deutschland		Referenz	
Österreich	-0.27*	0.76*	-0.06
	(-2.22)	(2.53)	(-0.20)
Italien	-1.11**	0.50	-2.56**
	(-7.53)	(1.53)	(-4.02)
Modelleigenschaften			
n (Paar-) Haushalte		9'317	
Pseudo r^2		0.19	

Datenbasis: SHARE 2004 release 2, eigene Berechnungen, ungewichtet. Multinomiales Regressionsmodell. Effekte signifikant zum **1%, *5%, +10%-Niveau, robuste Standardfehler, Pseudo r^2 nach McFadden. Z-Werte in Klammern. Samplebeschreibung s. Tabelle A.10.

Hinsichtlich kulturell-kontextueller Strukturen bestätigen sich unter Kontrolle dieser Strukturen die deskriptiven Befunde größtenteils: Im Vergleich zu Deutschland gibt es mit Ausnahme von Dänemark überall weniger Personen, die Hilfe von den Kindern erhalten – im Vergleich zu solchen, die keine der beiden Hilfequellen in Anspruch nehmen. Professionelle Hilfeleistungen sind dagegen vergleichsweise überall stärker vertreten. Die gleichzeitige Inanspruchnahme ist nordwestlich (SE, DK, NL, BE) deutlich häufiger als in Deutschland, in Österreich ähnlich häufig und in Italien weit weniger verbreitet. Vor allem in Dänemark, den Niederlanden und Belgien, wo jeweils ein relativ großes Angebot an sozialen Diensten besteht, lässt sich die Komplementarität von familialer und professioneller Hilfe feststellen.

Der Einfluss professioneller Dienste auf Hilfe von Kindern

Im vorangegangenen Abschnitt zeigte sich, dass Hilfe der Kinder eher von der Inanspruchnahme professioneller Hilfe abhängt als umgekehrt. Infolge dieses Resultats wird nun der Einfluss ambulanter Unterstützungsleistungen auf die Hilfe von Kindern betrachtet. Der Spezialisierungsthese nach sollten Kinder zwar eher, aber weniger zeitintensive Hilfe leisten, wenn die Eltern professionelle Unterstützungsleistungen empfangen. Der aufgabenspezifischen Spezialisierung entsprechend ist zu vermuten, dass familiale Hilfe bei Haushaltstätigkeiten eher mit ambulanten Pflegediensten und familiale Unterstützung bei bürokratischen Angelegenheiten eher mit professioneller Hilfe im Haushalt einhergeht.

Um aufzudecken, ob Einflussmechanismen sich deutlich zwischen den Ländern unterscheiden, werden zuerst einzelne Länder-Regressionen geschätzt (Tabelle 6.3), und zwar auf Basis einzelner Elternpaar)-Kind-Dyaden. Die Erklärungskraft der Modelle ist insgesamt als gut einzuschätzen und die Effekte der (signifikanten) Variablen sind über die Länder hinweg weitgehend stabil. Es existieren demnach keine grundsätzlich differierenden Einflussmechanismen von Merkmalen in unterschiedlichen Ländern, mit einer Ausnahme: Die Zugehörigkeit zur höchsten *Bildungs*kategorie scheint sich in den verschiedenen europäischen Ländern unterschiedlich auszuwirken. Personen mit hoher Bildung erhalten im Norden eher mehr und in Mittel- und Südeuropa eher weniger Hilfe von den Kindern. Dies könnte allerdings auch ein Artefakt sein, welches der Bildungsmessung in den einzelnen Ländern geschuldet ist. Geschlechterrollenunterschiede lassen sich nur sehr bedingt ausmachen, bemerkenswert ist aber: In keinem der Länder beteiligen sich Söhne signifikant seltener an der Hilfe an die Eltern, und im Norden scheinen sie sogar eher die Hilfe an die Eltern zu übernehmen.

Faktoren, die in allen Ländern bedeutsame Einflüsse auf empfangene Hilfe haben, sind die Bedarfsindikatoren (v. a. der Hilfebedarf) und die Wohnentfernung. Je bedürftiger die Eltern oder vielmehr einer der Elternteile, desto eher erhalten sie in allen untersuchten Ländern alltägliche Hilfe im Haushalt, vor allem wenn die Wohnentfernung zum Kind gering ist. Ein weiterer wichtiger Prädiktor ist das Geschlecht in Kombination mit dem Alleinleben: Alleinlebende Frauen erhalten in allen Ländern signifikant eher Hilfe als zusammenlebende Paare. Neben den weiteren Bedarfsindikatoren Alter (des älteren Partners) und Arztbesuche (des Partners mit mehr Arztbesuchen) erhöhen in einigen Ländern auch Gegenleistungen wie Hilfe oder finanzielle Transfers die Hilfewahrscheinlichkeit. In fast allen Ländern gilt: Je mehr Kinder man hat, desto seltener erhält man Hilfe vom einzelnen Kind.

Tabelle 6.3 Hilfe von Kindern und professionelle Dienste je Land (M11)

	SE	DK	NL	BE	DE	AU	IT
Opportunitäts- & Bedürfnisstrukturen							
G2 Eltern (Befragungsperson und Partner)							
Min. Bildung niedrig				Referenz			
mittel	-	-	+	-	-	-	-
hoch	+	+	+	-	-	-	/ -
Haushaltsauskommen	-	-	+	-	+	-	-
Min. Erwerbstätigkeit	+	-	+	-	-	+	+
Max. Hilfe an Kind	+	+	+	+	+	+	+
Max. finanzieller Transfer an Kind	+	+	-	+	+	+	-
Max. Alter	+	-	+	+	+	+	+
Max. Hilfebedarf	+	+	+	+	+	+	+
Max. Anzahl Arztbesuche	-	-	+	+	+	+	+
G3 Kind							
Wohnentfernung	-	-	-	-	-	-	-
Erwerbsunfähigkeit	-	-	+	-	-	+	+
Trennung vom Partner	+	-	-	-	-	-	+
Familienstrukturen							
Partnerschaft				Referenz			
Frau allein	+	+	+	+	+	+	+
Mann allein	+	-	+	+	+	+	+
Tochter				Referenz			
Sohn	+	+	+	-	-	-	-
Kinderzahl (G3)	-	-	-	-	-	-	-
Enkelzahl (G4)	-	-	-	-	+	+	+
Stiefkind (G3)	+	+	+	-	+	-	/ -
Kulturell-kontextuelle Strukturen							
Max. Ambulante Pflege	+	+	+	-	+	+	+
Max. Professionelle Hilfe	+	+	+	+	+	-	-
Max. Essen auf Rädern	+	+	+	+	+	+	/
Modelleigenschaften							
n (Paar-) Dyaden	3'786	1'977	3'095	3'792	2'729	1'994	1'825
Pseudo r^2	0.17	0.12	0.09	0.17	0.15	0.14	0.24

Datenbasis: SHARE 2004 release 2, eigene Berechnungen, ungewichtet. Logistische Regressionsmodelle. / = keine Schätzung möglich, / -= perfekte Vorhersage der 0. Statistisch signifikante Effekte grau hinterlegt (5%-Niveau), robuste Standardfehler, Pseudo r^2 nach McFadden.

Professionelle Hilfe im Haushalt und Essenslieferungen können als direktes Substitut für familiale Hilfe, wie sie hier untersucht wird, eingestuft werden. Die Spezialisierungsthese (s. Abschnitt 3.2) im Hinblick auf die Übernahme unterschiedlicher Aufgaben ist hingegen eher beim Zusammenspiel ambulanter Pflegeleistungen und familialer Hilfe zu evaluieren. Es lässt sich kein Beleg für eine Spezialisierung öffentlich-privatwirtschaftlicher und familialer Unterstützungsträger auf unterschiedliche Aufgaben ausmachen: Kinder übernehmen sowohl eher Hilfe an die Eltern, wenn diese Pflegedienste in Anspruch nehmen, als auch wenn andere Hilfeleistungen von Fachkräften erfolgen. In Schweden, Dänemark und Österreich wirken sich Pflegeleistungen signifikant positiv auf Hilfe von den Kindern aus, professionelle Anbieter decken dort den Bedarf an Körperpflege und die Kinder übernehmen Hilfe im Haushalt. In Belgien helfen Kinder auch dann signifikant mehr bei der Haushaltsführung, wenn Eltern professionelle Hilfe bei Haushaltstätigkeiten empfangen.

Tabelle 6.4   Hilfe von Kindern und professionelle Dienste (M12)

	M12.1 Wahrscheinlichkeit	M12.2 Intensität
Opportunitäts- und Bedürfnisstrukturen		
G2 Eltern (Befragungsperson und Partner)		
Min. Bildung niedrig	Referenz	
mittel	-0.15	-0.34**
	(-1.28)	(-2.89)
hoch	0.06	-0.18
	(0.47)	(-1.18)
Haushaltsauskommen	-0.04	-0.15
	(-0.40)	(-1.38)
Min. Erwerbstätigkeit	0.23	0.07
	(1.63)	(0.46)
Max. Hilfe an Kind	1.02**	0.04
	(9.20)	(0.32)
Finanzieller Transfer an Kind	0.44**	0.11
	(4.14)	(0.94)
Max. Alter	0.04**	0.01*
	(6.82)	(1.98)
Max. Hilfebedarf	1.25**	0.32**
	(10.44)	(2.78)
Max. Anzahl Arztbesuche	0.01**	0.01+
	(3.84)	(1.82)
G3 Kind		
Wohnentfernung	-0.46**	-0.20**
	(-15.99)	(-6.36)
Erwerbsunfähigkeit	-0.13	0.18
	(-0.77)	(1.02)
Trennung vom Partner	-0.23	0.01
	(-1.58)	(0.03)

...Fortsetzung	M12.1 Wahrscheinlichkeit	M12.2 Intensität
Familienstrukturen		
Partnerschaft	Referenz	
Frau allein	1.51**	0.09
	(13.76)	(0.87)
Mann allein	0.48*	0.45*
	(2.88)	(2.38)
Tochter	Referenz	
Sohn	0.06	-0.31**
	(0.83)	(-3.96)
Kinderzahl (G3)	-0.16**	0.00
	(-4.73)	(0.04)
Enkelzahl (G4)	0.00	-0.03
	(-0.04)	(-0.91)
Stiefkind (G3)	-0.06	-0.24
	(-0.23)	(-0.85)
Kulturell-kontextuelle Strukturen		
Max. ambulante Pflege	0.51*	0.19
	(2.27)	(1.03)
Max. professionelle Hilfe	0.54**	0.36*
	(3.36)	(2.32)
Max. Essen auf Rädern	0.95**	0.30
	(3.39)	(1.27)
Modelleigenschaften		
n Länder (Ebene 3)	7	7
n (Paar-) Haushalte (Ebene 2)	9'148	1'123
n (Paar-) Dyaden (Ebene 1)	19'245	1'438
Varianz Ebene 3	0.065 (0.052)	0.164 (0.100)
Ohne professionelle Dienste	0.016 (0.011)	0.132 (0.083)
Varianz Ebene 2	3.495 (0.393)	1.440 (0.129)
Ohne professionelle Dienste	4.373 (0.672)	1.468 (0.131)
Varianz Ebene 1	$\pi^2/3$	1.130 (0.092)
Ohne professionelle Dienste	$\pi^2/3$	1.129 (0.092)
BIC	9'639.1	5'512.2
Ohne professionelle Dienste	9'651.3	5'501.2

Datenbasis: SHARE 2004 release 2, eigene Berechnungen, ungewichtet. Logistisches/lineares Mehrebenenmodell. Koeffizient signifikant zum *5%, **1%-Niveau. Z-Werte (Koeffizienten) bzw. Standardfehler (Varianzen) in Klammern. Hilfsstunden logarithmiert. BIC=Bayesian Information Criterion. Samplebeschreibung s. Tabelle A.11.

Da sich die Einflussfaktoren international kaum unterscheiden, werden im nächsten Schritt die Auswirkungen professioneller Leistungen auf die Wahrscheinlichkeit und die zeitliche Intensität der Hilfe von Kindern über alle sieben Länder analysiert. Unter Kontrolle der Eigenschaften von Eltern, Kindern und Familien, deren Einflüsse sich im Gesamtmodell (M12.1, Tabelle 6.4) nicht von den oben berichteten Einzelergebnissen unterscheiden, wirkt sich der Empfang professioneller Dienste vorwiegend positiv auf Hilfeleistungen von erwachsenen Kindern aus.

Über die Länder hinweg gilt dies für alle erfassten Dienstleistungen in vergleichbarem Maße. Auf Grundlage relativ geringer Fallzahlen im Bereich professioneller Hilfe ergibt sich anhand der Koeffizienten ein überraschend klares Ergebnis, das sogar eher in Richtung 'crowding in' als in Richtung der Spezialisierungsthese deutet: Sowohl sporadische als auch intensive Hilfe der Kinder wird durch professionelle (staatliche und marktwirtschaftliche) Leistungen angeregt.

Tabelle 6.5   Kombinationen von Hilfearten

Professionelle Dienstleistungen	Hilfe von Kindern			Total
	Hilfe im Haushalt	Hilfe bei Formalitäten	Beide	
Pflege	*49.2*	*8.5*	*42.4*	*100*
	9.2	1.6	7.9	
Hilfe im Haushalt	*49.1*	*16.0*	*34.9*	*100*
	26.2	8.5	18.6	
Beide	*36.0*	*11.2*	*52.8*	*100*
	10.1	3.2	14.8	100

Datenbasis: SHARE 2004 release 2, eigene Berechnungen, ungewichtet. *Zeilenprozent*/Zellenprozent. Unterschiede signifikant zum 5%-Niveau (χ^2-Test), n=317 Personen.

In Tabelle 6.5 werden unterschiedliche Kombinationen verschiedener professioneller und familialer Hilfearten bei Eltern (-paaren), die sowohl professionelle Hilfe als auch Hilfe von ihren Kindern erhalten, im Detail aufgeführt. Fasst man Essen auf Rädern als Hilfe bei Haushaltstätigkeiten auf, zeigt sich anhand der Zellenprozente, die den Anteil der jeweiligen Hilfe an allen empfangenen Hilfeleistungen angeben, dass über ein Viertel der Eltern Hilfe ausschließlich bei Haushaltstätigkeiten in Anspruch nimmt. Ein weiteres knappes Fünftel erhält von den Kindern Hilfe bei bürokratischen Angelegenheiten sowie Haushaltshilfe bei gleichzeitiger professioneller Unterstützung im Haushalt. Knapp 15 Prozent erhalten ambulante Pflege und Hilfe im Haushalt sowie Unterstützung im Haushalt und bei der Erledigung von Formalitäten von den Kindern.

Betrachtet man die Zeilenprozente, zeigt sich: Von denjenigen Eltern, die ambulante Pflege erhalten, bekommen die meisten Haushaltshilfe von den Kindern, häufig auch in Kombination mit Hilfe bei bürokratischen Angelegenheiten. Nur knapp neun Prozent der ambulant Gepflegten erhalten einzig Hilfe bei formalen Angelegenheiten von den Kindern, und keine intergenerationale Hilfe bei Haushaltstätigkeiten. Fast doppelt so hoch ist hingegen der Anteil derer, die professionelle Hilfe im Haushalt und von ihren Kindern ausschließlich Hilfe bei Formalitäten beanspruchen.

Dies ist ein Hinweis in Richtung Spezialisierung auf unterschiedliche Aufgaben, wenn auch auf Basis geringer Fallzahlen, und daher mit einiger Vorsicht zu interpretieren: Beim Erhalt ambulanter Pflege erledigen Kinder für ihre Eltern eher

Haushaltstätigkeiten und beim Erhalt professioneller Haushaltshilfe übernehmen die Kinder vergleichsweise häufiger bürokratische Angelegenheiten. Am häufigsten findet sich jedoch die Komplementarität professioneller Leistungen und familialer Hilfe von Kindern, nämlich bei Hilfe im Haushalt. Leider kann hier aufgrund fehlender Informationen nicht weiter spezifiziert werden, um welche Art von Hilfe es sich genau handelt. So könnte es beispielsweise sein, dass Kinder bei umfassenderen Arbeiten (mit) einspringen, während die regelmäßigen Dienste wie die wöchentlichen Einkäufe von Dienstleistern erledigt werden. Hier sind also nicht nur unterschiedliche Hilfeinhalte, sondern auch unterschiedliche (zeitliche) Anforderungsprofile von Belang.

Infolge der bisherigen Ergebnisse zum Einfluss kulturell-kontextueller Strukturen auf die zeitliche Intensität intergenerationaler Hilfe liegt die Vermutung nahe, dass Kinder eher zusätzliche, weniger (zeit-) intensive Hilfe erbringen, wenn professionelle Dienste genutzt werden. Um den Einfluss öffentlicher Leistungen zu evaluieren, müssen wiederum synchron Opportunitäts- und Bedürfnisstrukturen sowie der familiale Kontext berücksichtigt werden.

Aus dem Gesamtmodell M12.2 für Hilfestunden (Tabelle 6.4, rechte Spalte) ergeben sich Hinweise darauf, dass Söhne weniger intensiv helfen als Töchter, alleinlebende Väter eher zeitintensivere Hilfe empfangen als Eltern in Partnerschaft oder alleinlebende Frauen, und dass Hilfe mit steigendem Bedarf mehr Zeit in Anspruch nimmt. Überraschend ist zudem, dass mit mittlerer Bildung (des weniger gebildeten Elternteils) Kinder weniger Stunden in der Woche helfen, was möglicherweise auf (höhere) Opportunitätskosten in diesen Familien zurückzuführen ist. Außerdem könnte sich hier auch die umfangreichere Inanspruchnahme verschiedener Unterstützungsleistungen (soziales Netzwerk, Dienste) höher Gebildeter bemerkbar machen. Allerdings erfolgt Hilfe von Kindern auch zeitintensiver, wenn die Eltern professionelle Haushaltshilfe und ambulante Pflegeleistungen erhalten, was der Spezialisierungsthese im Hinblick auf die Aufteilung zeitintensiver und sporadischer Hilfe zwischen Dienstleistern und der Familie widerspricht. Dabei muss aber darauf hingewiesen werden, dass der Empfang professioneller Dienste auch unter Berücksichtigung (weiterer) Bedarfsindikatoren vermutlich noch einen Bedarfseffekt beinhaltet, was sowohl technisch als auch inhaltlich begründbar ist: Einerseits könnte es durchaus sein, dass die Bedarfsmessung über Gesundheit, Alter und selbst eingeschätzten Hilfebedarf nicht erschöpfend ist. Andererseits können auch umfangreichere professionelle Dienste den Bedarf nicht in allen Fällen vollständig abfangen, und es wäre durchaus möglich, dass die Inanspruchnahme professioneller Hilfe durch die Eltern einen 'Signaleffekt' hat, der den Kindern den Hilfebedarf der Eltern deutlich vor Augen führt.

Entgegen den Ergebnissen auf Mikroebene entsprechen die Zusammenhänge auf Länderebene den (spezialisierungs-) theoretischen Erwartungen: Das Niveau in

Anspruch genommener professioneller Dienstleistungen hängt tendenziell negativ mit der mittleren Hilfeintensität durch die Kinder zusammen (Abbildung 6.10).

Abbildung 6.10   Intensität der Hilfe von Kindern und professionelle Dienste

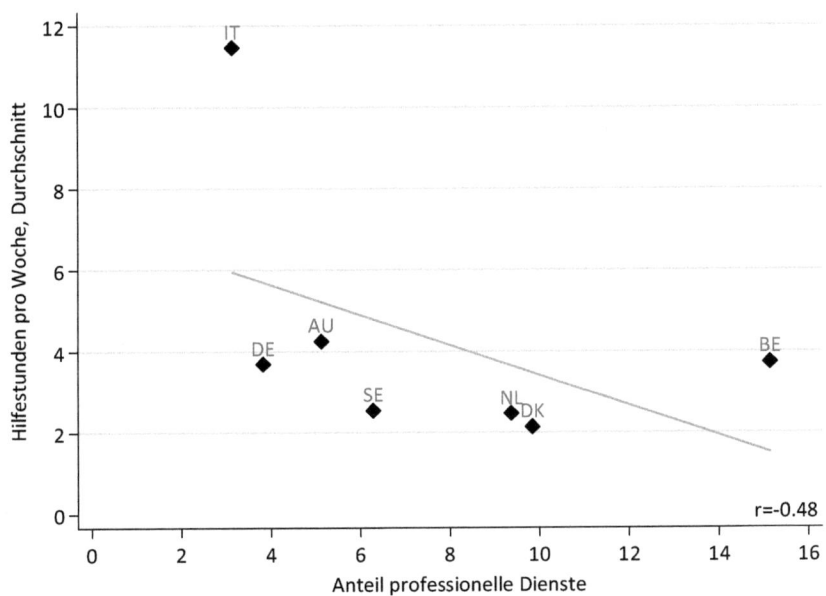

Datenbasis: SHARE 2004 release 2, eigene Berechnungen, gewichtet, n=7 Länder.

Durchschnittlich helfen Kinder ihren Eltern in Gesellschaften mit höherer professioneller Betreuung für Ältere eher weniger zeitintensiv und umgekehrt, wobei sich diese Korrelation nur auf sieben Beobachtungen stützt und nicht signifikant ist. Der negative Zusammenhang wird allerdings hauptsächlich durch sehr hohe private Hilfeintensitäten in Italien verursacht. Dass sich unter Berücksichtigung der weiteren mediterranen Länder die Hinweise verdichten würden, lässt sich aufgrund fehlender Informationen zu professionellen Dienstleistungen in Spanien und Griechenland nur vermuten: Hilfe zwischen Generationen scheint in einer Gesellschaft insgesamt als weniger zeitintensive ergänzende Leistung zu fungieren, wenn ausreichende professionelle Dienste angeboten werden. Allerdings gilt dies mit der Einschränkung, dass im (Einzel-) Falle eines (zeitweise?) erhöhten Bedarfs sowohl Familie als auch bezahlte Dienstleister gemeinsam intensive Betreuung leisten.

6.4 Zwischenfazit

Mehr als die Hälfte aller Hilfeleistungen im privaten Netzwerk erbringen die eigenen Kinder. Dabei verteilen sich diese aber nicht wie die bisher untersuchten intergenerationalen Hilfetransfers auf einer Nord-Süd-Achse: Deutsche Befragte erhalten am häufigsten Hilfe von ihren Kindern, und dies auch vergleichsweise zeitintensiv. Gleichzeitig werden in Deutschland relativ wenige professionelle und institutionelle Leistungen für Ältere angeboten. Widersprechen die Resultate der vorangegangenen Abschnitte also denjenigen, die sich hinsichtlich geleisteter Hilfe an Eltern und Kinder (Kapitel 5) ergeben?

Im Gegensatz zu den Schlussfolgerungen, die sich aus rein deskriptiven Betrachtungen ergeben könnten, lässt sich in multivariaten Modellen hinsichtlich der Inanspruchnahme verschiedener Hilfequellen zeigen, dass in Ländern, in denen das Angebot an sozialen Diensten hoch ist, nicht nur die Inanspruchnahme professioneller Dienste, sondern auch die Komplementarität von öffentlich-privatwirtschaftlichen und intergenerationalen Hilfeleistungen eher zu finden ist: In Dänemark, den Niederlanden und Belgien erhalten deutlich mehr Befragte Hilfe von Kindern und professionellen Dienstleistern gleichzeitig[52] als in Deutschland, in Italien dagegen sind es deutlich weniger. Insgesamt scheint der Gesamthilfebedarf in Ländern mit verbreiteten öffentlichen Leistungen und damit höherer Inanspruchnahme professioneller Dienste eher gedeckt zu sein (s. auch Motel-Klingebiel, Tesch-Römer 2006), wobei aber sowohl professionelle als auch intergenerationale Hilfe in Mittel- und Südeuropa gleichzeitig weit zeitintensiver ist. Das könnte ein Hinweis darauf sein, dass in diesen Ländern Unterstützungsangebote und private Hilfe erst greifen, wenn die Not schon relativ ausgeprägt und damit die Verpflichtung zur Hilfe hoch ist. Die Inanspruchnahme professioneller Dienste scheint erstaunlicherweise weniger davon abzuhängen, ob man sich solche Dienste leisten kann, sondern eher von der Bildung beeinflusst zu sein (s. hierzu auch Blinkert, Klie 2004):[53] Eltern mit höherer Bildung erhalten eher professionelle Dienste und seltener Hilfe von ihren Kindern, auch unter der Kontrolle der Wohnentfernung, die in höheren Bildungsschichten tendenziell ebenfalls höher ist (z. B. Lauterbach, Pillemer 1996). Mögli-

---

[52] Es ist nicht auszuschließen, dass die Kinder zuerst Hilfe leisten und darauf hin später ambulante Dienstleister die Unterstützung übernehmen, da sich die Fragen ja auf einen längeren Zeitraum beziehen. Alle Ergebnisse deuten aber darauf hin, dass die Inanspruchnahme ambulanter Dienste eher die Hilfe von Kindern beeinflusst, als umgekehrt.

[53] Dieses Resultat steht allerdings im Widerspruch zum Ergebnis, dass sich die Bildung positiv auf die Wahrscheinlichkeit von Hilfe an Eltern und Kinder auswirkt (s. Kapitel 5). Ein Grund könnte sein, dass nur die Bildung der Befragten (als Bildungshintergrund der Kinder) im Modell berücksichtigt werden kann.

cherweise handelt es sich dabei auch um einen 'Individualisierungseffekt': Je höher die Bildung, desto stärker der Unabhängigkeitsdrang von Kindern *und* Eltern?

Hinsichtlich individueller und familialer Faktoren, die Hilfe von den Kindern anregen oder behindern, ergibt sich im Einklang mit den bisherigen Resultaten, dass vor allem ältere, hilfebedürftige und allein stehende Personen von der tatkräftigen Unterstützung ihres in der Nähe wohnenden Nachwuchses profitieren. Dabei sind solche Beziehungen auch häufig vom Austausch (Zeit und/oder Geld gegen Zeit) geprägt. Väter erhalten weniger Hilfe von den Kindern als Mütter, wie bereits in Abschnitt 5.2 aus anderer Perspektive festgestellt wurde. Alleinstehende Männer scheinen zudem eher Hilfe von professionellen Anbietern in Anspruch zu nehmen als Hilfe von den Kindern – bei allein stehenden Frauen ist es gerade umgekehrt. Alle Alleinstehenden erhalten jedoch weit häufiger kombinierte Hilfe als (Eltern-) Paare. Die Inanspruchnahme professioneller Pflege- und Hilfeleistungen führt dazu, dass die Kinder eher und häufig zeitintensiver (mit-) helfen. Auf der Mikroebene sind öffentliche und privatwirtschaftliche Leistungen an die Bedürftigen demnach mit einem Mehr an Hilfe zwischen Generationen verknüpft, auch wenn sich auf Basis der vorliegenden Länderauswahl keine generellen wohlfahrtsregime-spezifischen Zusammenhänge herauskristallisieren wie im vorangegangenen Kapitel 5 bei geleisteter Hilfe.

Betrachtet man die erhaltenen Hilfekombinationen im Detail, scheinen sich in Anspruch genommene professionelle Leistungen und Hilfe von Kindern gegenseitig zu ergänzen, was ihre Inhalte angeht (s. auch Daatland, Herlofson 2003): Ambulante Pflege wird in vielen Fällen durch Haushaltshilfe der Kinder gestützt, und professionelle Hilfe bei Haushaltstätigkeiten erfolgt vergleichsweise oft ergänzt durch familiale Hilfe bei bürokratischen Angelegenheiten. Hinsichtlich der zeitlichen Intensität zeigen sich im Ländervergleich im Gegensatz zu den Resultaten auf individueller Ebene ebenfalls Hinweise auf eine Spezialisierung zwischen professionellen und privaten Hilfeleistern.

Aggregiert man die von den Befragten erhaltenen professionellen Leistungen pro Land und setzt sie in Beziehung zur durchschnittlichen Intensität privater Hilfe, lässt sich eine negative Tendenz feststellen: In Ländern mit mehr Empfängern professioneller Unterstützung sind Hilfeleistungen von den Kindern insgesamt weniger zeitintensiv. Selbst wenn also im Einzelnen Hilfe durch die Kinder in Notlagen häufiger und intensiver erfolgt oder vielmehr erfolgen muss, so ist es doch gesamtgesellschaftlich so, dass ein Wandel der Wohlfahrtspolitik hin zur breit gefächerten Unterstützung und Förderung der Familie offensichtlich mit einem Wandel der Solidaritätsform zwischen Generationen einhergeht: Je mehr professionelle Unterstützungsleistungen in Anspruch genommen werden, desto eher helfen erwachsene Kinder ihren Eltern ab 50 Jahren. Doch intergenerationale Hilfeleistungen haben in Wohlfahrtsstaaten mit einem ausgeprägten Angebot an professionellen Diensten eher ergänzenden Charakter.

7 Intergenerationale Hilfe und Kultur

Im letzten Analyseschritt soll vor allem den kulturellen Voraussetzungen auf den Grund gegangen werden, die Hilfe und Hilfemuster zwischen Generationen beeinflussen. Im Zentrum steht weiterhin der Einfluss kulturell-kontextueller Strukturen auf Hilfe unter Kontrolle von Opportunitäten, Bedürfnissen und Familienstrukturen. Hierzu werden nun Hilfetransfers aus Sicht der Befragten in ihrem Zusammenspiel untersucht: Wer erhält und/oder gibt intergenerationale Hilfe, und wie stark sind (gegenseitige) Hilfeleistungen in Europa ausgeprägt?

Mit dieser Zusammenfassung aller intergenerationalen Hilfeströme sollten sich die Ergebnisse der vorangegangenen Kapitel 5 und 6 bestätigen, wobei sich zusätzliche Hinweise auf das Bestehen von Austauschbeziehungen in der Familie ergeben werden. Hinsichtlich der weitergehenden Frage nach kulturellen Hintergründen ist davon auszugehen, dass soziale Normen und Werte wie auch religiöse Hintergründe individuelle Einstellungen prägen, die Einfluss auf Hilfe in der Familie und zwischen Generationen haben. Allerdings wird bei ausgeprägten staatlichen Leistungen für Familien Hilfe vermutlich eher freiwillig geleistet als in Staaten, in denen die Familie zur Hilfe für Angehörige verpflichtet ist.

Im Abschnitt 7.1 werden zunächst die jeweiligen Einstellungen und Werthaltungen der Befragten in den SHARE-Ländern auf Basis des 'drop off'-Fragebogens dargestellt, die dann nach der Darstellung der Transferströme (Abschnitt 7.2) im folgenden Abschnitt 7.3 in Verbindung mit intergenerationalen Hilfemustern gebracht werden. Um den Kreis zu schließen, werden zuletzt in Abschnitt 7.4 unterschiedliche Hilfekulturen in den SHARE-Ländern an den wohlfahrtsstaatlichen Kontext rückgekoppelt, bevor die Ergebnisse kurz zusammengefasst werden (Abschnitt 7.5).

7.1 Familienwerte und Religion

Werthaltungen können im SHARE auf individueller Ebene über Einstellungen zur Familie und religiöse Orientierungen erfasst werden, stehen aber immer auch im Zusammenhang mit gesellschaftlich geteilten Normen und Werten (s. Abschnitt 3.1), weshalb sie im Ländervergleich in Prozent der Gesamtbevölkerung dargestellt werden.

7.1 Familienwerte und Religion 127

In Abbildung 7.1 werden Wertvorstellungen der mittleren und älteren Generation (50+) auf Basis des SHARE abgebildet. Es handelt sich hierbei erstens um die Bedeutung, die dem 'Dasein' der Eltern für ihre Kinder beigemessen wird, wobei '5' eine „hohe Bedeutung" und '1' eine „geringe Bedeutung" anzeigt, und zweitens um die Verantwortung der Familie für (haushalts-) hilfebedürftige Angehörige, wobei wiederum '5' „volle Verantwortung der Familie" und '1' „volle Verantwortung des Staates" bedeutet (s. Tabelle A.7). Im linken Teil der Grafik ist der Mittelwert und rechts der Anteil der Zustimmung (Ausprägungen ab '4') je Land abgetragen.

Abbildung 7.1   Familienwerte

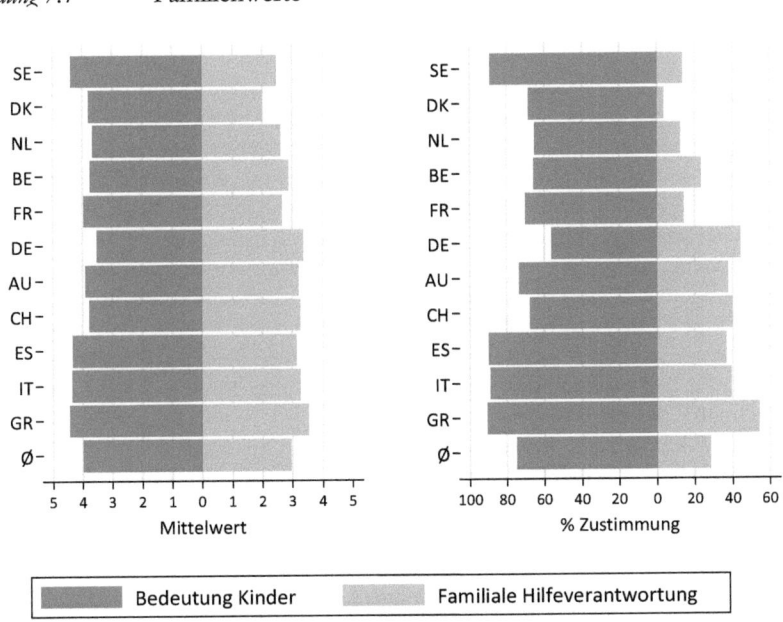

Datenbasis: SHARE 2004 drop off, release 2, eigene Berechnungen, ungewichtet[54], n=16'464 Personen (Bedeutung Kinder)/16'397 Personen (Familiale Hilfeverantwortung).

Im Hinblick auf die mittlere Bedeutung der Kinder unterscheiden sich die SHARE-Länder nur geringfügig. In allen Ländern ist es den Befragten nach Angaben im 'drop off'-Fragebogen durchschnittlich (eher) wichtig, für den Nachwuchs da zu

---

[54] Leider können bis zum jetzigen Zeitpunkt für die 'drop off'-Stichprobe keine angepassten Gewichte erstellt werden, weshalb sämtliche 'drop off'-Auszählungen ohne Gewichtung erfolgen.

sein. Die Mittelwerte der fünfstufigen Skala bewegen sich zwischen etwa 3,5 in Deutschland, Dänemark und den Niederlanden bis knapp über vier in Schweden, Spanien, Italien und Griechenland.

Was die Verantwortung für Haushaltshilfe für die Angehörigen betrifft, variieren die Durchschnittswerte ebenfalls relativ wenig, jedoch mit leicht unterschiedlichen Tendenzen. In einigen Ländern sehen die Befragten im Durchschnitt die Verantwortung eher bei der Familie (Deutschland, Österreich, Schweiz, Italien, Griechenland). In anderen Ländern legen die Befragten dagegen die Verantwortung für hilfebedürftige Angehörige eher in die Hände des Staates (Schweden, Dänemark, Niederlande, Frankreich). In den übrigen Ländern wird im Mittel eine gleichberechtigte Aufgabenteilung zwischen Staat und Familie gewünscht – was noch keine Aussage über die Verteilung der Einstellungen zwischen den Individuen zulässt.

Trägt man den Prozentsatz derer ab, die die Hilfeverantwortung für Angehörige (hauptsächlich) bei der Familie sehen, beziehungsweise es (sehr) wichtig finden, auch auf eigene Kosten das Beste für ihre Kinder zu geben, so lassen sich deutlichere Länderunterschiede zeigen (Abbildung 7.1, rechts). Insgesamt sehen etwa ein Viertel der Befragten die Verantwortung für Haushaltshilfe an Angehörige eher bei der Familie, wobei dies aber von unter drei Prozent in Dänemark bis über 50 Prozent in Griechenland rangiert. Die präferierte Verantwortungsaufteilung zwischen Staat und Familie bewegt sich in Europa also wiederum auf einer Nord-Süd-Achse. Nicht so klar ist der Fall bei der Bedeutung der eigenen Kinder, wo zum einen die Zustimmung mit etwa 75 Prozent insgesamt sehr hoch ausfällt, und sich – vor allem aufgrund der hohen Zustimmungsraten in Schweden (knapp 90 Prozent) – kein vergleichbares Nord-Süd-Gefälle aufzeigen lässt.

In Abbildung 7.2 werden die Zugehörigkeiten zu verschiedenen Glaubensgemeinschaften in Prozent aller Befragten abgetragen, wobei die 'drop off'-Frage nicht die formale, sondern die 'empfundene' Glaubenszugehörigkeit fokussiert (s. Tabelle A.7). Hierbei zeigt sich die bekannte Verteilung der Hauptglaubensrichtungen über Europa: die evangelisch-protestantischen Länder im Norden, die katholisch geprägten Länder Belgien, Österreich, Spanien und Italien, die 'gemischten' Staaten Schweiz, Deutschland und die Niederlande sowie das orthodoxe Griechenland.

In all diesen Glaubensgemeinschaften werden Werte wie Hilfsbereitschaft, Nächstenliebe und Familienzusammenhalt gefördert. Spannend ist hinsichtlich der Konfessionszugehörigkeiten in den Ländern im Gegensatz zur historischen Entwicklung (s. Abschnitt 3.3) daher nicht die Art des Glaubens selbst, sondern vor allem der Anteil derer, die eine oder keine Religionszugehörigkeit angeben.

Abbildung 7.2 Konfessionszugehörigkeit[55]

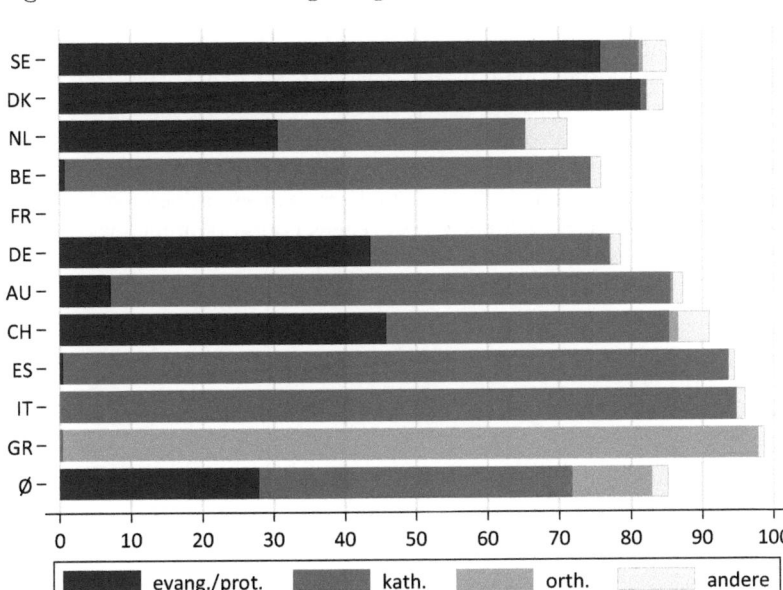

Datenbasis: SHARE 2004 drop off, release 2, eigene Berechnungen, ungewichtet. Angaben in Prozent, n=15'436 Personen.

In den Niederlanden (knapp 30 Prozent), Deutschland und Belgien (etwa 20 Prozent) fühlen sich mehr Personen keiner Religion zugehörig als in Dänemark und Schweden mit nur ungefähr 15 Prozent. In Österreich und der Schweiz assoziieren sich noch um zehn Prozent der Befragten nicht mit einem Glauben, am wenigsten verbreitet ist die Konfessionslosigkeit wie nach Abschnitt 3.3 zu erwarten in den Mittelmeerländern.

Doch Konfessionszugehörigkeit sagt noch nicht viel darüber aus, wie stark der Glaube, und damit die mehr oder weniger verbindliche Wirkung von Glaubensgrundsätzen und Normen – auch im Hinblick auf Familie und deren Wertigkeit – in einem Land ist. Deshalb wird in Abbildung 7.3 der Anteil derjenigen abgetragen, die

---

[55] Im 'drop off'-Fragebogen fehlen Informationen für Frankreich komplett, sowie für etliche Befragte in den weiteren Ländern. Wenn auch wohl aufgrund der Einschränkung auf mindestens 50-Jährige im SHARE durchgängig etwas höher, lassen sich die beschriebenen Länderunterschiede hinsichtlich der Konfessionszugehörigkeit auch auf Basis der EVS bestätigen, wo Frankreich zwischen Belgien und den Niederlanden rangiert (Gerhards, Hölscher 2006: 66).

mehrmals wöchentlich beten sowie der Prozentsatz der Personen, die angeben, eine religiöse Erziehung genossen zu haben. Im Gegensatz zur reinen Konfessionszugehörigkeit spricht Abbildung 7.3 klar für eine Nord-Süd-Verteilung hinsichtlich der Stärke religiöser Normen und Werte: Zwischen 90 und knapp 100 Prozent der Griechen, Italiener und Spanier geben an, eine religiöse Erziehung erhalten zu haben und mindestens 50 Prozent beten mehrmals wöchentlich ('häufige Gebete'). In Nordeuropa kommt beides ungefähr halb so häufig vor, während sich die mitteleuropäischen Länder zwischen den beiden Extremen einordnen lassen – mit Ausnahme der Schweiz, in der häufige Gebete ebenso oft vorkommen wie in Spanien.

Abbildung 7.3 Religiöse Erziehung und Gebetshäufigkeit

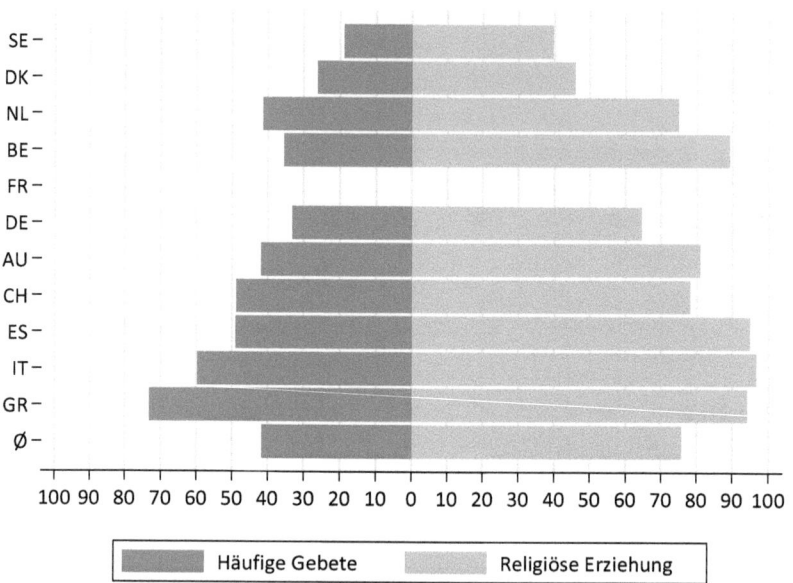

Datenbasis: SHARE 2004 drop off, release 2, eigene Berechnungen, ungewichtet. Angaben in Prozent, n=15'338 Personen (Gebete)/ 15'425 Personen (Erziehung).

Religiöse Prägungen sind also in Europa von sehr unterschiedlicher Natur und im Zusammenspiel ihrer einzelnen Ausprägungen (Glaubenszugehörigkeit, Gebetshäufigkeit, religiöse Erziehung) auch in den einzelnen Ländern nicht ganz einheitlich und klar einzuordnen. Die höchste religiöse Aktivität findet man eindeutig im orthodoxen Griechenland, und auch die katholischen Länder Italien und Spanien weisen noch relativ hohe Gebetsraten und einen großen Anteil religiös Erzogener auf. Österreich, Deutschland, die Schweiz und auch die Niederlande sind hinsichtlich Gebetshäufigkeit und religiöser Erziehung im europäischen Mittelfeld anzusiedeln, während Belgien durch einen relativ hohen Anteil religiös erzogener Befragter mit vergleichsweise geringer Gebetshäufigkeit auffällt. In Dänemark und Schweden finden sich alle hier berücksichtigten religiösen Praktiken erwartungsgemäß am seltensten.

Bevor der Einfluss dieser kulturellen Gegebenheiten auf intergenerationale Hilfe geprüft wird, werden in Abschnitt 7.2 die Hilfeströme zwischen den Befragten, ihren Eltern und Kindern im SHARE-Überblick dargestellt.

7.2 Hilfe zwischen Eltern und Kindern

Es geht nun zunächst darum, wer Hilfe erhalten und/oder gegeben hat, und zwar im Drei-Generationen-Zusammenhang. Dabei werden alle Hilfeströme zwischen der mittleren (G2), der vorangehenden (G1) und der nachkommenden Generation (G3) aus Sicht der Befragten und ihrer Partner zunächst unabhängig davon berücksichtigt, ob Eltern und/oder Kinder im Einzelnen tatsächlich vorhanden sind. Es handelt sich demnach nicht in jedem untersuchten Fall um eine 'klassische Sandwich-Situation', in der mindestens Eltern und Kinder vorhanden sind, und nach engerer Definition auch Hilfeverpflichtungen für beide bestehen (vgl. z. B. Künemund 2006a). Zudem stehen nicht wie zuvor einzelne dyadische Beziehungen im Fokus, sondern vielmehr die intergenerationale Hilfebilanz aus Sicht der Befragten.

Untersucht werden soll sowohl direkte, unverzügliche Reziprozität als auch (a) indirekte und (b) generalisierte Reziprozität.[56] Aufgrund der synchronen Betrachtung intergenerationaler Hilfetransfers fallen Befragte in die Kategorie 'Geben und Nehmen', sobald sie gleichzeitig intergenerationale Hilfe leisten und empfangen. Dabei wird entsprechend den Vorüberlegungen (Abschnitt 2.2) davon ausgegangen, dass im Familiensystem auch aufeinander bezogene Leistungen nicht unbedingt zwischen denselben Personen erfolgen müssen, zum Beispiel wenn Eltern an ihre Kinder weitergeben, was sie von den eigenen Eltern erhalten haben (a). Weiterhin wird analysiert, wie sich die Hilfebalance zwischen verschiedenen Altersgruppen verändert, wodurch (unter der Annahme konstanter Hilfemuster über verschiedene Geburtskohorten) auf über den Lebenslauf zeitlich versetzte (Gegen-) Leistungen geschlossen werden kann (b).

---

[56] Zur Klassifizierung verschiedener Arten direkter Reziprozität s. z. B. Hollstein (2005b: 195). In der vorliegenden Arbeit wird 'empirische Reziprozität', also der tatsächliche Austausch von Leistungen zwischen Eltern und Kindern als Umsetzung der Reziprozitätsnorm untersucht.

In Abbildung 7.4 zeigt sich, dass mit Ausnahme von Deutschland, Österreich, Spanien und Griechenland in den betrachteten europäischen Ländern eher Hilfe gegeben als empfangen wurde. Im Durchschnitt erhielten etwa acht Prozent der Befragten Hilfe von Kindern oder (Schwieger-) Eltern,[57] knapp 15 Prozent leisteten intergenerationale Hilfe bei Haushaltstätigkeiten oder Formalitäten. Entsprechend den Einzelanalysen zu Hilferichtungen sind auch die zusammengefassten intergenerationalen Leistungen auf einer Nord-Süd-Achse verteilt, während dies nicht für erhaltene Hilfe gilt.

Abbildung 7.4   Geben und Nehmen generationenübergreifender Hilfe

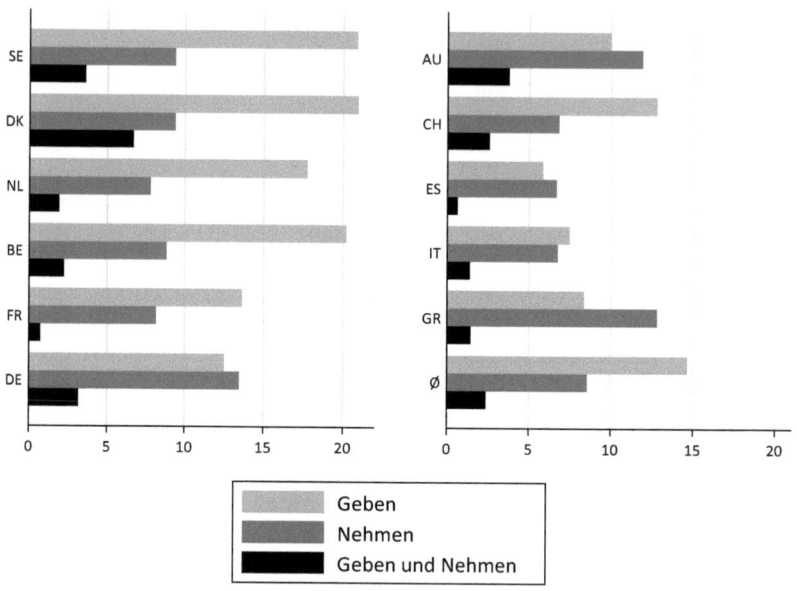

Datenbasis: SHARE 2004 release 2, eigene Berechnungen, gewichtet (ausgenommen Gesamtdurchschnitt). Angaben in Prozent, n=24'969 Personen.

---

[57] Dabei wurden erhaltene Transfers für den Zweck der Aufsummierung aus genannten Gründen (s. Abschnitt 4.1) jeweils auf den Partner im Haushalt übertragen, weshalb in diesem Kapitel auch nicht zwischen Eltern und Schwiegereltern getrennt wird. Es könnte sich zudem im Übergewicht geleisteter Hilfe ein gewisser Grad an sozialer Erwünschtheit ausdrücken. Beides sollte jedoch im Vergleich *zwischen den Ländern* nicht zu systematischen Verzerrungen führen.

Zeitnahe Reziprozität zwischen den Generationen findet sich in allen europäischen Ländern vergleichsweise selten: Nur etwa zwei Prozent der Befragten geben an, im letzten Jahr sowohl intergenerationale Hilfe empfangen als auch geleistet zu haben. In Dänemark lebt mit sieben Prozent der höchste Anteil der mindestens 50-Jährigen, die von Kindern und/oder Eltern Hilfe erhalten und gleichzeitig Kindern und/oder Eltern Hilfe leisten. Knapp unter fünf Prozent sind es noch in Schweden, Deutschland und Österreich. Die mediterranen Länder sind einmal mehr Schlusslicht im SHARE: In Spanien sind es unter ein Prozent der Befragten, die generationenübergreifende Hilfe geben und nehmen.

Tabelle 7.1 Länderunterschiede generationenübergreifender Hilfe (M13)

(Referenz: keine Hilfe)	Nehmen	Geben	beides
Kulturell-kontextuelle Strukturen			
Schweden	-0.58**	0.52**	-0.07
Dänemark	-0.22+	0.54**	0.61**
Niederlande	-0.57**	0.28**	-0.83**
Belgien	-0.53**	0.48**	-0.50**
Frankreich	-0.83**	-0.19*	-1.88**
Deutschland		Referenz	
Österreich	-0.22*	-0.34**	-0.20
Schweiz	-0.77**	-0.25*	-0.62*
Spanien	-1.32**	-0.98**	-2.33**
Italien	-1.31**	-0.59**	-1.42**
Griechenland	-0.44**	-0.55**	-1.31**
Modelleigenschaften			
n Personen		24'390	
Pseudo r^2		0.14	
BIC		34'216.1	

Datenbasis: SHARE release 2, eigene Berechnungen, ungewichtet. Multinomiales logistisches Regressionsmodell. Unter Kontrolle von Opportunitäts-, Bedürfnis- und Familienstrukturen (s. Tabelle 7.2). Koeffizient signifikant zum +10%, *5%, **1%-Niveau. BIC=Bayesian Information Criterion. Pseudo r^2 nach McFadden.

Mithilfe multinomialer logistischer Modelle lässt sich nun prüfen, ob diese augenscheinlichen Länderunterschiede auch unter Kontrolle von Personen- und Familieneigenschaften bestehen bleiben (Tabelle 7.1).[58] Alle Effekte sind in Referenz zur Kategorie 'keine Hilfe' der abhängigen Variablen und im Vergleich zum Referenzland Deutschland zu interpretieren. Es geht also immer um das Verhältnis zwischen der Wahrscheinlichkeit in einem Land Hilfe zu geben und/oder zu nehmen und der Wahrscheinlichkeit keine Hilfebeziehungen zu haben.

---

[58] Die Einzelmodelle je Land werden der Übersichtlichkeit halber nicht präsentiert, zeigen aber, dass die Effekte sich zwischen den Ländern auch hier nicht grundsätzlich unterscheiden.

Es zeigt sich hinsichtlich der im Gesamtmodell gemessenen Länderniveauunterschiede im Einklang mit der deskriptiven Analyse, dass erhaltene intergenerationale Hilfe ('Nehmen') jeweils im Verhältnis zu 'keine Hilfe' in allen Ländern statistisch signifikant seltener vorkommen als in Deutschland. In Schweden, Dänemark, den Niederlanden und Belgien fällt dieses Wahrscheinlichkeitsverhältnis dagegen vergleichsweise eher zugunsten generationenübergreifender Hilfe ('Geben') aus als im Referenzland. In Dänemark sind zudem auch vergleichsweise mehr generationenübergreifende reziproke Beziehungen zu verzeichnen. In Österreich, der Schweiz, Spanien, Italien und Griechenland finden sich alle drei Hilfemuster zum Teil deutlich seltener als in Deutschland. Zusammenfassend lässt sich festhalten: Im Norden sind Hilfeleistungen und gegenseitige Hilfe stark ausgeprägt und im Süden Europas sind alle Hilfebeziehungen eher seltener vertreten. In Mittel- und Westeuropa gestalten sich generationenübergreifende Hilfemuster weniger einheitlich.

Damit bestätigt sich in der multivariaten Analyse unter gemeinsamer Berücksichtigung aller intergenerationalen Hilfetransfers zwischen Eltern und Kindern wie erwartet weitgehend, was in der vorangehenden deskriptiven Analyse sowie in den Einzelkapiteln zu Hilfe zwischen Eltern und Kindern gezeigt werden konnte. Zusätzlich ergibt sich, dass 'Austausch' vor allem im Norden und (mit Ausnahme von Frankreich) in der Mitte Europas stattzufinden scheint. Allerdings ist das gleichzeitige Geben und Nehmen insgesamt ein seltenes Ereignis zwischen Generationen. Dies könnte an der besonderen Beziehung zwischen Eltern und Kind liegen, in der keine Aufrechnung von Leistungen stattfindet. Es könnte aber auch sein, dass Hilfetransfers über den gemeinsamen Lebenslauf eher zeitlich versetzt stattfinden. Auch auf solche (Hinter-) Gründe soll im Weiteren bei der Analyse des Einflusses kultureller Strukturen unter Berücksichtigung familialer und individueller Eigenschaften eingegangen werden.

7.3 Werte, Normen und Hilfemuster

Lassen sich unterschiedliche familiale Hilfemuster in den Ländern mit kulturellkontextuellen Strukturen in Verbindung bringen? Beeinflussen Werte und Normen im Sinne religiöser Orientierungen sowie Einstellungen zur Familie die Wahrscheinlichkeit, dass der Einzelne intergenerationale Hilfe leistet, erhält oder im intergenerationalen Hilfeaustausch steht? Welche Opportunitäts-, Bedürfnis- und Familienstrukturen spielen hierbei eine Rolle?

Auf Basis eines multinomialen Drei-Ebenenmodells (Tabelle 7.2) lässt sich – wieder im Vergleich zur Wahrscheinlichkeit, keine Hilfe erhalten und/oder empfangen zu haben – zeigen, dass die Bildungs- und Einkommensressourcen des Einzelnen mit der Wahrscheinlichkeit in Verbindung stehen, Hilfe zu erhalten. Personen mit mehr Ressourcen bekommen eher seltener Hilfe von Eltern oder Kindern, wobei dies vor allem für Personen mit mittlerer Bildung im Vergleich zu denjenigen mit niedriger Bildung gilt. Anders sieht es beim Erbringen intergenerationaler Hilfe aus: Hier engagieren sich vor allem Personen, die ein hohes Einkommen haben, oder vielmehr angeben, mit ihrem Einkommen gut auszukommen. Man benötigt nicht nur Geld, sondern auch Zeit, um (sich) Hilfe leisten zu können: Aus diesem Grund helfen erwerbstätige Personen vermutlich seltener. Personen mit schlechtem Gesundheitszustand befinden sich hauptsächlich auf der Empfängerseite. Ebenso wenig überrascht, dass ältere Befragte eher Hilfe empfangen, während jüngere Personen eher Hilfe leisten oder im intergenerationalen Austausch stehen. Dies deutet darauf hin, dass Transfers über die gemeinsame Lebenszeit der Generationen reziproken Charakter haben: Im Alter von fünfzig Jahren befindet man sich zunächst vorwiegend auf der Seite der Hilfegeber (an betagte Eltern und/oder junge erwachsene Kinder), in späteren Jahren erhält man dann zunehmend Hilfe (von den Kindern).

Alleinstehende Frauen sind hierbei die Hauptempfänger und befinden sich auch häufiger in Austauschbeziehungen als Personen in Partnerschaft. Allerdings scheinen sie nicht mehr Hilfe zu leisten als allein stehende Männer. Die Existenz von Kindern steigert die Wahrscheinlichkeit generationenübergreifender Hilfe, und zwar unabhängig davon, ob es sich ausschließlich um Söhne, Töchter oder beides handelt. Dies gilt vor allem für den Hilfeerhalt und gegenseitige Hilfe. Vergleicht man die Koeffizienten untereinander in ihrer Höhe, so lässt sich schließen, dass Personen in der Altersgruppe ab 50 eher Hilfe von ihren Kindern erhalten, als sie ihnen solche zukommen lassen – wenn auch die Wahrscheinlichkeit intergenerationale Hilfe zu geben durch die Existenz von Nachwuchs ebenfalls erhöht wird. Auch Austauschbeziehungen scheinen vor allem mit den erwachsenen Kindern zu existieren. Ist noch ein Vater am Leben, leistet man beinahe ausschließlich Hilfe an ihn, während Befragte auch tendenziell eher Hilfe erhalten oder im intergenerationalen Hilfeaustausch stehen, wenn die eigene Mutter noch lebt. Obwohl im Einzelnen nicht auf Dyadenkombinationen zu schließen ist, zeigt der Vergleich zwischen den Effekten des Vorhandenseins potenzieller Hilfebeziehungen mit Kindern und Eltern, dass die mittlere Generation hauptsächlich im Hilfeaustausch mit erwachsenen Kindern und betagten Mütter steht sowie letztere häufig auch ohne Gegenleistungen tatkräftig unterstützt.

Kulturell-kontextuelle Strukturen werden über Einstellungen der Befragten zur Familie sowie ihre religiöse Orientierung gemessen und auf Personenebene im Modell berücksichtigt (s. Abschnitt 7.1). Es zeigen sich weitgehend die erwarteten Zusammenhänge: Ist ein Befragter der Ansicht, dass die Familie die Verantwortung für hilfebedürftige Angehörige tragen sollte, leistet er eher generationenübergreifende Hilfe, was allerdings nicht unbedingt auf Gegenseitigkeit beruht. Hingegen geht die Bedeutung von Kindern und Enkeln nicht nur mit mehr Hilfeleistungen sondern auch mit mehr gegenseitiger Hilfe einher (M14.1).[59]

Tabelle 7.2   Generationenübergreifende Hilfe, Werte und Normen (M14)

Referenz: Keine Hilfe	M14.1			M14.2		
	Nehmen	Geben	beides	Nehmen	Geben	beides
Opportunitäts- und Bedürfnisstrukturen						
Bildung niedrig	Referenz			Referenz		
mittel	-0.25*	0.14*	0.08	-0.20*	0.13*	0.14
	(-2.75)	(2.24)	(0.55)	(-2.19)	(2.02)	(0.96)
hoch	-0.19+	0.14+	-0.10	-0.16	0.12	-0.09
	(-1.78)	(1.93)	(-0.62)	(-1.46)	(1.53)	(-0.51)
Haushaltsauskommen	-0.14+	0.26**	0.11	-0.11	0.26**	0.13
	(-1.72)	(4.11)	(0.80)	(-1.26)	(3.92)	(0.97)
Erwerbstätigkeit	0.08	-0.14*	-0.10	0.10	-0.14*	-0.07
	(0.70)	(-2.23)	(-0.69)	(0.87)	(-1.99)	(-0.45)
Gesundheitszustand	0.32**	-0.14**	0.01	0.30**	-0.12**	0.03
	(7.88)	(-4.31)	(0.78)	(7.49)	(-3.48)	(0.40)
Alter	0.06**	-0.03**	-0.03**	0.05**	-0.03**	-0.03**
	(11.00)	(-6.75)	(3.56)	(10.80)	(-7.00)	(3.78)
Familiale Strukturen						
Partnerschaft	Referenz			Referenz		
Frau allein	0.89**	-0.11	0.93**	0.85**	-0.12	0.89**
	(10.60)	(-1.41)	(6.61)	(9.61)	(-1.38)	(5.89)
Mann allein	0.47**	-0.12	0.29	0.43**	-0.05	0.32
	(3.32)	(-1.01)	(1.12)	(2.91)	(0.39)	(1.20)
G3 kein Kind	Referenz			Referenz		
nur Töchter	2.48**	0.90**	2.29**	2.49**	0.94**	2.24**
	(9.75)	(7.74)	(4.93)	(9.26)	(7.62)	(4.79)
nur Söhne	2.27**	0.74**	2.29**	2.29**	0.78**	2.19**
	(8.83)	(6.29)	(4.93)	(8.43)	(6.29)	(4.70)
beides	2.68**	0.86**	2.71**	2.71**	0.91**	2.65**
	(10.75)	(8.03)	(5.97)	(10.29)	(7.78)	(5.80)
G1 Vater lebt	0.13	0.36**	0.01	0.10	0.40**	-0.02
	(0.78)	(4.97)	(0.03)	(0.57)	(5.16)	(0.05)
G1 Mutter lebt	0.31**	1.28**	0.85**	0.26*	1.29**	0.83**
	(2.73)	(21.70)	(6.32)	(2.20)	(20.74)	(6.00)
Kulturell-kontextuelle Strukturen						
Familiale Hilfeverantwortung	0.02	0.06*	0.01	0.02	0.06+	-0.01
	(0.55)	(1.97)	(0.02)	(0.41)	(1.90)	(0.02)
Bedeutung der Kinder/Enkel	0.07	0.12**	0.21**	0.07	0.13**	0.22**
	(1.38)	(3.76)	(2.73)	(1.44)	(3.74)	(2.85)

---

[59] Auch der Migrationshintergrund wurde als Einflussfaktor geprüft. Es existieren jedoch keine Angaben zur Nationalität, sodass sich Einflüsse verschiedener Herkunftskulturen mitteln und die Effekte auf Hilfe nicht signifikant sind. Zudem bestehen Zusammenhänge mit der Wohnentfernung.

7.3 Werte, Normen und Hilfemuster

...Fortsetzung	M14.1			M14.2		
	Nehmen	Geben	beides	Nehmen	Geben	beides
	\multicolumn{6}{c}{Kulturell-kontextuelle Strukturen}					
Konfession				0.06	0.10	0.12
				(0.61)	(1.25)	(0.62)
Religiöse Erziehung				-0.03	-0.08	-0.08
				(0.27)	(-1.08)	(-0.05)
Gebetshäufigkeit				0.11	0.11+	0.06
				(1.30)	(1.79)	(0.42)
Modelleigenschaften						
n Länder (Ebene 3)		11			10	
n Haushalte (Ebene 2)		11'388			10'403	
n Personen (Ebene 1)		15'520			14'049	
Varianz Ebene 3	0.110	0.178	0.488	0.112	0.217	0.381
	(.054)	(.079)	(.225)	(.057)	(.101)	(.187)
Varianz Ebene 2	2.399	0.673	4.529	2.234	0.683	4.549
	(.161)	(.083)	(.425)	(.163)	(.089)	(.437)

Datenbasis: SHARE release 2, eigene Berechnungen, ungewichtet. Multinomiale logistische Mehrebenenmodelle. Z-Werte (Koeffizienten) bzw. Standardfehler (Varianzen) in Klammern. Koeffizient signifikant zum *5%, **1%-Niveau. BIC=Bayesian Information Criterion. M14.2 ohne Frankreich (s. Tabelle A.7).[60]

Verantwortungsgefühle für Angehörige und die Bedeutung der Nachkommen stimulieren Hilfegaben, letztere fördert zudem den Austausch von Hilfe zwischen Generationen. Die religiöse Orientierung selbst hat keinen ausgeprägten Einfluss (M14.2), einzig die Gebetshäufigkeit wirkt sich leicht positiv auf intergenerationale Hilfe aus.[61]

Alles in allem ist der Einfluss von individuellen Einstellungen und Werten auf Hilfemuster zwischen Generationen jedoch überraschend gering. Im Mehrebenenmodell bleiben laut Varianzaufteilung Länderunterschiede bestehen, wenn individuelle Einstellungen und Werte sowie religiöse Orientierungen im Modell berücksichtigt werden. Die gemessenen individuellen Einstellungen vermögen Länderun-

---

[60] In diesem Fall werden keine Maße für die Modellgüte angegeben, da die LogLikelihood auf einer Annäherung beruht (Center for Multilevel Modelling 2008). Die Schätzung erfolgte mit 1. order MQL, was tendenziell zu einer Unterschätzung der Varianzanteile führt (Goldstein, Rasbash 1996) und keine Angabe der Varianzanteile auf Personenebene erlaubt.

[61] Wird der Einfluss von Religion (ohne Frankreich) in das Modell aufgenommen, hat dies weder einen Einfluss auf die Effekte der unabhängigen Variablen, noch auf die Varianzaufteilung auf die drei Ebenen. In Einzelmodellen je Land sind ebenfalls nur wenige signifikante Effekte zu verzeichnen (*5%-Niveau, Analysen nicht gezeigt): In Deutschland wirkt sich die religiöse Erziehung negativ auf gegenseitige Hilfe aus. In Österreich hat die Bedeutung der Kinder einen positiven Einfluss auf erhaltene und in Spanien auf geleistete Hilfe. In Griechenland hängen sowohl die Bedeutung von Kindern als auch die Konfessionszugehörigkeit und religiöse Erziehung positiv mit gegenseitiger Hilfe zusammen. Werte und Normen scheinen sich im Süden demnach etwas stärker auszuwirken als in Nord- und Westeuropa.

terschiede zwischen Hilfemustern nur zu einem kleinen Teil zu erklären, wobei die Variation zwischen den Ländern vor allem bei gleichzeitigem Geben und Nehmen ausgeprägt ist. Dies ist ein weiterer Hinweis auf die Bedeutung, die der Kontext – auch unter Berücksichtigung individueller Einstellungen – für Handlungen hat. Im Folgenden werden daher abschließend verschiedene 'Hilfekulturen' in Zusammenhang mit dem politischen Kontext gebracht.

7.4 Staat, Markt und Unterstützungsmotivationen

Interessant ist nicht nur, welche Werte und Einstellungen Hilfe zugrunde liegen, sondern auch, wie Befragte ihre Hilfemotivation benennen. Betrachtet man die unterschiedlichen Beweggründe für Unterstützungsleistungen in den einzelnen europäischen Ländern, so lassen sich wieder Nord-Süd-Unterschiede erkennen (Abbildung 7.5, Operationalisierung s. Tabelle A.7).

Abbildung 7.5 Unterstützungsmotivationen

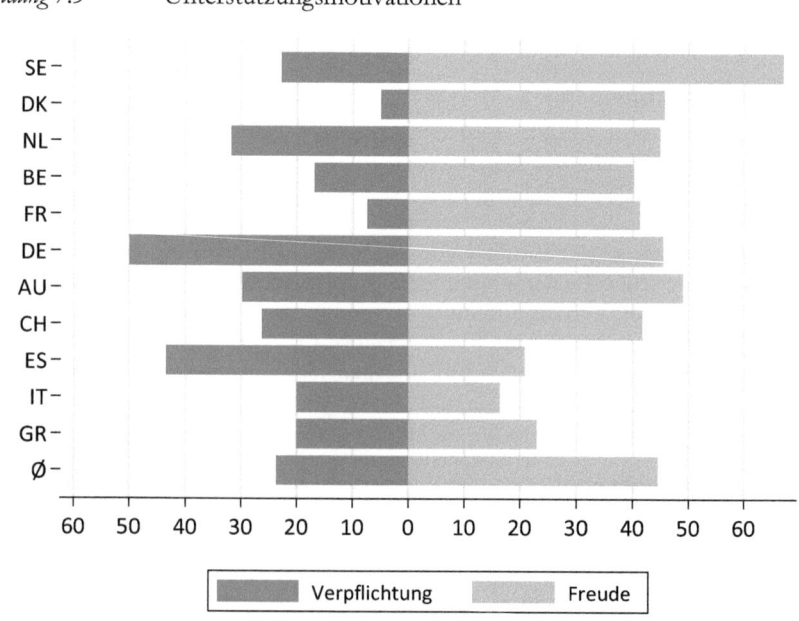

Datenbasis: SHARE 2004 release 2, eigene Berechnungen, gewichtet (ausgenommen Gesamtdurchschnitt). Angaben in Prozent, n=6'144 Personen, Mehrfachnennungen.

Auf die Frage, aus welchem Grund Befragte ab 50 Jahren Familienmitgliedern, Freunden oder Nachbarn im letzten Monat geholfen haben, geben beinahe 70 Prozent der schwedischen Helfer an, dies aus Freude getan zu haben, nur etwas über 20 Prozent fühlten sich dazu verpflichtet. In Deutschland dagegen sind Freude oder Freiwilligkeit und Verpflichtung ähnlich häufige Motivationen mit jeweils etwa der Hälfte der Helfer. In Spanien haben Verpflichtungsgefühle mit über 40 Prozent das stärkste Gewicht in Relation zu freiwilliger Hilfe (20 Prozent). Während also im Norden (Schweden, Dänemark, Niederlande) und teilweise in Mitteleuropa (Frankreich, Österreich, Schweiz) Hilfe eher mit Freude geleistet wird, scheint Hilfe im Süden mindestens genauso stark verpflichtender Natur zu sein. Hierbei zeigt sich ein deutliches Nord-Süd-Gefälle vor allem bei freiwilliger Hilfe, die von Nord (knapp 70 Prozent) nach Süd (knapp 20 Prozent) deutlich abnimmt.

Abbildung 7.6 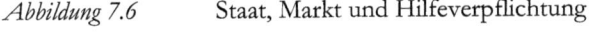 Staat, Markt und Hilfeverpflichtung

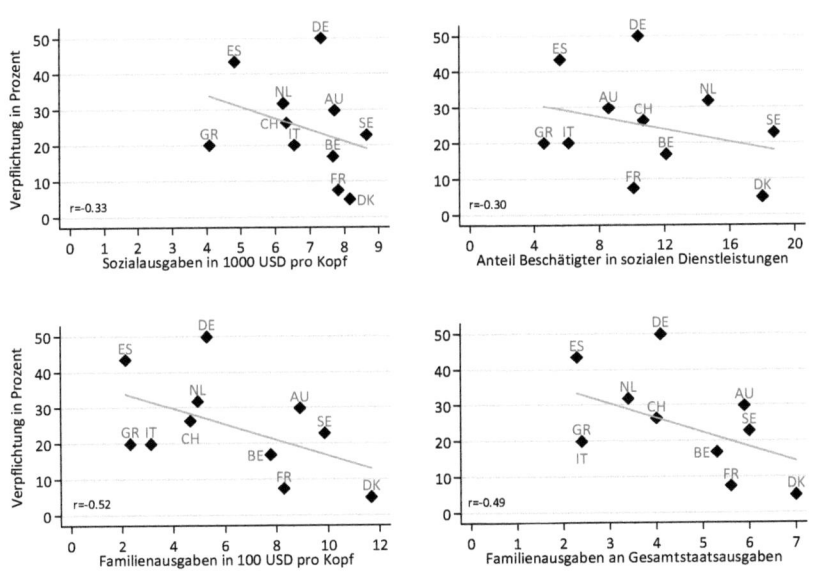

Datenbasis: SHARE 2004 release 2, eigene Berechnungen, gewichtet/OECD (2005; 2007a; 2007b), n=11 Länder.

Wenn die umfassende Unterstützung Bedürftiger durch Staat und Markt wie vermutet zu einem Anstieg freiwilliger Hilfe im sozialen Netzwerk führt, während in Ländern mit wenigen Sozialleistungen Hilfeleistungen aufgrund der höheren Notwendigkeit eher verpflichtenden Charakter haben, so müssten sich auch Zusammenhänge zwischen der Verteilung von Hilfemotivationen und wohlfahrtspolitischen Strukturen ausfindig machen lassen. Verpflichtungsgefühle scheinen, wie in Abbildung 7.6 zu sehen, tendenziell negativ mit wohlfahrtsstaatlichen Ausgaben und sozialen Dienstleistungen in Verbindung zu stehen. Aufgrund vom Trend abweichender Länder (vor allem Deutschland) sind diese Korrelationen auf Basis von elf Beobachtungen jedoch nicht signifikant. Familienpolitische Ausgaben haben vergleichsweise wohl am meisten damit zu tun, inwieweit sich Personen zur Hilfe für andere verpflichtet fühlen.

Abbildung 7.7   Staat, Markt und freiwillige Hilfe

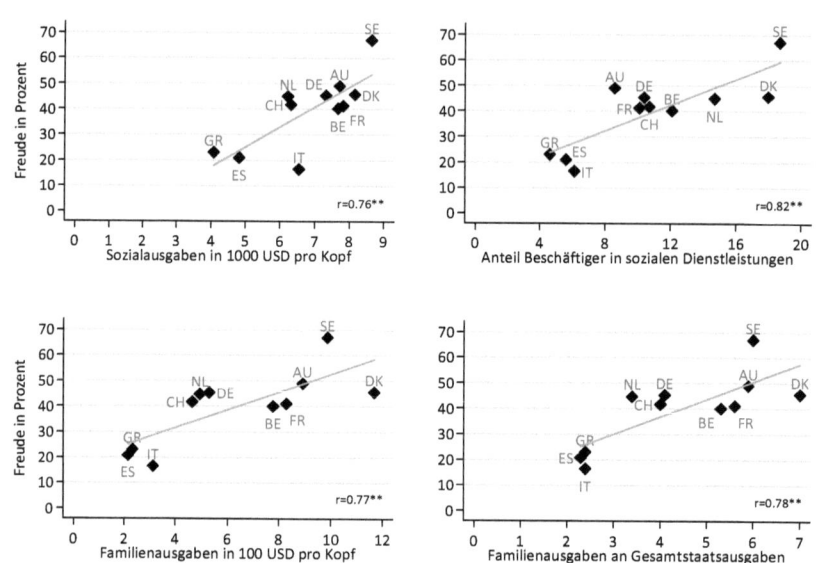

Datenbasis: SHARE 2004 release 2, eigene Berechnungen, gewichtet/OECD (2005; 2007a; 2007b), n=11 Länder, Korrelation signifikant zum **1%- Niveau.

Je weniger Verantwortung der Familie zugeschrieben wird, desto eher werden öffentliche und privatwirtschaftliche Leistungen angeboten. Man kann aber auch vermuten: Je mehr der Staat übernimmt, desto weniger fühlt sich der Einzelne genötigt, andere zu unterstützen. Doch dies ist nicht vorschnell als Bestätigung für ein 'crowding out' zu interpretieren, wie Abbildung 7.7 zeigt. Je mehr Sozialleistungen, Dienstleistungen und familienpolitische Leistungen absolut und relativ an den

Staatsausgaben existieren, desto mehr Personen macht das Helfen Freude. Hier sind die Ergebnisse deutlicher als bei Verpflichtungsgefühlen: Alle positiven Zusammenhänge zwischen dem Anteil freiwilliger Helfer und dem wohlfahrtspolitischen Kontext sowie dem Angebot an sozialen Diensten sind hochsignifikant. Da bei der Frage nach Hilfemotiven sämtliche mit Unterstützungsaktivitäten verbundenen Motive genannt werden konnten (Mehrfachnennung), sollten auch Verzerrungen aufgrund kulturell unterschiedlicher Nennungen, zum Beispiel aufgrund sozialer Erwünschtheit, keine bedeutende Rolle spielen.

Es lassen sich deutliche Unterschiede in der 'Kultur des Helfens' in Europa erkennen, die Hinweise darauf geben, dass unterschiedliche kontextuelle Strukturen tatsächlich mit unterschiedlichen Verhaltensweisen und Motivationen in Bezug auf praktische Hilfe zusammenhängen oder sogar zu solcher führen können, und zwar in der vermuteten Richtung: In Ländern, in denen Familien und Bedürftige mehr staatliche Unterstützung erhalten, wird eher freiwillig oder mit Freude geholfen als in Ländern, in denen Familien und Bedürftige von Staatsseite weniger Leistungen erfahren. Die Entlastung der Familie führt zu mehr Freude am Helfen und verdrängt Verpflichtungsgefühle.

7.5 Zwischenfazit

In diesem Kapitel wurden die Ergebnisse der Kapitel 5 und 6 zu verschiedenen Hilferichtungen anhand der Betrachtung intergenerationaler Hilfemuster zusammengefasst. Dabei zeigt sich, dass die über 49-Jährigen in Europa überwiegend die Haupthilfegeber sind (mit Ausnahme von Griechenland, Österreich und Deutschland) und zeitnahe gegenseitige Transfers zwischen Generationen sehr selten vorkommen (direkte Reziprozität). Über die gemeinsame Lebenszeit hinweg scheint das aber anders zu sein: Kinder geben ihren Eltern zumindest teilweise zurück, was sie in jüngeren Jahren von ihnen empfangen haben (s. hierzu auch Brandt et al. 2008; 2009a), wenn auch eine exakte Aufrechnung der Leistungen für Familienmitglieder nicht von Belang ist. Die Beziehung zwischen Eltern und Kindern scheint also auf einer generalisierten Form der Reziprozität zu basieren, wo „die Beziehung im Zentrum der Aufmerksamkeit der Akteure [steht], nicht so sehr das, was faktisch ausgetauscht wird. Ein Ende dieser (Austausch-) Beziehung wird nicht antizipiert und der Moment der erwarteten Rückgabe ist soweit verzögert, daß eine Wegorientierung von der Äquivalenz (Equity) der balancierten Reziprozität festzustellen ist hin zu einer stärkeren Orientierung an situativen Bedürfnissen und Ressourcen" (Hollstein, Bria 1998: 12). Dabei lässt sich zeigen, dass Personen mit mehr sozioökonomischen Ressourcen eher Hilfe leisten und seltener erhalten. Im familialen Generationenzusammenhang findet damit bis zu einem gewissen Grad ein Ausgleich von Ressourcen statt. Im Hinblick auf Geschlechterrollen ergibt sich, dass es

Frauen sind, die am ehesten im intergenerationalen Hilfeaustausch stehen oder Hilfe ausschließlich erhalten.

Es kann weiterhin belegt werden, dass die Bedeutung der Kinder für die Eltern wie auch die Norm der Eigenverantwortlichkeit der Familie zwar dazu führt, dass Befragte eher Hilfe leisten, nicht jedoch, dass sie mehr solche erhalten. Dasselbe gilt hinsichtlich religiöser Strukturen für die Ausübung des Glaubens: Wer häufig betet, hilft zwar unter Umständen eher, erhält aber nicht unbedingt eher Hilfe. Einzig die Bedeutung der Kinder geht zusätzlich mit häufigeren gegenseitigen Hilfetransfers einher. Man könnte – allerdings einzig aus Informationen der mittleren Generation – schließen, dass sich Werthaltungen der Angehörigen verschiedener Generationen nicht unbedingt decken oder zumindest nicht alle Eltern und Kinder in derselben Weise normgerecht handeln, wie dies laut Wertvorstellung der Befragten geschehen sollte. Zudem hat der Länderkontext auch unter Berücksichtigung der individuellen Werte und Einstellungen noch einen signifikanten Einfluss auf Hilfeströme zwischen Generationen, vor allem wenn es um gegenseitige Hilfe geht.

Die abschließende Untersuchung von Hilfemotivationen der Befragten untermauert die Spezialisierungsthese: In Ländern, wo eher intergenerationale Hilfetransfers erfolgen, ist auch die Freude am Helfen ein wichtiger Gesichtspunkt. Dagegen sind Verpflichtungsgefühle einer der meist genannten Hilfegründe in Südeuropa, wo sporadische Hilfe ja eher selten stattfindet. Auf Aggregatebene hängen diese Motivationen mit dem öffentlichen Angebot an Leistungen zusammen, was einmal mehr die These stützt, dass sich Solidarleistungen zwischen Generationen hin zur Freiwilligkeit entwickeln, wenn staatliche Transfers zunehmen. Je mehr öffentliche und privatwirtschaftliche Leistungen für Bedürftige und Familien bereitgestellt werden, desto eher berichten Helfer von der Freude am Helfen.

8 Fazit

Im Gegensatz zu Studien, welche primär auf Pflegeleistungen für stark Bedürftige abzielen, wurden in dieser Untersuchung alltägliche und eher weniger verpflichtende Unterstützungsleistungen unter die Lupe genommen. Die durchgeführten Analysen unterscheiden sich dabei in mehrerlei Hinsicht von den bisherigen komparativen Studien zu zeitlichen Transfers zwischen erwachsenen Generationen: Unterstützung wird als praktische Hilfe bei der Haushaltsführung untersucht und von anderen zeitlichen Transfers abgegrenzt. Zudem werden Hilfeleistungen und ihre Intensität in multivariaten Mehrebenenmodellen unter Kontrolle bekannter Einflüsse auf kulturell-kontextuelle Strukturen zurückgeführt, und zwar in verschiedenen Transferrichtungen zwischen drei Generationen. Der Fokus liegt auf dem Ländervergleich: Unterscheiden sich intergenerationale Hilfeleistungen in der Familie in Abhängigkeit von verschiedenen Kontextstrukturen und wie lassen sich diese Differenzen erklären?

Intergenerationale Hilfe und Ungleichheit
Um diese Fragen zu beantworten, wurden zuerst verschiedene Einflussfaktoren auf Beziehungs-, Personen- und Familienebene in den westeuropäischen Ländern Belgien, Dänemark, Deutschland, Frankreich, Griechenland, Italien, Niederlande, Österreich, Schweden, Schweiz und Spanien geprüft. Die im „Modell familialer Generationensolidarität" (Szydlik 2000: 45) beschriebenen und aus zahlreichen Einzelstudien bekannten Einflüsse auf Generationensolidarität lassen sich auf Hilfe zwischen Eltern und Kindern im untersuchten Teil Europas übertragen.

Sowohl Opportunitäts- als auch Bedürfnisstrukturen erweisen sich in allen untersuchten Ländern als wichtige Erklärungsfaktoren für Hilfeleistungen und Hilfeintensitäten zwischen Eltern und Kindern und deuten damit nicht zuletzt auf soziale Ungleichheiten hin. So haben zum Beispiel das Bildungsniveau des Nachwuchses (G2) und die finanzielle Ausstattung der Betagten (G1) einen positiven Einfluss auf Hilfeleistungen von G2 an G1. Der Austausch von Leistungen könnte schlicht ein Hinweis auf eine enge Beziehung sein. Es lassen sich dahinter aber auch Reziprozitäts- und Sozialisationseffekte vermuten: Personen mit mehr Ressourcen können eher geben und erhalten daher auch eher. Der Bildungshintergrund könnte zudem prosoziale Motivationen fördern. Dasselbe gilt für die Gegenrichtung: Kinder (G3) können durch finanzielle und zeitliche (Gegen-) Gaben Hilfe ihrer Eltern (G2) anregen. Auch Transfers zwischen Familiengenerationen sind also durch Gegenseitigkeit gekennzeichnet und deuten damit einmal mehr auf die Gültigkeit des Matthäus-Effektes hin: Nur wer hat, kann geben – und bekommt zurück. Im Zusammenspiel aller Hilfeströme im Drei-Generationen-Zusammenhang lässt sich dem entgegen jedoch auch zeigen, dass Personen, die mehr haben, eher geben und insgesamt seltener Hilfe empfangen. Ressourcenungleichheiten werden in der Familie und über die einzelnen Beziehungen hinweg demnach ausgeglichen. Abgesehen von solchen Opportunitätslagen hat die Wohnentfernung in allen Ländern und Transferrichtungen negative Auswirkungen auf die Hilfewahrscheinlichkeit, während der Gesundheitszustand oder der Hilfebedarf des potenziellen Empfängers die Hilfewahrscheinlichkeit steigert. Dabei gehen aber zeitintensive Hilfeleistungen an die betagten Eltern häufiger mit einem schlechten Gesundheitszustand des Helfers einher, was auf eine Belastungssituation in der Familie hindeutet, wenn Vater oder Mutter stark bedürftig ist und keine alternativen Betreuungsangebote zur Verfügung stehen oder genutzt werden.

Auch auf der Ebene der Familienstrukturen sind wichtige Einflüsse auf zeitliche Transfers verortet: Je mehr potenzielle Hilfeempfänger es in der Familie gibt, desto weniger Hilfe erhält der Einzelne, und je mehr potenzielle Geber existieren, desto eher werden Hilfeleistungen zwischen diesen aufgeteilt. Es sind im europäischen Mittel vorwiegend Frauen, die häufig und zeitintensiv helfen, und ihre bekannte 'kinkeeper'-Rolle bestätigt sich im Großen und Ganzen auch auf Basis der hier untersuchten praktischen Hilfe. Allerdings helfen Väter der mittleren Generation (G2) ihren Kindern (G3) häufig und Eltern (G2) erhalten kaum weniger Hilfe von Söhnen als von Töchtern (G3). Jedoch sind diese Hilfeleistungen der Männer durchweg weniger zeitintensiv. Diese Geschlechterunterschiede könnten auf unterschiedliche Hilfebedürfnisse in verschiedenen Altersgruppen zurückzuführen sein. Es lässt sich zudem aber ein substanzieller Unterschied zwischen Einflussmechanismen in den untersuchten Ländern finden: Im Norden und Nordwesten Europas leisten Väter eher Hilfe an ihre Töchter (G3) als die Mütter, während es im Süden gerade umgekehrt ist. Dies gilt aber nicht für die Hilfe an die betagten Eltern (G1), die vergleichsweise älteste Untersuchungsgruppe. Möglicherweise deutet sich hier also auch ein allmählicher Wandel der Geschlechterrollenorientierung (vor allem im Norden Europas) an, der in den Folgekohorten weiter fortschreiten könnte.

Zum jetzigen Zeitpunkt sind jedoch Hilfeleistungen in und zwischen Familien in Westeuropa durchaus ungleich verteilt, und zwar sowohl hinsichtlich des Geschlechts als auch im Hinblick auf die sozioökonomische und gesundheitliche Lage der Geber und Empfänger. Die Belastungen durch intensive Hilfe betreffen in besonderem Maße Frauen, die noch immer eher die notwendigen Hilfeleistungen (vorrangig an die betagten Eltern) übernehmen und in konkurrierende familiale und zunehmend auch berufliche Verpflichtungen eingebunden sind. Inwieweit der Staat hier einen Ausgleich schaffen kann, muss an dieser Stelle unbeantwortet bleiben. Es lässt sich aber vermuten, dass großzügige Sozialleistungen und Betreuungsangebote zu einer höheren (Hilfe-) Beteiligung von Männern führen, da sich diese stärker an verfügbaren Ressourcen und weniger an Hilfebedürfnissen orientieren als Frauen. Zudem sollte ein staatlicher Ausgleich sozioökonomischer Ressourcen Familienangehörigen aus allen Sozialschichten ermöglichen, füreinander da zu sein und zumindest sporadisch Hilfe auszutauschen.

Intergenerationale Hilfe, Staat, Markt und Kultur

Unter Berücksichtigung der individuellen und familialen Zusammenhänge bleiben signifikante Länderunterschiede bei den Hilfewahrscheinlichkeiten sowie den durchschnittlichen Hilfestunden pro Woche bestehen, welche auf die hohe Bedeutung des Kontextes hinweisen. Wohlfahrtsstaatliche und marktwirtschaftliche Strukturen haben einen entscheidenden Einfluss auf intergenerationale Hilfe und erklären einen großen Anteil der Variation dieser Hilfe zwischen den untersuchten westeuropäischen Ländern.

Die Häufigkeit alltäglicher Hilfe bei der Haushaltsführung (z. B. bei Haus- und Gartenarbeiten oder Formalitäten) von erwachsenen Kindern (G2) an ihre betagten Eltern (G1) in Europa variiert stark von Nord nach Süd. Während in den nördlichen Ländern wie Schweden oder Dänemark das Hilfeniveau hoch ist, helfen in den Mittelmeerländern nur wenige erwachsene Kinder ihren betagten Eltern. Dagegen verteilt sich die Intensität dieser Hilfeleistungen in entgegengesetzter Richtung: In den südlichen Ländern helfen die wenigen Helfer im Durchschnitt weit mehr Stunden pro Woche als die vielen Helfer im Norden. Die Ergebnisse logistischer und linearer Mehrebenenmodelle legen nahe, dass neben individuellen Bedürfnissen und Möglichkeiten sowie Familienstrukturen auch der kulturell-kontextuelle Rahmen (Dienstleistungsniveau, familien- und sozialpolitische Rahmenbedingungen) Auswirkungen auf Generationenbeziehungen hat. Die Spezialisierungsthese im Sinne der spezifischen Aufgabenteilung von Institutionen und Familie kann auf Hilfeleistungen an die Eltern in Europa übertragen werden, wenn man sie auf aufgabenspezifische Attribute wie die zeitliche Intensität der Hilfe erweitert (Litwak et al. 2003; Petermann 2005). Je mehr die Familie durch öffentliche Dienste bei der Betreuung älterer Personen entlastet wird, desto eher werden kurzfristige Unterstützungsleistungen von den erwachsenen Kindern erbracht – während der öffentliche Sektor die besser planbaren, stetigen und zeitintensiven Aufgaben übernimmt.

Die Alten und Alternden sind zudem aber selbst eine äußerst wichtige Hilfequelle für ihren Nachwuchs. Der Löwenanteil der geleisteten Hilfe der mindestens 50-Jährigen (G2) geht an die eigenen Kinder (G3), selbst wenn diese volljährig sind und in einem separaten Haushalt wohnen. In dieser Transferrichtung folgt Hilfe im Haushalt ebenfalls dem beschriebenen geografischen Muster: Wieder sind es die südlichen Länder, in denen Hilfe relativ selten aber sehr zeitintensiv stattfindet, während sporadische Hilfe häufiger geleistet wird, je weiter man sich nach Norden begibt. Demnach bestätigen sich die für die intergenerationale Hilfe 'nach oben' gefundenen Ergebnisse auch 'nach unten': Je mehr Dienstleistungen in einem Land angeboten werden, je höher der Stellenwert der Familienausgaben an den Gesamtausgaben und je mehr Familien- sowie Sozialausgaben pro Kopf, desto eher helfen Eltern ihren erwachsenen Kindern. Allerdings sind die einzelnen Hilfetransfers in gut ausgebauten Wohlfahrtsstaaten weniger zeitintensiv.

Es gibt nur zwei grundsätzliche Unterschiede zwischen Hilfeleistungen an Kinder (G3) und Hilfe an Eltern (G1): Während den betagten Eltern relativ häufig bei formalen Angelegenheiten geholfen wird, benötigen und erhalten Kinder nach dem Auszug aus dem Elternhaus fast ausschließlich Hilfe bei Haushaltstätigkeiten. Zudem scheinen intensive Hilfeleistungen an die Eltern gesundheitlich belastender zu sein als ausgeprägte Hilfe an die Kinder, wo der Gesundheitszustand der Eltern keine besondere Rolle spielt.

Die Zusammenhänge auf Länderebene weisen also in beiden Fällen in dieselbe Richtung und deuten darauf hin, dass auf Basis einer „gemischten Verantwortung" oder sogar einer „funktionalen Differenzierung" (Motel-Klingebiel, Tesch-Römer 2006) von Staat und Familie in Nordeuropa die Betagten erstens eher Unterstützung erwarten können und ihnen zweitens eher ein 'aktives Altern' ermöglicht wird als in Südeuropa. Dort werden vor allem die stark Bedürftigen von der Familie unterstützt, was einerseits auf Kosten der Gesundheit der Helfer gehen kann, aber auch auf Kosten der Unterstützung für andere, weniger Bedürftige.

Da bei solchen Befunden die Gefahr eines ökologischen Fehlschlusses besteht, wurden zusätzlich Analysen auf individueller Ebene durchgeführt, um die theoretisch hergeleiteten Hypothesen zu Mikro-Mechanismen im Einzelnen zu prüfen. Beim Blick auf die Verteilungs-Landkarte lässt sich hinsichtlich der Hilfe *von* Kindern (G3) zunächst kein so eindeutiges Süd-Nord-Gefälle erkennen wie bei geleisteter Hilfe: Befragte erhalten beispielsweise in Deutschland und Griechenland am ehesten Hilfe von ihren Nachkommen. Die zeitlichen Hilfeintensitäten sind jedoch auch in dieser Transferrichtung vor allem in Italien, Spanien und Griechenland ausgeprägt und in Schweden, Dänemark und den Niederlanden eher niedrig. Führt man die Hilfewahrscheinlichkeit nun im Einzelnen auf erhaltene Dienstleistungen wie ambulante Pflegedienste oder professionelle Hilfe bei Haushaltstätigkeiten zurück, lässt sich sogar eine Tendenz zur Verstärkung der Hilfetransfers in der Familie durch ambulante Dienstleistungen ausmachen. Personen, die Hilfe und Pflegeleistungen durch professionelle Anbieter in Anspruch nehmen, erhalten gleichzeitig eher Hilfe von ihren erwachsenen Kindern, und dies sogar häufig zeitintensiv. Die beiden Hilfequellen scheinen demnach komplementär zu sein: Bei entsprechendem Hilfebedarf wird die Verantwortung zwischen Familie und professionellen Dienstleistern aufgeteilt, sodass sich familiale und öffentliche Hilfe ergänzen (vgl. auch Attias-Donfut, Wolff 2000; Daatland, Herlofson 2003). Diese Chance ist zum Beispiel gerade in Italien sehr gering, da erstens kaum professionelle Dienste existieren und zweitens gleichzeitig die Hilfewahrscheinlichkeit von Kindern geringer ist als in den übrigen untersuchten Ländern Europas. Wenn dort Hilfe von den Kindern geleistet wird, dann quasi rund um die Uhr und zumeist ohne die Unterstützung durch professionelle Anbieter.

Will man die Ergebnisse in 'Hilferegimes' kondensieren, so bilden die mediterranen Staaten (vor allem Italien und Spanien) mit vergleichsweise wenigen Helfern, aber sehr zeitintensiver Hilfe und die skandinavischen und nordeuropäischen Staaten (Dänemark, Schweden und die Niederlande) mit häufiger aber eher sporadischen Hilfe ausgeprägte Cluster. Weniger klar ist der Fall in den mitteleuropäischen Ländern, wo Hilfewahrscheinlichkeiten und -intensitäten stärker variieren, jedoch kaum die genannten Extreme erreichen. Eine Ausnahme bildet Deutschland, wo außerordentlich viele Personen mittleren Alters Hilfe von ihren Kindern empfangen, und auch das orthodoxe Griechenland fällt mit relativ häufiger Hilfe von den Kindern aus dem beschriebenen Raster. Weiter wird deutlich, dass durch Werte und Normen geprägte individuelle Einstellungen sowie die religiöse Orientierung eine weit geringere Rolle zu spielen scheinen als der gesamtgesellschaftliche Kontext – zumindest vermag der relativ geringe Einfluss familialer und religiöser Wertvorstellungen der Befragten die Variation von geleisteter, erhaltener und gegenseitiger Hilfe auf Länderebene nicht zu erklären.

Schlussfolgerungen und sozialpolitische Implikationen

Auf Basis der vorliegenden Querschnittinformationen lässt sich festhalten: In ausgeprägten Wohlfahrtssystemen herrschen – wertfrei ausgedrückt – *andere* Hilfemuster vor als in weniger ausgebauten Sozialstaaten. Im Einzelfalle helfen Kinder sogar eher, wenn die Eltern auch professionelle Leistungen erhalten. Wenn auch kein uneingeschränktes 'crowding in' belegt werden kann, so ist doch zumindest ein 'crowding out' von der Hand zu weisen. Kulturell-kontextuelle Strukturen haben bedeutsame Auswirkungen auf Hilfetransfers zwischen Generationen, und zwar auf Personen- wie auch auf Länderebene. Man kann vermuten, dass in Ländern mit hohem Dienstleistungsniveau und ausgebauten Leistungen für Familien und Bedürftige die Versorgung hilfsbedürftiger Personen aller Generationen eher gewährleistet sein sollte, da die Familie sich keineswegs aus der Verantwortung zurückzieht, wenn öffentliche und privatwirtschaftliche Leistungen angeboten werden. Vielmehr kann man ein verändertes Engagement in der Familie feststellen: Im Süden erbringen wenige Personen zeitlich intensive Hilfe, im Norden leisten viele sporadische Unterstützung.

Vorteile einer solchen Spezialisierung oder 'Zusammenarbeit' von Staat, Markt und Familie lassen sich zusätzlich vermuten, wenn man verschiedene Hilfemotivationen in den Ländern betrachtet. Während Verpflichtungsgefühle einer der Haupthilfegründe für Helfer in den familialistischen Staaten sind, haben die Nordeuropäer eher Freude daran, anderen zu helfen. Es manifestieren sich demnach tatsächlich verschiedene 'Hilfekulturen' in den westeuropäischen Ländern. Die Freude am Helfen hängt wiederum stark mit kontextuellen Strukturen wie Sozialleistungen zusammen. Je weiter ein Wohlfahrtsstaat ausgebaut ist, desto mehr freiwillige Hilfe wird ausgetauscht, was möglicherweise auch als Zeichen für eine bessere Qualität der Beziehungen zwischen Helfern und Hilfeempfängern gewertet werden kann. So existieren nicht zuletzt in Nord- und Mitteleuropa auch mehr Austauschbeziehungen zwischen Generationen als in Spanien, Italien und Griechenland.

Komplementäre Unterstützungsleistungen von Familie und Staat führen zu einer umfassenderen und für alle Beteiligten eher tragbaren Betreuung Hilfebedürftiger. Aufgrund der Befunde ist davor zu warnen, die Selbsthilfekraft der Familie vonseiten des Staates überzustrapazieren. Mit fortschreitender Alterung der Gesellschaft kann vor allem der Ausbau von öffentlichen Unterstützungsleistungen für Familien dazu beitragen, einer Überlastung des Familienzusammenhalts entgegenzuwirken und die notwendige Unterstützung auch für die stark wachsende ältere Bevölkerung zu gewährleisten. Zudem werden im gleichen Zuge auch die Ressourcen der Alten und Alternden gestärkt, die ihrem erwachsenen Nachwuchs dann in Zeiten des Hilfebedarfs ebenfalls zur Seite stehen können.

Diese Empfehlung betrifft – wie der politische Diskurs über die Familie allgemein – unterschiedlichste Politikfelder. Sowohl die Ausgaben für Familien und Bedürftige sind wichtige Indikatoren dafür, wie häufig und wie intensiv Hilfeleistungen zwischen Generationen erfolgen und aufgrund welcher Motivation dies geschieht. Aber auch die Bedeutung der Familie für die Sozialpolitik hängt mit dem Verhalten in Familien, mit Hilfe und Hilfemotivationen zusammen. Die deutlichsten Auswirkungen haben jedoch über alle untersuchten Hilfeleistungen hinweg die Dienstleistungen, die den Bedürftigen zu Verfügung gestellt werden. Umfassende soziale Dienste und professionelle Unterstützungsangebote scheinen das familiale und gesellschaftliche Zusammenleben auf die Basis freiwilliger Solidarität zu stellen und die Vereinbarkeit von individuellen und familialen Bedürfnissen und Opportunitäten zu erleichtern.

Anhang

Tabelle A.1 Generationenbeziehungen und Wohnformen je Land

	SE	DK	NL	BE	FR	DE
Eltern (G1)						
Beide am Leben	6.9	6.2	5.5	5.6	8.4	5.3
Ein Elternteil am Leben	22.6	22.4	21.0	20.1	21.6	18.0
Koresidenz mit Vater	0.0	-	0.1	0.1	0.0	0.1
Koresidenz mit Mutter	0.1	0.3	0.1	0.3	0.2	0.3
Vater im eigenen Haushalt	10.8	9.8	9.2	8.4	11.3	7.5
Mutter im eigenen Haushalt	25.5	24.6	22.6	22.4	26.7	20.8
n Befragte	2'840	1'520	2'687	3'444	2'780	2'772
Kinder (G3)						
Ein Kind	16.0	14.7	12.1	21.0	21.1	23.1
Zwei Kinder	36.5	39.9	38.6	32.6	31.3	32.8
Drei Kinder	21.7	19.7	19.9	18.6	20.3	16.7
Vier und mehr Kinder	14.5	13.5	16.3	14.5	14.9	8.9
Nur Koresidenz	2.4	2.3	5.7	6.3	5.1	6.1
Koresidenz und eigener Haushalt	7.1	4.9	11.9	13.3	12.2	8.5
Nur eigener Haushalt	77.0	78.6	66.1	65.4	67.3	65.1
n Befragte	2'011	1'090	1'789	2'365	1'865	1'889
	AU	CH	ES	IT	GR	Total
Eltern (G1)						
Beide am Leben	5.8	8.3	5.1	4.7	6.6	6.2
Ein Elternteil am Leben	17.6	21.0	18.6	17.6	20.0	20.4
Koresidenz mit Vater	0.2	-	0.4	0.2	-	0.1
Koresidenz mit Mutter	0.6	0.2	1.1	0.5	0.3	0.4
Vater im eigenen Haushalt	7.9	12.2	8.3	7.5	9.6	9.3
Mutter im eigenen Haushalt	20.4	25.1	19.1	18.9	23.2	22.9
n Familienbefragte	1'712	905	2'007	2'280	2'525	25'642
Kinder (G3)						
Ein Kind	23.2	15.8	15.1	19.6	16.5	18.1
Zwei Kinder	35.0	38.5	31.4	37.7	48.6	37.3
Drei Kinder	15.2	18.4	18.9	14.6	15.2	18.5
Vier und mehr Kinder	10.8	11.7	18.9	10.8	6.1	13.0
Nur Koresidenz	5.7	8.2	14.3	19.2	17.8	8.8
Koresidenz und eigener Haushalt	10.2	11.6	26.1	20.6	15.2	13.7
Nur eigener Haushalt	66.9	61.6	42.3	41.0	51.7	62.7
n Familienbefragte	1'303	660	1'541	1'630	1'834	18'066

Datenbasis: SHARE 2004 release 2, eigene Berechnungen, gewichtet (ausgenommen Gesamtdurchschnitt). Angaben in Prozent der (Familien-) Befragten. Einschließlich Kindern unter 18 Jahren, bei Koresidenzformen zählen diese zu 'kein (solches) Kind'.

Tabelle A.2 Variablen: Opportunitäten und Bedürfnisse der Befragten (G2)

Variablen	Ausprägungen	Anmerkungen
Opportunitäten		
Wohnentfernung	1 (bis 1 km) - 8 (>500 km/Ausland)	Zum Elternteil/zum Kind
Gesundheitszustand	1 (sehr schlecht) - 5 (sehr gut)	Selbsteinschätzung des Befragten, EU-Kategorisierung nach SHARE
Bildung	niedrig mittel hoch	Einteilung zusammengefasst nach International Standard Classification of Education (ISCED), 1: 0,1,2/2: 3,4/3: 5,6. Ausschluss der Kategorien: Noch in Ausbildung, Anderes
Haushaltsauskommen	0 ((einigermaßen) schlecht) 1 ((einigermaßen) gut)	Eigeneinschätzung der 'Finanzbefragten', wie der Haushalt „über die Runden kommt"
Erwerbstätigkeit	0 (nein) 1 (ja)	'Nein' umfasst die Kategorien: Rente, Arbeitslosigkeit, Erwerbsunfähigkeit, Hausfrau/mann, Anderes. 'Ja' umfasst die Kategorien: Vollzeit, Teilzeit
Hilfe an Kind	0 (nein) 1 (ja)	Hilfe bei Haushaltsführung und Formalitäten in den letzten 12 Monaten an Kind
Finanzielle Transfers an Kind	0 (nein) 1 (ja)	Geld- oder Sachgeschenke von mindestens 250 Euro in den letzten zwölf Monaten an (Schwieger-)Kind
Bedürfnisse		
Alter	50-104 Jahre	
Hilfebedarf	0 (nein) 1 (ja)	Schwierigkeiten bei der Zubereitung einer warmen Mahlzeit, beim Einkaufen von Lebensmitteln, bei Arbeiten im Haus oder im Garten oder im Umgang mit Geld, zum Beispiel beim Bezahlen von Rechnungen oder Ausgaben kontrollieren
Arztbesuche	0-98	In den letzten zwölf Monaten

Datenbasis: SHARE 2004 release 2.

Tabelle A.3 Variablen: Opportunitäten und Bedürfnisse der Eltern (G1)

Variablen	Ausprägungen	Anmerkungen
		Alle Informationen vom Befragten (G2)
Opportunitäten		
Finanzielle Transfers an Kind	0 (nein) 1 (ja)	Geld- oder Sachgeschenke von mindestens 250 Euro in den letzten zwölf Monaten an (Schwieger-)Kind
Erbschaft/Schenkung	0 (nein) 1 (ja)	Erbschaft oder Schenkung von mindestens 5'000 Euro an (Schwieger-) Kind
Vererbungswahrscheinlichkeit	nein ja weiß nicht	Voraussichtliche Vererbung von mindestens 5'000 Euro in den nächsten zehn Jahren mit der Wahrscheinlichkeit >=50 Prozent. Bei zukünftigen Erbschaften liegen im SHARE keine Informationen über den (antizipierten) Erblasser vor.[a]

...*Fortsetzung*
Bedürfnisse

Alter	66-105 Jahre	
Krankheit	1 (Gesundheit sehr gut) - 5 (Gesundheit sehr schlecht)	EU-Kategorisierung nach SHARE
Partner	0 (nein) 1 (ja)	Beide Elternteile sind am Leben und weisen dieselbe Wohnentfernung zur Befragungsperson auf

Datenbasis: SHARE 2004 release 2.

[a] Studien zeigen jedoch, dass Erbschaften in den allermeisten Fällen von Eltern an die Kinder gerichtet sind (z. B. Szydlik 2004: 39)

Tabelle A.4 Variablen: Opportunitäten und Bedürfnisse der Kinder (G3)

Variablen	Ausprägungen	Anmerkungen
		Alle Informationen vom Familienbefragten (G2) übertragen auf den Partner
Opportunitäten		
Hilfe an Eltern	0 (nein) 1 (ja)	Hilfe bei Haushaltsführung und Formalitäten in den letzten 12 Monaten an (Schwieger-) Eltern.
Finanzielle Transfers an Eltern	0 (nein) 1 (ja)	Geld- oder Sachgeschenke von mindestens 250 Euro in den letzten zwölf Monaten an (Schwieger-) Eltern.
Bedürfnisse		
Alter	18-79 Jahre	
Erwerbsunfähigkeit	0 (nein) 1 (ja)	'Ja' umfasst die Kategorien: Rente, Krankheit, Mutterschaftsurlaub
Trennung vom Partner	0 (nein) 1 (ja)	'Nein' umfasst die Kategorien: Verheiratet, Partner, Single. 'Ja' umfasst die Kategorien: Getrennt, geschieden, verwitwet

Datenbasis: SHARE 2004 release 2.

Tabelle A.5 Variablen: Familienstrukturen

Variablen	Ausprägungen	Anmerkungen
		Dyadeninformationen
Geschlechterkombination	Tochter-Mutter Tochter-Vater Sohn-Mutter Sohn-Vater	G1-G2/G2-G3
Enkelzahl	0-6 (Anzahl)	G4, Zahl der Kinder des Kindes, ab 6 zusammengefasst
Stiefkind	0 (nein) 1 (ja)	G3, 'Nein': leibliches Kind, Pflege- oder Adoptivkind; beim Partnerübertrag wurde berücksichtigt, welcher der Partner der leibliche Elternteil und welcher der Stief- oder Adoptivelternteil ist.

...*Fortsetzung*

		Personeninformationen
Geschlecht	0 (Tochter)	G3
	1 (Sohn)	
	0 (Frau)	G2
	1 (Mann)	
Partner	0 (nein)	G2, Zusammenleben mit einem (Ehe-) Partner
	1 (ja)	
Vater/Mutter lebt	0 (nein)	G1
	1 (ja)	
Geschwisterzahl	0-10 (Anzahl)	G2, Zahl lebender Geschwister, ab 10 zusammengefasst
		Paarinformationen
Geschlecht und Partnerschaft	Partnerschaft	G2
	Frau allein	
	Mann allein	
Geschlecht der Kinder	kein Kind	G3
	nur Töchter	
	nur Söhne	
	beides	
Kinderzahl	0-10 (Anzahl)	G3, eigene Kinder und Kinder des Partners, ab 10 zusammengefasst

Datenbasis: SHARE 2004 release 2.

Tabelle A.6   Variablen: Kulturell-kontextuelle Strukturen 1 (Makro)

Variablen	Ausprägungen	Anmerkungen
Sozialausgaben	4'077.6-8'639.5 (USD)	OECD (2007b): Ausgaben für monetäre Leistungen, Güter- und Dienstleistungen für Bedürftige in US-Dollar pro Kopf und Jahr 2002, kaufkraftbereinigt
Soziale Dienste	4.6-18.7 (Prozent)	OECD (2005; 2007a)[a]: Prozent aller Beschäftigten in Sektor N (ISIC Revision 3) „Health and Social Work" (soziale Dienste, medizinische und nichtmedizinische Gesundheitsdienste) an Gesamtbeschäftigung 2002. Für Frankreich leicht unterschätzt, da dort nur abhängig Beschäftigte berücksichtigt werden. Für Belgien aus der „Direction générale Statistique et Information économique" (SPF Economie 2007) gesondert bezogen.
Familienausgaben	213.6-1'167.4 (USD)	OECD (2007b): Ausgaben für monetäre Leistungen, Güter- und Dienstleistungen für Familien in US-Dollar pro Kopf und Jahr 2002, kaufkraftbereinigt
Anteil für Familien	2.3-7.0 (Prozent)	OECD (2007b), Ausgaben für Familien an den Gesamtstaatsausgaben 2002

Datenbasis: SHARE 2004 release 2.

[a] In der Zwischenzeit hat sich der Datenzugang geändert und das Herunterladen der „Annual Labour Force Statistics" (OECD 2007a) ist kostenpflichtig. Für eine genaue Beschreibung der Kategorie N nach ISIC Revision 3 s. United Nations (2006).

Tabelle A.7 Variablen: Kulturell-kontextuelle Strukturen 2 (Mikro)

Variablen	Ausprägungen	Anmerkungen
Professionelle Dienstleistungen	Essen auf Rädern Hilfe im Haushalt Ambulante Pflege	Professionelle oder bezahlte Krankenpflege/Haushaltshilfe für Arbeiten, die wegen gesundheitlicher Probleme nicht selbst erledigt werden konnten/Essen auf Rädern in den letzten zwölf Monaten; ohne Frankreich, Schweiz, Spanien, Griechenland
Bedeutung Kinder/Enkel	0 (niedrig)-5 (hoch)	Mittelwert aus 4 Fragen zur Verantwortung der Eltern für ihre Kinder ('Bestes für Kinder auf eigene Kosten') und Großeltern für ihre Enkel (finanziell, Betreuung, 'Da sein'), 'drop off'-Fragebogen[a]
Familiale Hilfeverantwortung	0 (Staat)-5 (Familie)	Verantwortung von Familie und Staat für Haushaltshilfe an Angehörige, 'drop off'-Fragebogen[b]
Konfession	0 (keine) 1 (evangelisch-protestantisch/katholisch/orthodox/andere)	„Zu welcher Religions- oder Glaubensgemeinschaft gehören Sie oder mit welcher können Sie sich am ehesten identifizieren?", 'drop off'-Fragebogen, ohne Frankreich
Religiöse Erziehung	0 (nein) 1 (ja)	„Wurden Sie von Ihren Eltern religiös erzogen?", 'drop off'-Fragebogen, ohne Frankreich
Gebetshäufigkeit	0 (wöchentlich/seltener) 1 (mehrmals wöchentlich/häufiger)	„Wenn Sie an die Gegenwart denken – wie häufig beten Sie?", 'drop off'-Fragebogen, ohne Frankreich
Freiwillige Hilfe	0 (nein) 1 (ja)	„Aus welchem der […] aufgeführten Gründen haben Sie Familienmitgliedern, Freunden oder Nachbarn geholfen?": „6. Weil es mir Spaß macht", Mehrfachnennungen möglich
Hilfeverpflichtung	0 (nein) 1 (ja)	„Aus welchem der […] aufgeführten Gründen haben Sie Familienmitgliedern, Freunden oder Nachbarn geholfen?": „ 8. Weil ich mich dazu verpflichtet fühle", Mehrfachnennungen möglich

Datenbasis: SHARE 2004 release 2.

[a] „Die folgenden Aussagen beziehen sich auf Pflichten, die Menschen möglicherweise in ihrer Familie haben. Geben Sie bitte an, wie stark Sie jeder dieser Aussagen für sich persönlich zustimmen oder nicht zustimmen. a) Eltern sollten alles für ihre Kinder tun, selbst auf Kosten des eigenen Wohlergehens. b) Großeltern sollten für ihre Enkel da sein, falls diese Schwierigkeiten haben (zum Beispiel bei Scheidung der Eltern oder Krankheit). c) Großeltern sollten zur wirtschaftlichen Absicherung ihrer Enkel und deren Familien beitragen. d) Großeltern sollten Eltern bei der Kinderbetreuung helfen, wenn diese noch klein sind."

[b] „Sollte Ihrer Meinung nach die Familie oder der Staat die Verantwortung für folgende Aufgaben übernehmen? […] b) Hilfe für ältere Personen bei der Hausarbeit, falls diese z. B. beim Putzen oder Waschen Hilfe brauchen?"

Tabelle A.8   Beschreibung der Stichprobe M3 (Hilfe an Eltern)

	SE	DK	NL	BE	FR	DE
Dyadenebene G2-G1						
Gesundheit G1 sehr gut	15.6	17.7	8.0	14.5	7.0	3.8
gut	19.2	25.8	30.7	32.6	29.9	31.2
mittel	40.3	32.9	41.2	35.1	36.2	41.9
schlecht	20.3	15.1	16.9	14.0	21.9	16.9
sehr schlecht	4.6	8.5	3.1	3.8	5.0	6.3
Alter G1	82.4	81.5	82.9	81.9	81.8	80.7
Partnerschaft G1	31.0	35.3	31.5	35.2	40.4	34.7
Wohnentfernung im Haus	0.3	0.4	0.4	0.5	1.3	5.6
<1km	9.7	9.5	10.7	21.5	8.7	14.7
<5km	15.8	17.9	24.8	26.0	14.1	22.3
< 25km	21.2	26.6	28.2	34.8	23.8	23.2
< 100km	20.9	22.0	18.8	12.3	16.7	15.5
< 500km	19.6	19.8	14.3	2.9	16.1	12.0
>500km	6.8	0.4	-	-	10.6	2.1
>500 km & Ausland	5.7	3.4	2.8	2.1	8.7	4.7
Tochter-Mutter	41.2	36.3	39.2	38.1	37.3	41.1
Sohn-Mutter	30.2	35.1	32.6	34.2	33.2	32.2
Tochter-Vater	16.5	12.9	16.9	14.6	15.4	15.2
Sohn-Vater	12.2	15.7	11.3	13.2	14.1	11.5
n Dyaden	955	496	797	1'101	1'041	764
Personenebene G2						
Gesundheit sehr gut	39.6	30.7	24.6	26.0	23.2	22.3
gut	34.4	47.2	55.5	53.2	53.7	53.0
mittel	20.4	16.5	17.0	17.3	17.7	20.6
schlecht	4.6	4.4	2.7	2.9	4.3	3.5
sehr schlecht	1.0	1.2	0.2	0.6	1.1	0.6
Bildung niedrig	37.3	13.3	44.6	38.4	33.4	8.8
mittel	33.0	47.7	27.3	33.8	38.0	58.9
hoch	29.7	39.1	28.1	27.8	28.6	32.3
Vererbungswahrsch. <50%	30.6	36.4	50.2	35.6	52.2	58.3
>50%	68.0	61.2	47.2	62.6	41.6	41.1
unbekannt	1.4	2.5	2.6	1.8	6.2	0.6
Erwerbstätig	72.9	71.7	56.6	50.1	58.0	62.1
Geschwisterzahl G2	2.0	2.2	3.3	2.4	2.8	1.8
Finanzieller Transfer von G1	6.0	11.3	2.3	2.6	3.2	4.8
Erbschaft/Schenkung	37.6	22.6	21.3	29.1	21.4	23.6
Kinderzahl G3	2.5	2.1	2.2	2.0	2.3	1.7
n Personen	785	407	663	896	818	623
Haushaltsebene						
Haushaltsauskommen gut	82.7	82.2	81.8	72.9	65.4	75.8
n Haushalte	687	360	583	764	702	549

...*Fortsetzung*

	AU	CH	ES	IT	GR	Total
Dyadenebene G2-G1						
Gesundheit G1 sehr gut	5.3	14.9	7.5	6.6	9.0	10.0
gut	28.1	33.1	32.7	24.6	34.6	29.2
mittel	47.0	38.1	38.1	40.4	38.6	38.8
schlecht	17.5	11.6	15.9	20.2	13.8	17.1
sehr schlecht	2.1	2.3	5.8	8.2	4.1	4.9
Alter G1	81.8	83.0	82.9	83.5	82.0	82.1
Partnerschaft G1	37.8	39.7	34.1	33.5	40.3	35.5
Wohnentfernung im Haus	6.0	4.6	4.9	10.9	10.2	3.7
<1km	15.4	7.0	31.2	28.0	16.8	15.4
<5km	20.3	15.9	23.2	18.0	18.3	19.8
<25km	27.0	17.9	16.4	20.4	15.6	23.9
<100km	17.1	30.1	10.2	11.0	13.2	16.4
<500km	9.5	11.6	6.4	6.1	20.3	13.0
>500km	0.9	8.2	4.7	4.2	3.5	3.8
>500 km & Ausland	3.9	4.6	3.1	1.4	2.2	4.0
Tochter-Mutter	41.5	39.1	40.7	38.7	34.5	38.7
Sohn-Mutter	32.0	28.5	30.1	33.1	35.8	32.8
Tochter-Vater	13.4	18.9	16.2	17.2	14.0	15.4
Sohn-Vater	13.1	13.6	13.1	11.0	15.8	13.1
n Dyaden	434	302	452	589	894	7'825
Personenebene G2						
Gesundheit sehr gut	23.7	45.1	19.3	13.6	39.4	27.8
gut	53.2	39.6	50.4	51.9	43.7	48.9
mittel	18.3	12.8	24.4	29.4	14.0	18.8
schlecht	3.9	2.6	5.6	4.3	2.3	3.7
sehr schlecht	0.9	-	0.3	0.8	0.7	0.7
Bildung niedrig	18.3	39.6	72.1	62.8	40.2	36.7
mittel	54.7	23.4	13.9	26.3	36.5	36.2
hoch	27.0	37.0	13.9	10.9	23.3	27.0
Vererbungswahrsch. <50%	75.5	48.5	61.9	72.6	68.0	51.6
>50%	24.5	51.1	35.9	25.5	28.6	46.0
unbekannt	-	0.4	2.1	1.9	3.4	2.4
Erwerbstätig	41.4	69.4	46.9	39.9	56.7	57.2
Geschwisterzahl G2	2.0	2.5	2.9	2.3	2.1	2.4
Finanzieller Transfer von G1	3.7	3.8	1.1	1.9	2.7	3.8
Erbschaft/Schenkung	17.5	38.3	13.9	16.3	19.3	24.1
Kinderzahl G3	2.0	2.1	2.4	2.0	1.8	2.1
n Personen	355	235	373	486	709	6'350
Haushaltsebene						
Haushaltsauskommen gut	74.7	82.1	49.1	34.2	32.7	66.4
n Haushalte	328	212	344	442	624	5'595

Datenbasis: SHARE release 2, eigene Berechnungen, ungewichtet. Prozent/Mittelwerte. Ländereigenschaften s. Tabelle 5.1.

Tabelle A.9   Beschreibung der Stichprobe M7 (Hilfe an Kinder)

	SE	DK	NL	BE	FR	DE
Dyadenebene G2-G3						
Wohnentfernung im Haus	0.4	0.8	0.6	1.2	1.0	8.4
<1km	8.7	8.4	13.9	15.3	9.7	11.1
<5km	18.0	16.1	29.0	26.8	15.7	18.2
<25km	24.0	27.6	25.0	31.7	24.1	24.3
<100km	19.1	23.0	17.9	17.8	18.3	14.6
<500km	19.6	19.5	11.3	4.4	15.6	15.9
>500km	6.6	0.4	-	0.1	11.0	4.1
>500 km & Ausland	3.6	4.3	2.2	2.8	4.7	3.4
Alter G3	37.3	38.0	36.3	39.1	38.2	38.2
Mutter-Tochter	26.8	27.2	27.3	28.3	28.6	27.3
Mutter-Sohn	26.5	27.2	26.5	27.1	27.0	26.8
Vater-Tochter	23.2	23.0	23.3	22.8	22.7	23.3
Vater-Sohn	23.5	22.6	22.9	21.8	21.7	22.7
Hilfe von G3	7.1	11.2	4.6	7.0	5.1	12.0
Finanzieller Transfer von G3	0.6	0.5	0.3	0.5	0.5	2.1
Trennung G3	5.1	6.6	4.2	6.5	5.9	5.7
Erwerbsunfähig G3	5.0	6.1	2.1	4.0	4.4	3.6
Stiefkind G3	12.6	11.0	3.4	4.3	3.1	4.7
Enkelzahl G4	1.4	1.3	1.2	1.4	1.4	1.1
n Dyaden	5'497	2'885	4'740	5'700	4'503	4'107
Personenebene G2						
Erwerbstätig	41.1	37.2	27.1	21.0	27.3	26.6
Gesundheit sehr gut	29.0	25.8	19.4	19.2	15.1	9.8
gut	36.9	44.7	52.5	50.1	49.2	44.7
mittel	25.4	22.3	23.6	24.4	28.2	33.1
schlecht	7.0	4.9	4.1	5.2	6.0	10.3
sehr schlecht	1.7	2.4	0.4	1.1	1.6	2.1
Bildung niedrig	52.2	25.0	57.4	52.1	51.2	18.2
mittel	27.1	44.8	23.4	25.6	31.0	56.8
hoch	20.7	30.3	19.2	22.3	17.8	24.9
Kinderzahl G3	2.6	2.5	2.6	2.5	2.6	2.2
n Personen	2'413	1'276	2'147	2'736	2'116	2'078
Haushaltsebene						
Haushaltsauskommen gut	79.2	79.0	79.6	69.4	65.6	74.7
n Haushalte	1'719	897	1'418	1'857	1'467	1'389

...*Fortsetzung*

	AU	CH	ES	IT	GR	Total
Dyadenebene G2-G3						
Wohnentfernung im Haus	10.4	4.0	4.2	10.4	13.7	4.2
<1km	12.8	10.9	30.9	21.1	17.5	14.0
<5km	19.5	17.7	21.5	22.0	17.2	20.7
<25km	26.7	29.0	17.2	22.0	18.7	24.9
<100km	15.2	20.2	9.9	9.3	7.5	16.1
<500km	10.8	12.8	8.6	4.5	15.9	12.7
>500km	1.3	4.3	4.4	7.6	4.5	4.0
>500 km & Ausland	3.3	1.0	3.3	2.9	5.0	3.4
Alter G3	38.3	37.9	38.5	38.6	39.7	38.1
Mutter-Tochter	30.5	27.4	27.6	29,1	30.0	28.1
Mutter-Sohn	27.5	26.0	29.1	27.3	27.8	27.1
Vater-Tochter	21.8	23.6	22.5	22.9	21.7	22.8
Vater-Sohn	20.3	23.0	20.8	20.7	20.5	22.0
Hilfe von G3	10.4	5.3	4.9	5.7	11.6	7.6
Finanzieller Transfer von G3	2.4	0.7	0.9	1.0	6.3	1.3
Trennung G3	7.0	5.8	3.4	3.2	4.0	5.3
Erwerbsunfähig G3	6.0	1.9	2.2	1.6	2.8	3.7
Stiefkind G3	3.3	1.0	0.9	0.7	1.1	4.8
Enkelzahl G4	1.2	1.1	1.3	1.3	1.3	1.3
n Dyaden	2'703	1'398	2'805	2'751	2'984	40'073
Personenebene G2						
Erwerbstätig	15.6	33.8	15.8	11.7	19.7	25.4
Gesundheit sehr gut	16.3	31.7	7.7	7.2	19.1	17.9
gut	45.0	47.6	40.7	41.3	38.5	44.9
mittel	30.4	17.8	36.8	39.6	33.5	28.6
schlecht	7.0	2.7	12.1	10.2	6.9	7.0
sehr schlecht	1.3	0.2	2.7	1.8	2.0	1.6
Bildung niedrig	31.5	55.2	88.0	83.2	72.0	52.3
mittel	48.4	21.5	6.0	13.0	18.5	29.3
hoch	20.2	23.3	6.0	3.8	9.5	18.4
Kinderzahl G3	2.3	2.5	2.9	2.5	2.3	2.5
n Personen	1'338	656	1'333	1'451	1'604	19'148
Haushaltsebene						
Haushaltsauskommen gut	74.0	81.2	41.7	35.3	28.7	65.0
n Haushalte	1'002	467	1'015	1'022	1'185	13'438

Datenbasis: SHARE release 2, eigene Berechnungen, ungewichtet. Prozent/Mittelwerte. Ländereigenschaften s. Tabelle 5.1.

Tabelle A.10 Beschreibung der Stichprobe M10 (erhaltener Hilfemix)

	SE	DK	NL	BE
Min. Bildung niedrig	57.2	31.4	67.1	59.8
mittel	26.4	45.4	19.5	23.0
hoch	16.4	23.2	13.4	17.2
Min. Erwerbstätig	36.3	32.2	21.4	16.2
Max. Alter	65.7	65.4	64.9	66.7
Max. Hilfebedarf	13.4	16.5	12.3	18.1
Max. Anzahl Arztbesuche	3.7	5.1	5.5	10.0
Partnerschaft	73.0	60.0	78.2	66.4
Frau allein	18.4	27.8	15.5	24.6
Mann allein	8.7	12.2	6.3	9.1
Kinderzahl (G3	2.6	2.5	2.7	2.5
Haushaltsauskommen gut	79.0	78.6	79.8	69.5
n Personen	1'704	913	1'418	1'845
	DE	AU	IT	Total
Min. Bildung niedrig	25.1	37.5	85.0	52.8
mittel	56.0	45.5	12.2	31.5
hoch	18.9	17.0	2.8	15.7
Min. Erwerbstätig	21.7	13.4	9.1	22.0
Max. Alter	66.0	66.3	67.2	66.0
Max. Hilfebedarf	13.0	15.8	11.5	14.5
Max. Anzahl Arztbesuche	9.8	7.0	11.3	7.5
Partnerschaft	74.7	55.0	76.5	69.9
Frau allein	20.1	36.5	19.3	22.4
Mann allein	5.2	8.4	4.2	7.7
Kinderzahl (G3	2.3	2.3	2.5	2.5
Haushaltsauskommen gut	75.9	74.0	35.6	71.3
n Personen	1'405	1'007	1'025	9'317

Datenbasis: SHARE release 2, eigene Berechnungen, ungewichtet. Prozent/Mittelwerte.

Tabelle A.11   Beschreibung der Stichprobe M12 (Hilfe von Kindern)

	SE	DK	NL	BE
Dyadenebene G3-G2				
Sohn	50.0	48.9	48.8	48.8
Wohnentfernung im Haus	0.4	0.8	0.7	1.2
<1km	8.9	8.8	13.9	15.5
<5km	18.0	16.4	29.1	26.1
<25km	23.2	27.8	25.0	31.8
<100km	19.3	22.9	18.0	17.9
<500km	19.7	18.5	11.0	4.4
>500km	6.8	0.5	-	0.1
>500 km & Ausland	3.9	4.3	2.3	3.0
Max. finanzieller Transfer von G2	23.9	19.7	15.9	14.8
Max. Hilfe von G2	12.7	14.5	9.3	14.2
Stiefkind G3	7.6	6.0	1.8	2.4
Trennung G3	5.5	6.9	4.5	6.9
Erwerbsunfähig G3	5.2	6.6	2.3	4.5
Enkelzahl G4	1.3	1.3	1.2	1.4
n Dyaden	3'786	1'977	3'095	3'792
Personenebene G2 (Partnerübertrag)				
Partnerschaft	73.0	60.8	78.3	66.6
Frau allein	18.3	28.2	15.7	24.6
Mann allein	8.7	11.0	6.0	8.8
Kinderzahl G3	2.6	2.5	2.7	2.5
Min. Bildung niedrig	57.1	31.9	67.2	59.9
mittel	26.4	44.8	19.5	22.9
hoch	16.5	23.3	13.3	17.2
Haushaltsauskommen gut	79.3	79.3	80.0	69.5
Min. Erwerbstätig	36.2	31.9	21.2	15.8
Max. Hilfebedarf	13.4	16.5	12.4	18.1
Max. Anzahl Arztbesuche	3.7	5.0	5.5	10.0
Max. Alter	65.7	65.6	64.9	66.8
Max. ambulante Pflege	1.4	4.7	2.6	11.4
Max. ambulante Hilfe	3.6	10.7	9.1	11.2
Max. Essen auf Rädern	1.1	2.1	0.9	2.2
n Personen	1'684	890	1'399	1'815

...Fortsetzung

	DE	AU	IT	Total
Dyadenebene G3-G2				
Sohn	49.6	47.8	47.5	48.9
Wohnentfernung im Haus	8.5	10.2	10.4	3.8
<1km	11.1	12.7	21.6	12.9
<5km	18.0	20.4	21.8	21.8
<25km	24.0	25.8	21.6	25.9
<100km	14.7	14.3	9.9	17.1
<500km	15.8	11.7	4.4	12.3
>500km	4.3	1.2	7.4	2.9
>500 km & Ausland	3.6	3.7	2.9	3.3
Max. finanzieller Transfer von G2	15.2	17.1	11.6	17.8
Max. Hilfe von G2	8.9	8.3	4.9	10.9
Stiefkind G3	2.9	2.5	0.4	3.6
Trennung G3	6.1	7.3	3.3	5.8
Erwerbsunfähig G3	3.7	6.0	2.1	4.3
Enkelzahl G4	1.1	1.2	1.3	1.3
n Dyaden	2'729	1'994	1'872	19'245
Personenebene G2 (Partnerübertrag)				
Partnerschaft	75.0	55.0	76.1	70.0
Frau allein	20.3	36.9	19.8	22.6
Mann allein	4.7	8.1	4.1	7.4
Kinderzahl G3	2.3	2.3	2.5	2.5
Min. Bildung niedrig	25.5	37.8	85.7	53.0
mittel	55.8	45.5	11.5	31.3
hoch	18.8	16.7	2.8	15.7
Haushaltsauskommen gut	74.8	74.3	35.6	71.5
Min. Erwerbstätig	21.5	12.9	8.8	21.7
Max. Hilfebedarf	13.2	15.9	11.7	14.5
Max. Anzahl Arztbesuche	9.9	7.1	11.4	7.5
Max. Alter	66.1	66.4	67.4	66.1
Max. ambulante Pflege	1.4	2.7	1.3	4.0
Max. ambulante Hilfe	1.8	3.0	2.8	6.2
Max. Essen auf Rädern	1.2	1.6	-	1.3
n Personen	1'375	991	994	9'148

Datenbasis: SHARE release 2, eigene Berechnungen, ungewichtet. Prozent/Mittelwerte.

Tabelle A.12 Beschreibung der Stichprobe M13 (generationenübergr. Hilfe)

	SE	DK	NL	BE	FR	DE
Personenebene G2						
Bildung niedrig	51.8	24.2	55.4	50.3	51.1	17.1
mittel	26.5	44.6	23.8	26.4	29.5	57.0
hoch	21.7	31.2	20.7	23.3	19.5	26.0
Gesundheit sehr gut	29.1	25.5	19.4	19.7	14.5	11.4
gut	36.3	45.1	52.3	50.2	49.6	45.3
mittel	25.6	21.9	23.7	23.4	27.7	31.7
schlecht	7.2	5.2	4.1	5.4	6.6	9.7
sehr schlecht	1.7	2.3	0.5	1.2	1.5	2.1
Alter	64.6	64.0	63.1	64.9	64.6	64.2
Mutter am Leben	25.3	24.4	22.8	23.7	28.7	21.7
Vater am Leben	10.4	9.8	9.0	9.3	12.2	8.0
Erwerbstätig	41.5	38.3	30.8	23.5	29.3	29.8
Kein Kind	7.8	9.7	9.8	11.4	10.2	13.8
nur Töchter	19.4	19.5	18.5	22.3	21.7	23.4
nur Söhne	19.3	18.7	20.1	23.4	21.3	22.9
beides	53.4	52.1	51.6	43.0	46.8	40.0
Partnerschaft	78.1	69.2	83.2	74.8	70.4	79.2
Frau allein	14.5	20.2	11.2	17.4	21.5	14.6
Mann allein	7.4	10.7	5.6	7.8	8.1	6.3
Haushaltsauskommen gut	80.4	80.9	80.7	71.2	66.4	75.5
n Personen	2'712	1'484	2'571	3'388	2'544	2'660

	AU	CH	ES	IT	GR	Total
Personenebene G2						
Bildung niedrig	29.8	50.7	84.3	76.0	60.7	50.5
mittel	48.6	22.3	8.0	18.3	24.4	29.9
hoch	21.6	27.1	7.7	5.6	14.9	19.6
Gesundheit sehr gut	17.0	33.8	10.5	8.6	24.7	18.7
gut	44.7	47.7	42.6	42.7	39.4	45.2
mittel	30.0	15.8	32.8	37.9	28.8	27.7
schlecht	6.9	2.5	11.5	9.2	5.6	6.9
sehr schlecht	1.4	0.2	2.6	1.6	1.5	1.5
Alter	64.8	64.9	65.6	64.3	64.4	64.5
Mutter am Leben	19.5	23.8	18.8	19.8	25.1	23.2
Vater am Leben	7.2	11.3	8.0	7.8	10.4	9.4
Erwerbstätig	18.0	38.2	21.0	18.7	28.0	28.4
Kein Kind	13.9	13.4	12.2	11.8	12.0	11.3
nur Töchter	23.3	20.4	15.5	21.0	22.2	20.8
nur Söhne	20.7	21.6	17.7	23.5	22.6	21.3
beides	42.1	44.6	54.6	43.7	43.1	46.7
Partnerschaft	62.6	70.6	74.9	78.9	67.9	74.4
Frau allein	29.0	20.3	17.8	15.3	23.9	18.1
Mann allein	8.4	9.1	7.3	5.7	8.2	7.5
Haushaltsauskommen gut	76.1	82.2	43.1	35.7	30.3	65.1
n Personen	1'674	843	1'873	2'198	2'443	24'390

Datenbasis: SHARE release 2, eigene Berechnungen, ungewichtet. Prozent/Mittelwerte. Kulturelle Faktoren s. Abschnitt 7.1.

Literatur und Quellen

Abrahamson, Peter, Thomas P. Boje, Bent Greve 2005: Welfare and Families in Europe. Aldershot: Ashgate.
Adloff, Frank, Steffen Mau 2005: Zur Theorie der Gabe und Reziprozität. In: Adloff, Frank, Steffen Mau (Hrsg.), Vom Geben und Nehmen – Zur Soziologie der Reziprozität. Frankfurt a. M., New York: Campus, 9-57.
Aitkin, Murray 1999: A General Maximum Likelihood Analysis of Variance Components in Generalized Linear Models. In: Biometrics, 55, 1: 117-128.
Alber, Jens 1995a: A Framework for the Comparative Study of Social Services. In: Journal of European Social Policy, 5, 2: 131-149.
Alber, Jens 1995b: Soziale Dienstleistungen. Die vernachlässigte Dimension vergleichender Wohlfahrtsstaats-Forschung. In: Bentele, Karlheinz, Bernd Reissert, Roland Schettkat (Hrsg.), Die Reformfähigkeit von Industriegesellschaften. Frankfurt a. M., New York: Campus, 277-293.
Albertini, Marco, Martin Kohli, Claudia Vogel 2007: Intergenerational Transfers of Time and Money in European Families: Common Patterns – Different Regimes? In: Journal of European Social Policy, 17, 4: 319-334.
Alesina, Alberto, Paola Giuliano 2007: The Power of the Family. NBER Working Papers No. 13051. Cambridge: National Bureau of Economic Research.
Allmendinger, Jutta, Hans Bertram, Wassilios E. Fthenakis, Helga Krüger, Uta Meier-Gräwe, Katharina Spieß, Marc Szydlik 2006: Familie zwischen Flexibilität und Verlässlichkeit. Perspektiven für eine lebenslaufbezogene Familienpolitik. Siebter Familienbericht. Berlin: Bundesministerium für Familie, Senioren, Frauen und Jugend.
Alt, Christian 1994: Reziprozität von Eltern-Kind-Beziehungen in Mehrgenerationennetzwerken. In: Bien, Walter (Hrsg.), Eigeninteresse oder Solidarität – Beziehungen in modernen Mehrgenerationenfamilien. Opladen: Leske + Budrich, 197-222.
Amirkhanyan, Anna A., Douglas A. Wolf 2003: Caregiver Stress and Noncaregiver Stress: Exploring the Pathways of Psychiatric Morbidity. In: The Gerontologist, 43, 6: 817-827.
Anheier, Helmut K., Sarabajaya Kumar (Hrsg.) 2003: Social Services in Europe: An Annotated Bibliography. Frankfurt a. M.: Institut für Sozialarbeit und Sozialpädagogik.
Antonucci, Toni C., James S. Jackson 2003: Ethnic and Cultural Differences in Intergenerational Social Support. In: Bengtson, Vern L., Ariela Lowenstein (Hrsg.), Global Aging and Challenges to Families. New York: Aldine de Gruyter, 355-370.
Anttonen, Anneli, John Baldock, Jorma Sipilä (Hrsg.) 2003: The Young, the Old and the State: Social Care Systems in Five Industrial Nations. Cheltenham: Edward Elgar.
Anttonen, Anneli, Jorma Sipilä 1996: European Social Care Services: Is it Possible to Identify Models? In: Journal of European Social Policy, 6, 2: 87-100.

Anttonen, Anneli, Jorma Sipilä 2005: Comparative Approaches to Social Care: Diversity in Care Production Modes. In: Pfau-Effinger, Birgit, Birgit Geissler (Hrsg.), Care and Social Integration in European Countries. Bristol: Policy Press, 115-134.

Arrondel, Luc, André Masson 2001: Family Transfers Involving Three Generations. In: Scandinavian Journal of Economics, 103, 3: 415-443.

Attias-Donfut, Claudine 2000: Familialer Austausch und soziale Sicherung. In: Kohli, Martin, Marc Szydlik (Hrsg.), Generationen in Familie und Gesellschaft. Opladen: Leske + Budrich, 222-237.

Attias-Donfut, Claudine 2003: Family Transfers and Cultural Transmissions Between Three Generations in France. In: Bengtson, Vern L., Ariela Lowenstein (Hrsg.), Global Aging and Challenges to Families. New York: Aldine de Gruyter, 214-250.

Attias-Donfut, Claudine (Hrsg.) 1995: Les solidarités entre générations. Vieillesse, familles, état. Paris: Nathan.

Attias-Donfut, Claudine, François-Charles Wolff 2000: Complementarity Between Private and Public Transfers. In: Arber, Sara, Claudine Attias-Donfut (Hrsg.), The Myth of Generational Conflict: The Family and State in Ageing Societies. London: Routledge, 47-68.

Bäcker, Gerhard, Gerhard Naegele, Reinhard Bispinck, Klaus Hofemann, Jennifer Neubauer 2008: Sozialpolitik und soziale Lage in Deutschland. Band 2: Gesundheit, Familie, Alter und soziale Dienste. Wiesbaden: VS Verlag für Sozialwissenschaften.

Bahle, Thomas 2008: The State and Social Services in Britain, France and Germany Since the 1980s. Reform and Growth in a Period of Welfare State Crisis. In: European Societies, 10, 1: 25-47.

Bahle, Thomas, Astrid Pfenning 2001a: Angebotsformen und Trägerstrukturen sozialer Dienste im europäischen Vergleich. Arbeitspapiere des Mannheimer Zentrum für Europäische Sozialforschung, Nr. 34. Mannheim: Mannheimer Zentrum für Europäische Sozialforschung (MZES).

Bahle, Thomas, Astrid Pfenning 2001b: Angebotsformen und Trägerstrukturen sozialer Dienste im westeuropäischen Vergleich. Arbeitspapier Nr. 4. Frankfurt a. M.: Observatorium für die Entwicklung der sozialen Dienste in Europa.

Bambra, Clare 2007: Defamilisation and Welfare State Regimes: A Cluster Analysis. In: International Journal of Social Welfare, 16, 4: 326-338(13).

Barbagli, Marzio 1997: Family and Kinship in Italy. In: Gullestad, Marianne, Martine Segalen (Hrsg.), Family and Kinship in Europe. London, Washington: Pinter, 33-48.

Bauer, Rudolph 2001: Personenbezogene soziale Dienstleistungen: Begriff, Qualität und Zukunft. Wiesbaden: Westdeutscher Verlag.

Bauer, Ullrich, Andreas Büscher (Hrsg.) 2008: Soziale Ungleichheit und Pflege: Beiträge sozialwissenschaftlich orientierter Pflegeforschung. Wiesbaden: VS Verlag für Sozialwissenschaften.

Bauman, Zygmunt 2000: Vom Nutzen der Soziologie. Frankfurt a. M.: Suhrkamp.

Bazo, Maria Teresa, Iciar Ancizu 2004: Family and Service Support. In: Lowenstein, Ariela, Jim Ogg (Hrsg.), OASIS: Old Age and Autonomy – The Role of Service Systems and Intergenerational Family Solidarity. Haifa: University of Haifa, 227-256.

Beck, Nathaniel 2005: Multilevel Analyses of Comparative Data: A Comment. In: Political Analysis, 13: 457-458.

Becker, Gary S. 1981: A Treatise on the Family. Cambridge, MA: Harvard University Press.

Bekkers, René, Nan Dirk de Graaf 2005: Field of Education and Prosocial Behavior. Brussels: Marktdag Sociologie, 02.06.2005. http://igitur-archive.library.uu.nl/fss/2006-0727-201302/Bekkers_05_field-of-education-and-prosocial-behavior.pdf [10.07.2008].

Bender, Donald 1994: Betreuung von hilfs- oder pflegebedürftigen Angehörigen in Mehrgenerationenfamilien. In: Bien, Walter (Hrsg.), Eigeninteresse oder Solidarität – Beziehungen in modernen Mehrgenerationenfamilien. Opladen: Leske + Budrich, 223-248.

Bengtson, Vern L. 2001: Beyond the Nuclear Family: The Increasing Importance of Multi-generational Relationships in American Society. In: Journal of Marriage and Family, 63, 1: 1-16.

Bengtson, Vern L., W. Andrew Achenbaum (Hrsg.) 1993: The Changing Contract Across Generations. Hawthorne, New York: Aldine de Gruyter.

Bengtson, Vern L., Roseann Giarrusso, Michael Stallings 1995: The "Intergenerational Stake" Hypothesis Revisited: Parent-Child Differences in Perceptions of Relationships 20 Years Later. In: Bengtson, Vern L., K. Warner Schaie, Linda M. Burton (Hrsg.), Adult Intergenerational Relations: Effects of Societal Change. New York: Springer, 227-263.

Bengtson, Vern L., Robert A. Harootyan (Hrsg.) 1994: Intergenerational Linkages – Hidden Connections in American Society. New York: Springer.

Bengtson, Vern L., Joseph A. Kuypers 1971: Generational Differences and the Developmental Stake. In: Aging and Human Development, 2, 1: 249-260.

Bengtson, Vern L., Ariela Lowenstein (Hrsg.) 2003: Global Aging and Challenges to Families. New York: Aldine de Gruyter.

Bengtson, Vern L., David J. Mangen 1988: Family Intergenerational Solidarity Revisited. In: Mangen, David J., Vern L. Bengtson, Pierre H. Landry (Hrsg.), Measurement of Intergenerational Relations. Newbury Park, Beverly Hills, London, New Delhi: Sage, 222-238.

Bengtson, Vern L., Sandi S. Schrader 1982: Parent-Child Relations. In: Mangen, David J., Warren A. Peterson (Hrsg.), Research Instruments in Social Gerontology. Minneapolis: University of Minnesota Press, 115-185.

Bernheim, Douglas B., Andre Shleifer, Lawrence H. Summers 1985: The Strategic Bequest Motive. In: Journal of Political Economy, 93, 6: 1045-1076.

Bertram, Hans 1997: Getrennt wohnen – solidarisch leben. Die „multilokale Mehrgenerationenfamilie". In: Lepenies, Annette (Hrsg.), Alt & Jung. Das Abenteuer der Generationen. Basel, Frankfurt a. M.: Stroemfeld Verlag, 79-84.

Bertram, Hans 2000: Die verborgenen familiären Beziehungen in Deutschland: Die multilokale Mehrgenerationenfamilie. In: Kohli, Martin, Marc Szydlik (Hrsg.), Generationen in Familie und Gesellschaft. Leske + Budrich: Opladen, 97-121.

Bien, Walter (Hrsg.) 1994: Eigeninteresse oder Solidarität – Beziehungen in modernen Mehrgenerationenfamilien. Opladen: Leske + Budrich.

Bierhoff, Hans W. 1980: Hilfreiches Verhalten. Darmstadt: Dietrich Steinkopff Verlag.

Biggs, Simon, Jason L. Powell 2003: Older People and Family in Social Policy. In: Bengtson, Vern L., Ariela Lowenstein (Hrsg.), Global Aging and Challenges to Families. New York: Aldine de Gruyter, 103-119.

Björnberg, Ulla, Hans Ekbrand 2007: Financial and Practical Support in Swedish Families. Normative Guidelines and Practice [Vortrag]. Interim Meeting of the European Sociological Association (ESA): Research Network "Sociology of Family and Intimate

Lives", 14-16.03.2007. Lausanne: http://www2.unil.ch/pavie/actualite/Bjornberg_ Ekbrand.pdf [15.05.2007].

Björnberg, Ulla, Mia Latta 2007: The Roles of the Family and the Welfare State. The Relationship Between Public and Private Financial Support in Sweden. In: Current Sociology, 55, 3: 415-445.

Blinkert, Baldo 2005: Pflege und soziale Ungleichheit – Pflege und „soziale Milieus". In: Schroeter, Klaus R., Thomas Rosenthal (Hrsg.), Soziologie der Pflege – Grundlagen, Wissensbestände und Perspektiven. Weinheim, München: Juventa, 141-156.

Blinkert, Baldo, Thomas Klie 2004: Gesellschaftlicher Wandel und demografische Veränderungen als Herausforderungen für die Sicherstellung der Versorgung pflegebedürftiger Menschen. In: Sozialer Fortschritt, 53, 11/12: 319-325.

Bonsang, Eric 2007: How do Middle-Aged Children Allocate Time and Money Transfers to Their Older Parents in Europe? In: Empirica, 34, 2: 171–188.

Borchers, Andreas, Stephanie Miera 1993: Zwischen Enkelbetreuung und Altenpflege. Die mittlere Generation im Spiegel der Netzwerkforschung. Frankfurt a. M., New York: Campus.

Börsch-Supan, Axel, Karsten Hank, Hendrik Jürges 2005: A New Comprehensive and International View on Ageing: The Survey of Health, Ageing and Retirement in Europe. MEA Discussion Paper Series 05075, 75-05. Mannheim: Mannheim Research Institute for the Economics of Aging (MEA), University of Mannheim.

Börsch-Supan, Axel, Hendrik Jürges (Hrsg.) 2005: Health, Ageing and Retirement in Europe – Methodology. Mannheim: Mannheim Research Institute for the Economics of Ageing (MEA), University of Mannheim.

Brandt, Martina, Christian Deindl, Klaus Haberkern, Marc Szydlik 2008: Reziprozität zwischen erwachsenen Generationen: Familiale Transfers im Lebenslauf. In: Zeitschrift für Gerontologie und Geriatrie, 41, 5: 374-381.

Brandt, Martina, Klaus Haberkern 2008: Hilfe und Pflege zwischen Generationen in Europa. In: Rehberg, Karl-Siegbert (Hrsg.), Die Natur der Gesellschaft. Verhandlungen des 33. Kongresses der Deutschen Gesellschaft für Soziologie in Kassel 2006. Frankfurt a. M., New York: Campus, 4944-4950.

Brandt, Martina, Marc Szydlik 2008: Soziale Dienste und Hilfe zwischen Generationen in Europa. In: Zeitschrift für Soziologie, 37, 4: 301-320.

Brandt, Martina, Christian Deindl, Klaus Haberkern, Marc Szydlik 2009a: Geben und Nehmen zwischen Generationen: Der Austausch von Geld und Zeit in Europa. In: Börsch-Supan, Axel, Karsten Hank, Hendrik Jürges und Mathis Schröder (Hrsg.), 50+ in Deutschland und Europa: Befunde des Survey of Health, Ageing and Retirement in Europe [Reihe 'Alter(n) und Gesellschaft']. Wiesbaden: VS Verlag für Sozialwissenschaften, 95-111.

Brandt, Martina, Klaus Haberkern, Marc Szydlik 2009b: Intergenerational Help and Care in Europe. In: European Sociological Review, im Erscheinen.

Browa, Hans, Thomas M. Blohm, Inge Weidig 1980: Soziale Dienstleistungen als Träger potentiellen Wachstums und ihr Beitrag zum Abbau der Arbeitslosigkeit. Basel: Prognos AG im Auftrag des Bundesministers für Arbeit und Sozialordnung.

Browne, William J., S V Subramanian, Kelvyn Jones, Harvey Goldstein 2005: Variance Partitioning in Multilevel Logistic Models That Exhibit Overdispersion. In: Journal of the Royal Statistical Society, 168, 3: 599-613.

Butterwegge, Christoph 1999: Wohlfahrtsstaat im Wandel. Opladen: Leske + Budrich.
Campbell, Lori D., Anne Martin-Matthews 2003: The Gendered Nature of Men's Filial Care. In: Journal of Gerontology: Social Sciences, 58B, 6: S350-S358.
Castles, Francis G., Deborah Mitchell 1993: Worlds of Welfare and Families of Nations. In: Castles, Francis G. (Hrsg.), Families of Nations: Patterns of Public Policy in Western Democracies. Dartmouth: Aldershot, 93-128.
Center for Multilevel Modelling 2008: MLwiN FAQ. Bristol: Center for Multilevel Modelling (CMM). http://www.cmm.bristol.ac.uk/MLwiN/tech-support/support-faqs/index.shtml [17.07.2008].
Clokeur, Renaud, Anne Gauthier, Jean-François Stassen 1995: Transferts, flux, réseaux de solidarité entre générations. Brussels: SSTC.
Coleman, Marilyn, Lawrence H. Ganong, Jason D. Hans, Elizabeth A. Sharp, Tanja C. Rothrauff 2005: Filial Obligations in Post-Divorce Stepfamilies. In: Journal of Divorce & Remarriage, 43, 3-4: 1-27.
Commission of the European Communities 2006: European System of Integrated Social Protection Statistics (ESSPROS). http://eur-lex.europa.eu/smartapi/cgi/sga_doc?smartapi!celexplus!prod!DocNumber&lg=en&type_doc=COMfinal&an_doc=2006&nu_doc=11 [15.05.2007].
Cox, Robert 2004: The Path-Dependency of an Idea: Why Scandinavian Welfare States Remain Distinct. In: Social Policy and Administration, 38, 2: 204-219.
Da Roit, Barbara, Blanche Le Bihan, August Österle 2007: Long-term Care Policies in Italy, Austria and France: Variations in Cash-for-Care Schemes. In: Social Policy & Administration, 41, 6: 653–671.
Daatland, Svein O. 1990: "What are Families for?" On Family Solidarity and the Preference for Help. In: Ageing and Society, 10, 1: 1-15.
Daatland, Svein O. 2001: Ageing, Families and Welfare Systems: Comparative Perspectives. In: Zeitschrift für Gerontologie und Geriatrie, 34, 1: 16-20.
Daatland, Svein O., Katharina Herlofson 2003: Families and Welfare States: Substitution or Complementarity. In: Lowenstein, Ariela, Jim Ogg (Hrsg.), OASIS: Old Age and Autonomy – The Role of Service Systems and Intergenerational Family Solidarity. The Final Report. Haifa: University of Haifa, 281-305.
Daatland, Svein O., Ariela Lowenstein 2005: Intergenerational Solidarity and the Family-Welfare State Balance. In: European Journal of Ageing, 2, 3: 174-182.
Dallinger, Ursula 1997: Ökonomie der Moral. Konflikt zwischen familiärer Pflege und Beruf. Opladen: Westdeutscher Verlag.
Dallinger, Ursula, Wolfgang Walter 1999: Bericht zur Lage der Generationen. ifb – Materialien zur Tagung „Erstes, zweites, drittes Lebensalter. Perspektiven der Generationenarbeit". Akademie für politische Bildung, Tutzing: Staatsinstitut für Familienforschung an der Universität Bamberg.
Deindl, Christian, Marc Szydlik 2008: Geben und Nehmen – Finanzielle Leistungen zwischen Generationen im Zehn-Länder-Vergleich. In: Rehberg, Karl-Siegbert (Hrsg.), Die Natur der Gesellschaft. Verhandlungen des 33. Kongresses der Deutschen Gesellschaft für Soziologie in Kassel 2006. Frankfurt a. M., New York: Campus, 4937-4943.
Diewald, Martin 1993: Hilfebeziehungen und soziale Differenzierung im Alter. In: Kölner Zeitschrift für Soziologie und Sozialpsychologie, 45, 4: 731-754.

Diewald, Martin 1994: Soziale Netzwerke und Generationenbeziehungen. In: Vaskovics, Laszlo, Manfred Garhammer (Hrsg.), Familie – Soziologie familialer Lebenswelten. München: Oldenbourg, 125-145.

Domsgen, Michael 2004: Familie und Religion. Grundlagen einer religionspädagogischen Theorie der Familie. Leipzig: Evangelische Verlagsanstalt.

Dunér, Anna, Monica Nordström 2005: Intentions and Strategies Among Elderly People: Coping in Everyday Life. In: Journal of Aging Studies, 19, 4: 437-451.

Dykstra, Pearl A., Matthijs Kalmijn, Trudie C. Knijn, Aafke E. Komter, Aart C. Liefbroer, Clara H. Mulder (Hrsg.) 2006: Family Solidarity in the Netherlands. Amsterdam: Dutch University Press.

Ebbinghaus, Bernhard 2005: When Less is More. Selection Problems in Large- N and Small-N Cross-National Comparisons. In: International Sociology, 20, 2: 133-152.

Eberle, Thomas S., Kurt Imhof (Hrsg.) 2007: Sonderfall Schweiz. Zürich: Seismo.

Edgell, Penny 2006: Religion and Family in a Changing Society. Princeton: Princeton University Press.

Eggebeen, David J. 2005: Cohabitation and Exchanges of Support. In: Social Forces, 83, 3: 1097-1110.

Eggebeen, David J. 1992: From Generation Unto Generation: Parent-Child Support in Aging American Families. In: Generations, 17: 45-50.

Engstler, Heribert 2008: Die Entwicklung der Beziehungen älterer Menschen zu ihren erwachsenen Kindern unter den Bedingungen regionaler Mobilität [Vortrag]. Bedingungen und Potentiale intergenerationaler Beziehungen, Konferenz im Rahmen des Generations and Gender Programme 19./20.06.2008. Wiesbaden: Bundesinstitut für Bevölkerungsforschung.

Esping-Andersen, Gøsta 1990: The Three Worlds of Welfare Capitalism. Cambridge: Polity Press.

Esping-Andersen, Gøsta 1999: Social Foundations of Postindustrial Countries. Oxford: Oxford University Press.

Esping-Andersen, Gøsta 2002: A Child-Centred Social Investment Strategy. In: Esping-Andersen, Gøsta (Hrsg.), Why We Need a New Welfare State. Oxford: Oxford University Press, 26-67.

Eurofamcare Consortium (Hrsg.) 2006: Services for Supporting Family Carers of Older Dependent People in Europe: Characteristics, Coverage and Usage. The Trans-European Survey Report. Hamburg: Hamburg University Medical Centre of Hamburg-Eppendorf.

European Values Study (EVS) 1999-2004: The Values Surveys Database. Tilburg University. europeanvalues.nl [15.05.2007].

Ferrera, Maurizio 1998: The Four "Social Europes". Between Universalism and Selectivity. In: Rhodes, Martin, Yves Mény (Hrsg.), The Future of European Welfare. A New Social Contract? 79-96.

Finch, Janet, Jennifer Mason 1990: Filial Obligations and Kin Support for Elderly People. In: Ageing and Society, 10, 2: 151-175.

Fraboni, Romina (Hrsg.) 2006: Parentela e reti di solidarietà. Roma: Sistema Statistico Nazionale, Istituto Nazionale Di Statistica.

Furstenberg, Frank F., Jr., Saul D. Hoffman, Laura Shrestha 1995: The Effect of Divorce on Intergenerational Transfers: New Evidence. In: Demography, 32, 3, Family and Household Demography: 319-333.
Fux, Beat 2008: Pathways of Welfare and Population Related Policies: Towards a Multidimensional Typology of Welfare State Regimes in Eastern and Western Europe. In: Höhn, Charlotte, Robert Cliquet, Irena Kotowska (Hrsg.), People, Population Change and Policies. Lessons From the Population Policy Acceptance Study. Berlin, Heidelberg, New York: Springer, 61-96.
Gallagher, Sally K. 1994: Doing Their Share: Comparing Patterns of Help Given by Older and Younger Adults. In: Journal of Marriage and Family, 56, 3: 567-578.
Gauthier, Anne H. 1996: The State and the Family. A Comparative Analysis of Family Policies in Industrialized Countries. Oxford: Clarendon Press.
Gelman, Andrew 2006: Prior Distributions for Variance Parameters in Hierarchical Models (Comment on an Article by Browne and Draper). In: Bayesian Analysis, 1, 3: 515-534.
Georgas, James, Kostas Mylonas, Aikaterini Gari, Penny Panagiotopoulou 2004: Families and Values in Europe. In: Arts, Wilhelmus A., Loek Halman (Hrsg.), European Values at the Turn of the Millenium. Leiden: Brill Academic Publishers, 167-204.
Gerhards, Jürgen, Michael Hölscher 2006: Kulturelle Unterschiede in der Europäischen Union. Ein Vergleich zwischen Mitgliedsländern, Beitrittskandidaten und der Türkei. Wiesbaden: VS Verlag für Sozialwissenschaften.
Gerlach, Irene 2004: Familienpolitik. Wiesbaden: VS Verlag für Sozialwissenschaften.
Gerstel, Naomi, Sally K. Gallagher 1993: Kinkeeping and Distress: Gender, Recipients of Care and Work Family Conflict. In: Journal of Marriage and Family, 55, 3: 598-608.
Gestrich, Andreas, Jens-Uwe Krause, Michael Mitterauer 2003: Geschichte der Familie. Stuttgart: Alfred Kröner Verlag.
Godbout, Jacques T. (in Zusammenarbeit mit Alan Caille) 1998: The World of the Gift. London: McGill-Queens University Press.
Goldstein, Harvey, John Rasbash 1996: Improved Approximations for Multilevel Models With Binary Responses. In: Journal of the Royal Statistical Society, A 159, 3: 505-513.
Gouldner, Alvin W. 1960: The Norm of Reciprocity: A Preliminary Statement. In: American Sociological Review, 25, 2: 161-178.
Grilli, Leonardo, Carla Rampichini 2005: A Review of Random Effects Modelling Using GLLAMM in Stata. http://www.cmm.bristol.ac.uk/learning-training/multilevel-m-software/reviewgllamm.pdf [21.06.2006].
Guillemard, Anne Marie 1992: Europäische Perspektiven der Alternspolitik. In: Baltes, Paul B., Jürgen Mittelstraß (Hrsg.), Zukunft des Alterns und gesellschaftliche Entwicklung. Berlin, New York: de Gruyter, 614-639.
Guo, Guang, Hongxin Zhao 2000: Multilevel Modeling for Binary Data. In: Annual Review of Sociology, 26: 441-462.
Haberkern, Klaus, Marc Szydlik 2008: Pflege der Eltern – Ein europäischer Vergleich. In: Kölner Zeitschrift für Soziologie und Sozialpsychologie, 60, 1: 78-101.
Hank, Karsten 2007: Proximity and Contacts Between Elderly Parents and Their Adult Children: A European Comparison. In: Journal of Marriage and Family, 69, 1: 157–173.
Hank, Karsten, Isabella Buber 2009: Grandparents Caring for Their Grandchildren: Findings From the 2004 Survey of Health, Ageing and Retirement in Europe. In: Journal of Family Issues, 1, 53-73.

Hashimoto, Akiko, Hal L. Kendig, Larry C. Coppard 1992: Family Support to the Elderly in International Perspective. In: Kendig, Hal L., Akiko Hashimoto, Larry C. Coppard (Hrsg.), Family Support for the Elderly. The International Experience. Oxford: Oxford University Press, 293-308.

Heintz, Bettina 2004: Emergenz und Reduktion. Neue Perspektiven auf das Mikro-Makro-Problem. In: Kölner Zeitschrift für Soziologie und Sozialpsychologie, 56, 1: 1-31.

Henger, Sylvia 2005: Motive der gegenseitigen Unterstützung und Familienorientierung in drei familiär miteinander verbundenen Generationen. Universität Leipzig: Institut für Entwicklungspsychologie, Persönlichkeitspsychologie und Psychodiagnostik. http://izbi.uni-leipzig.de/izbi/mitarbeiter/Henger/Intergenerative_Unterstuetzung.pdf [05.03.2005].

Hoffmann-Nowotny, Hans-Joachim 1995: Die Gesellschaft auf dem Wege zur individualisierten Selbstauflösung? In: Perrez, Meinrad, Jean-Luc Lambert, Claudia Ermert, Bernard Plancherel (Hrsg.), Familie im Wandel – Famille en transition. Freiburg, Bern: Universitätsverlag Freiburg Schweiz, Verlag Hans Huber Bern, 3-17.

Hogan, Dennis, David Eggebeen, Clifford Clogg 1993: The Structure of Intergenerational Exchanges in American Families. In: American Journal of Sociology, 98, 6: 1428 - 1458.

Höllinger, Franz, Max Haller 1990: Kinship and Social Networks in Modern Societies: A Cross-Cultural Comparison Among Seven Nations. In: European Sociological Review, 6, 2: 103-124.

Hollstein, Betina 2005a: Partnerverlust im Alter. Netzwerkveränderungen und Unterstützungsmöglichkeiten nach der Verwitwung. In: Otto, Ulrich, Petra Bauer (Hrsg.), Mit Netzwerken professionell zusammenarbeiten. Soziale Netzwerke in Lebenslauf- und Lebenslagenperspektive. Tübingen: dgvt-Verlag, 553-574.

Hollstein, Betina 2005b: Reziprozität in familialen Generationenbeziehungen. In: Adloff, Frank, Steffen Mau (Hrsg.), Vom Geben und Nehmen – Zur Soziologie der Reziprozität. Frankfurt a. M., New York: Campus, 187-209.

Hollstein, Betina, Gina Bria 1998: Reziprozität in Eltern-Kind-Beziehungen? Theoretische Überlegungen und empirische Evidenz. In: Berliner Journal für Soziologie, 8, 1: 7-22.

Höpflinger, François 1999: Generationenfrage – Konzepte, theoretische Ansätze und Betrachtungen zu Generationenbeziehungen in späteren Lebensphasen. Lausanne: Edition Réalités Sociales.

Höpflinger, François 2005: Pflege und das Generationenproblem. Pflegesituationen und intergenerationelle Zusammenhänge. In: Schroeter, Klaus R., Thomas Rosenthal (Hrsg.), Soziologie der Pflege. Grundlagen, Wissensbestände und Perspektiven. Weinheim, München: Juventa, 157-175.

Höpflinger, François, Valérie Hugentobler 2003: Pflegebedürftigkeit in der Schweiz. Prognosen und Szenarien für das 21. Jahrhundert. Bern: Huber.

Höpflinger, François, Valérie Hugentobler, Jean-Pierre Fragnière 2008: Kleines Glossar rund um Generationenfragen. INAG. http://www.hoepflinger.com/fhtop/Generat-Glossar1.pdf [10.01.2009].

Houseknecht, Sharon K., Jerry G. Pankhurst (Hrsg.) 2000: Family, Religion and Social Change in Diverse Societies. New York, Oxford: Oxford University Press.

Hox, Joop J. 1995: Applied Multilevel Analysis. Amsterdam: TT-Publikaties.

Hox, Joop J. 2002: Multilevel Analysis Techniques and Applications. Mahwah, N.J.: Lawrence Erlbaum Associates.

Igel, Corinne 2008: Grandchild Care in Europe. AGES Working Paper. Zürich: Research Group AGES.

Igel, Corinne, Martina Brandt, Klaus Haberkern, Marc Szydlik 2009: Specialization Between Family and State. Intergenerational Time Transfers in Western Europe. In: Journal of Comparative Family Studies, im Erscheinen.

Ingersoll-Dayton, Berit, Margaret B. Neal, Leslie B. Hammer 2001: Aging Parents Helping Adult Children: The Experience of the Sandwiched Generation. In: Family Relations, 50, 3: 262-271.

Isengard, Bettina 2005: Freizeitverhalten als Ausdruck sozialer Ungleichheiten oder Ergebnis individualisierter Lebensführung? Zur Bedeutung von Einkommen und Bildung im Zeitverlauf. In: Kölner Zeitschrift für Soziologie und Sozialpsychologie, 57: 254-277.

Isengard, Bettina 2008: Living Apart (or) Together? Coresidence Patterns of Parents and Their Adult Children in Europe. AGES Working Paper. Zürich: Research Group AGES.

Jensen, An-Magritt, Anne Trine Kjørholt, Jens Qvortrup, Mona Sandbæk, Vegard Johansen, Tonje Lauritzen 2004: Childhood and Generation in Norway: Money, Time and Space. In: Jensen, An-Magritt, Ben-Arieh Asher, Cinzia Conti, Dagmar Kutsar, Máire Nic Ghiolla Phádraig, Hanne Warming Nielsen (Hrsg.), Children's Welfare in Aging Europe. Trondheim: Norwegian Centre for Child Research, 335-402.

Jensen, Carsten 2008: Worlds of Welfare Services and Transfers. In: Journal of European Social Policy, 18, 2: 151-162.

Kaufmann, Franz-Xaver 1993: Generationsbeziehungen und Generationenverhältnisse im Wohlfahrtsstaat. In: Lüscher, Kurt, Franz Schultheis (Hrsg.), Generationenbeziehungen in „postmodernen" Gesellschaften – Analysen zum Verhältnis von Individuum, Familie, Staat und Gesellschaft. Konstanz: UVK Verlagsgesellschaft, 95-108.

Kedar, Orit, W. Phillips Shively 2005: Introduction to the Special Issue. In: Political Analysis, 13, 4: 297-300.

Kertzer, David I., Michael J. White, Laura Bernardi, Giuseppe Gabrielli 2006: Italy's Path to Very Low Fertility. The Adequacy of Economic and Second Demographic Transition Theories. MPIDR WORKING PAPER WP 2006-049. Rostock: Max Planck Institute for Demographic Research. http://www.demogr.mpg.de/papers/working/wp-2006-049.pdf [19.03.2007].

Kleban, Morton H., Elaine M. Brody, Claire B. Schoonover, Christine Hoffman 1989: Family Help to the Elderly: Perceptions of Sons-in-Law Regarding Parent Care. In: Journal of Marriage and Family, 51, 2: 303-312.

Klein Ikkink, Karen, Theo van Tilburg, Cees P. Knipscheer 1999: Perceived Instrumental Support Exchanges in Relationships Between Elderly Parents and Their Adult Children: Normative and Structural Explanations. In: Journal of Marriage and Family, 61, 4: 831-844.

Klevmarken, Anders, Patrik Hesselius, Bengt Swensson 2005: The SHARE Sampling Procedures and Calibrated Design Weights. In: Börsch-Supan, Axel, Hendrik Jürges (Hrsg.), Health, Ageing and Retirement in Europe – Methodology. Mannheim: Mannheim Research Institute for the Economics of Ageing (MEA), 28-69.

Knipscheer, Cees P. 1992: The Netherlands in European Perspective. In: Kendig, Hal L., Akiko Hashimoto, Larry C. Coppard (Hrsg.), Family Support to the Elderly. The International Experience. Oxford: Oxford University Press, 149-161.

Knipscheer, Cees P., G. Visser-Jansen 2004: Services for Supporting Family Carers of Elderly People in Europe: Characteristics, Coverage and Usage. National Background Report for the Netherlands. Hamburg: EUROFAMCARE.

Kohl, Jürgen 1999: Wohlfahrtsstaatliche Regimetypen im Vergleich. In: Glatzer, Wolfgang, Ilona Ostner (Hrsg.), Deutschland im Wandel. Sozialstrukturelle Analysen. Opladen: Leske + Budrich, 321-336.

Kohli, Martin 1999: Private and Public Transfers Between Generations: Linking the Family and the State. In: European Societies, 1, 1: 81-104.

Kohli, Martin, Harald Künemund 2000: Die zweite Lebenshälfte. Gesellschaftliche Lage und Partizipation im Spiegel des Alters-Survey. Opladen: Leske + Budrich.

Kohli, Martin, Harald Künemund, Andreas Motel-Klingebiel, Marc Szydlik 2005 [2. erweiterte Auflage]: Generationenbeziehungen. In: Kohli, Martin, Harald Künemund (Hrsg.), Die zweite Lebenshälfte – Gesellschaftliche Lage und Partizipation im Spiegel des Alters-Survey. Wiesbaden: VS Verlag für Sozialwissenschaften, 176-211.

Kohli, Martin, Marc Szydlik (Hrsg.) 2000: Generationen in Familie und Gesellschaft. Opladen: Leske + Budrich.

Kohn, Melvin L. 1987: Cross-National Research as an Analytic Strategy: American Sociological Association, 1987 Presidential Address. In: American Sociological Review, 52, 6: 713-731.

Komter, Aafke E., Wilma A. Volleberg 2002: Solidarity in Dutch Families: Family Ties Under Strain? In: Journal of Family Issues, 23, 2: 171-188.

Korpi, Walter 2001: Class, Gender, and Inequality: The Role of Welfare States. In: Kohli, Martin, Mojca Novak (Hrsg.), Will Europe Work? London: Routledge, 52-72.

Künemund, Harald 2006a: Changing Welfare States and the "Sandwich Generation": Increasing Burden for the Next Generation? In: International Journal of Ageing and Later Life, 1, 2: 11–29.

Künemund, Harald 2006b: Tätigkeiten und Engagement im Ruhestand. In: Tesch-Römer, Clemens, Heribert Engstler, Susanne Wurm (Hrsg.), Altwerden in Deutschland. Sozialer Wandel und individuelle Entwicklung in der zweiten Lebenshälfte. Wiesbaden: VS Verlag für Sozialwissenschaften, 289-323.

Künemund, Harald, Betina Hollstein 2000: Soziale Beziehungen und Unterstützungsnetzwerke in der zweiten Lebenshälfte – gegenwärtige Strukturen und zukünftige Entwicklungen. In: Kohli, Martin, Harald Künemund (Hrsg.), Die zweite Lebenshälfte. Gesellschaftliche Lage und Partizipation im Spiegel des Alters-Survey. Opladen: Leske + Budrich, 212-276.

Künemund, Harald, Andreas Motel-Klingebiel, Martin Kohli 2005: Do Intergenerational Transfers From Elderly Parents Increase Social Inequality Among Their Middle-Aged Children? Evidence From the German Aging Survey. In: The Journals of Gerontology: Social Sciences, 60B, 1: S30-S36.

Künemund, Harald, Andreas Motel 2000: Verbreitung, Motivation und Entwicklungsperspektiven privater intergenerationaler Hilfeleistungen und Transfers. In: Kohli, Martin, Marc Szydlik (Hrsg.), Generationen in Familie und Gesellschaft. Opladen: Leske + Budrich, 122-137.

Künemund, Harald, Martin Rein 1999: There is More to Receiving Than Needing: Theoretical Arguments and Empirical Explorations of Crowding in and Crowding out. In: Ageing and Society, 19, 1: 93-121.

Künemund, Harald, Claudia Vogel 2006: Öffentliche und private Transfers und Unterstützungsleistungen im Alter – "crowding in" oder "crowding out"? In: Zeitschrift für Familienforschung, 18, 3: 269-289.
Künzler, Jan 2002: Paths Towards a Modernization of Gender Relations, Policies, and Family Building. In: Kaufmann, Franz-Xaver, Anton C. Kuijsten, Hans-Joachim Schulze, Klaus Peter Strohmeier (Hrsg.), Family Life and Family Policies in Europe. Oxford: Clarendon, 252-298.
Lamura, Giovanni, Francesca Polverini, Maria Gabriella Melchiorre 2006: Migrant Care Workers in Long-Term Care: Lessons From the Italian Case. Academy Health – Annual Research Meeting 2006 Seattle: I.N.R.C.A., Department of Gerontological Research, Ancona, Italy. www.academyhealth.org/2006/607/lamurag.ppt [30.08.2006].
Lauterbach, Wolfgang, Karl Pillemer 1996: Familien in späten Lebensphasen: Zerrissene Familienbande durch räumliche Trennung? Arbeitspapiere Forschungsschwerpunkt „Gesellschaft und Familie", 23. Konstanz: Sozialwissenschaftliche Fakultät Universität Konstanz.
Lee-Linke, Sung-Hee 1996: Familie – Religion – Kultur. Familienkonzeptionen in Konfuzianismus und Protestantismus. Neukirchen-Vluyn: Neukirchener.
Leeson, George W. 2005: Changing Patterns of Contact With and Attitudes to the Family in Denmark. In: Journal of Intergenerational Relationships, 3, 3: 25-45.
Leeson, George W. 2004: Services for Supporting Family Carers of Elderly People in Europe: Characteristics, Coverage and Usage. EUROFAMCARE: National Background Report for Denmark. Hamburg: EUROFAMCARE. http://www.uke.uni-hamburg.de/extern/eurofamcare-de/publikationen.php [17.10.2006].
Lehner, Franz, Ulrich Widmaier 2002: Vergleichende Regierungslehre. Wiesbaden: VS Verlag für Sozialwissenschaften.
Leisering, Lutz 2002: Entgrenzung und Remoralisierung – Alterssicherung und Generationenbeziehungen im globalisierten Wohlfahrtskapitalismus. In: Zeitschrift für Gerontologie und Geriatrie, 35, 4: 343-354.
Leitner, Sigrid 2003: Varieties of Familialism. The Caring Function of the Family in Comparative Perspective. In: European Societies, 5, 4: 353–375.
Leitner, Sigrid, Herbert Obinger 1996: Feminisierung der Armut im Wohlfahrtsstaat. Eine strukturelle Analyse weiblicher Armut am Beispiel der Alterssicherung in Österreich und der Schweiz. In: Swiss Political Science Review, 2, 4: 189-221.
Lessenich, Stephan, Steffen Mau 2005: Reziprozität und Wohlfahrtsstaat. In: Adloff, Frank, Steffen Mau (Hrsg.), Vom Geben und Nehmen – Zur Soziologie der Reziprozität. Frankfurt a. M., New York: Campus, 257-276.
Lessenich, Stephan, Ilona Ostner 1998: Welten des Wohlfahrtskapitalismus: Der Sozialstaat in vergleichender Perspektive. Frankfurt a. M., New York: Campus Verlag.
Liebau, Eckart 1997: Generation – ein aktuelles Problem? In: Liebau, Eckart (Hrsg.), Das Generationenverhältnis: Über das Zusammenleben in Familie und Gesellschaft. Weinheim, München: Juventa, 15-37.
Liebig, Stefan, Percy Scheller 2007: Gerechtigkeit zwischen den Generationen. Ein analytischer Orientierungsrahmen und einige empirische Befunde. In: Berliner Journal für Soziologie, 17, 3: 301-321.
Lijphart, Arend 1971: Comparative Politics and the Comparative Method. In: The American Political Science Review, 65, 3: 682-693.

Lin, Li-Wen 2004: Intergenerational Interdependence: Mid-Life Couple's Help Exchange in a Three-Generational Model. In: Family and Consumer Research Journal, 32, 3: 275-290.
Lingsom, Susan 1997: The Substitution Issue. Care Policies and Their Consequences for Family Care. Oslo: Norwegian Social Research.
Litwak, Eugene 1985: Helping the Elderly: Complementary Roles of Informal Networks and Formal Systems. New York: Guilford Press.
Litwak, Eugene, Merril Silverstein, Vern L. Bengtson, Ynez Wilson Hirst 2003: Theories about Families, Organizations and Social Supports. In: Bengtson, Vern L., Ariela Lowenstein (Hrsg.), Global Aging and Challenges to Families. New York: Aldine de Gruyter, 27-53.
Livi-Bacci, Massimo 2001: Too Few Children and Too Much Family. In: Daedalus, 130, 3: 139.
Lück, Detlev, Dirk Hofäcker 2008: The Values of Work and Care Among Women in Modern Societies. In: van Oorschot, Wim, Michael Opielka, Birgit Pfau-Effinger (Hrsg.), Culture and Welfare State. Values and Social Policy in Comparative Perspective. Cheltenham, North Hampton: Edward Elgar, 289-314.
Lüscher, Kurt 2002: Intergenerational Ambivalence: Further Steps in Theory and Research. In: Journal of Marriage and Family, 64, 3: 585-593.
Lüscher, Kurt, Ludwig Liegle 2003: Generationenbeziehungen in Familie und Gesellschaft. Konstanz: UVK Verlagsgesellschaft.
Lüscher, Kurt, Karl Pillemer 1998: Intergenerational Ambivalence: A New Approach to the Study of Parent-Child Relations in Later Life. In: Journal of Marriage and Family, 60, 2: 413-425.
Maas, Cora J., Joop J. Hox 2004: Robustness Issues in Multilevel Regression Analysis. In: Statistica Neerlandica, 58, 2: 127-137.
Maas, Cora J., Joop J. Hox 2005: Sufficient Sample Sizes for Multilevel Modeling. In: Methodology, 1, 3: 86-92.
Mannheim, Karl 1928: Das Problem der Generationen. In: Kölner Vierteljahreshefte für Soziologie, 7, 2: 157-185 und 309-330.
Marbach, Jan 1994a: Der Einfluss von Kindern und Wohnentfernung auf die Beziehungen zwischen Eltern und Großeltern: Eine Prüfung des quasi-experimentellen Designs der Mehrgenerationenstudie. In: Bien, Walter (Hrsg.), Eigeninteresse oder Solidarität – Beziehungen in modernen Mehrgenerationenfamilien. Opladen: Leske + Budrich, 77-111.
Marbach, Jan 1994b: Tauschbeziehungen zwischen Generationen: Kommunikation, Dienstleistungen und finanzielle Unterstützung. In: Bien, Walter (Hrsg.), Eigeninteresse oder Solidarität – Beziehungen in modernen Mehrgenerationenfamilien. Opladen: Leske + Budrich, 163-196.
Martin-Matthews, Anne, Lori D. Campbell 1995: Gender Roles, Employment and Informal Care. In: Arber, Sara, Jay Ginn (Hrsg.), Connecting Gender and Ageing – A Sociological Approach. Buckingham: Open University Press, 129-143.
Matthews, Sarah H., Tena Tarler Rosner 1988: Shared Filial Responsibility: The Family as the Primary Caregiver. In: Journal of Marriage and Family, 50, 1: 185-195.
Mayntz, Renate 1991: Naturwissenschaftliche Modelle, soziologische Theorie und das Mikro-Makro-Problem. In: Zapf, Wolfgang (Hrsg.), Die Modernisierung moderner Gesellschaften – Verhandlungen des 25. Deutschen Soziologentages in Frankfurt am Main 1990. Frankfurt a. M., New York: Campus, 55-68.

Meil, Gerardo 2006: The Consequences of the Development of a Beanpole Kin Structure on Exchanges Between Generations. The Case of Spain. In: Journal of Family Issues, 27, 8: 1085-1099.
Mestheneos, Elizabeth, Judy Triantafillou 2005: Supporting Family Carers of Older People in Europe – The Pan-European Background Report. Münster: LIT Verlag.
Moineddin, Rahim, Flora I. Matheson, Richard H. Glazier 2007: A Simulation Study of Sample Size for Multilevel Logistic Regression Models. In: BMC Medical Research Methodology, 7: 34.
Moreno, Luis 2003: Europeanisation, Mesogovernments and "Safety Nets". In: European Journal of Political Research, 42: 271-285.
Morgan, Kimberly J. 2006: Working Mothers and the Welfare State. Religion and the Politics of Work-Family Policies in Western Europe and the United States. Stanford: Stanford University Press.
Motel-Klingebiel, Andreas, Clemens Tesch-Römer 2006: Familie im Wohlfahrtsstaat – Zwischen Verdrängung und gemischter Verantwortung. In: Zeitschrift für Familienforschung, 18, 3: 290-314.
Motel-Klingebiel, Andreas, Clemens Tesch-Römer, Hans-Joachim von Kondratowitz 2005: Welfare States Do not Crowd out the Family: Evidence for Mixed Responsibility From Comparative Analyses. In: Ageing and Society, 25: 863-882.
Motel, Andreas, Marc Szydlik 1999: Private Transfers zwischen den Generationen. In: Zeitschrift für Soziologie, 28, 1: 3-22.
Murphy, Mike 2004: Models of Kinship From the Developed World. In: Harper, Sarah (Hrsg.), Families in Ageing Societies. A Multi-Disciplinary Approach. Oxford: Oxford University Press, 31-52.
Murray, Charles 1984: Losing Ground: American Social Policy, 1950-1980. New York: Basic Books.
Naegele, Gerhard, Hans Peter Tews 1993: Entwicklung des Alters, alternde Gesellschaft und Sozialpolitik. Theorieansätze und -kritik zur Altersentwicklung – Neue und alte sozialpolitische Orientierungen. In: Naegele, Gerhard, Hans Peter Tews (Hrsg.), Lebenslagen im Strukturwandel des Alters. Alternde Gesellschaft – Folgen für die Politik. Opladen: Westdeutscher Verlag, 329-367.
Naldini, Manuela 2003: The Family in the Mediterranean Welfare State. London: Frank Cass.
Nauck, Bernhard 2006: The Changing Value of Children for Their Parents. Insights From Cross-Cultural Comparative Research in 10 Societies [Vortragsmanuskript]. XIV World Congress of Sociology, 23.-29.07.2006. Durban, South Africa.
Nave-Herz, Rosemarie 1998: Die Thesen über den „Zerfall der Familie". In: Friedrichs, Jürgen, Rainer M. Lepsius, Karl Ulrich Mayer (Hrsg.), Die Diagnosefähigkeit der Soziologie. Opaden: Westdeutscher Verlag, 286-315.
Norris, Joan E., Joseph A. Tindale 1994: Among Generations – The Cycle of Adult Relationships. New York: W. H. Freeman and Company.
Observatory for the Development of Social Services in Europe 2002: Documentation of the Conference. Indicators and Quality of Social Services in a European Context, Berlin.
OECD, Organisation for Economic Co-operation and Development 2003: Glossary of Statistical Terms. OECD. http://stats.oecd.org/glossary/ [11.05.2007].
OECD, Organisation for Economic Co-operation and Development 2005: Labour Market Statistics. OECD. http://www1.oecd.org/scripts/cde/ [11.10. 2006].

OECD, Organisation for Economic Co-operation and Development 2007a: Annual Labour Force Statistics. Organization for Economic Cooperation and Development. http://www.oecd.org/document/48/0,3343,en_21571361_33915056_39095792_1_1_1_1,00.html#EmpDB [07.11.2007 [Data download: 11.10. 2006]].
OECD, Organisation for Economic Co-operation and Development 2007b: OECD Social Expenditure Data Base (SOCX). OECD. http://stats.oecd.org/wbos/Index.aspx?data setcode=SOCX_AGG [11.05.2007].
OECD, Organisation for Economic Co-operation and Development 2007c: The Social Expenditure Database: An Interpretative Guide. SOXC 1980-2003. OECD. http://stats.oecd.org/OECDStatDownloadFiles/OECDSOCX2007InterpretativeGuide_En.pdf [11.05.2007].
Ogg, Jim, Sylvie Renaut 2006: The Support of Parents in Old Age by Those Born during 1945-1954: A European Perspective. In: Ageing and Society, 26, 5: 723-743.
Opielka, Michael 2008: Christian Foundations of the Welfare State: Strong Cultural Values in Comparative Perspective. In: van Oorschot, Wim, Michael Opielka, Birgit Pfau-Effinger (Hrsg.), Culture and Welfare State. Values and Social Policy in Comparative Perspective. Cheltenham, North Hampton: Edward Elgar, 89-114.
Pardoe, Iain 2003: Model Assessment Plots for Multilevel Logistic Regression. In: Computational Statistics & Data Analysis, 46, 2: 295-307.
Parsons, Talcott 1943: The Kinship System of the Contemporary United States. In: American Anthropologist, 45: 22-38.
Pearce, Lisa D., William G. Axinn 1998: The Impact of Family Religious Life on the Quality of Mother-Child Relations. In: American Sociological Review, 63, 6: 810-828.
Petermann, Sören 2005: Persönliche Netzwerke: Spezialisierte Unterstützungsbeziehungen oder hilft jeder jedem? In: Otto, Ulrich, Petra Bauer (Hrsg.), Mit Netzwerken professionell zusammenarbeiten. Soziale Netzwerke in Lebenslauf- und Lebenslagenperspektive. Tübingen: dgvt-Verlag, 181-208.
Pfau-Effinger, Birgit 2004: Gender and Undeclared Work in European Arrangements on Work and Welfare. EU-Seminar Undeclared Work in an Enlarged Union, Brussels. http://ec.europa.eu/employment_social/employment_analysis/work/sem_pfau.pdf [12.07.2008].
Pfau-Effinger, Birgit 2005: Culture and Welfare State Policies: Reflections on a Complex Interrelation. In: Journal of Social Policy, 34, 1: 3-20.
Pfau-Effinger, Birgit 2008: Cultural Change and Path Departure: The Example of Family Policies in Conservative Welfare States. In: van Oorschot, Wim, Michael Opielka, Birgit Pfau-Effinger (Hrsg.), Culture and Welfare State. Values and Social Policy in Comparative Perspective. Cheltenham, North Hampton: Edward Elgar, 185-204.
Pfau-Effinger, Birgit, Birgit Geissler (Hrsg.) 2005: Care and Social Integration in European Countries. Bristol: Policy Press.
Pfeffer, Fabian T. 2008: Persistent Inequality in Educational Attainment and its Institutional Context. In: European Sociological Review, 25, 5 [Advance Access: 02.05.2008].
Pfenning, Astrid, Thomas Bahle (Hrsg.) 2000: Families and Family Policies in Europe. Comparative Perspectives. Frankfurt a. M., New York: Peter Lang.
Pinnelli, Antonella 2001: Determinants of Fertility in Europe: New Family Forms, Context and Individual Characteristics. In: Pinnelli, Antonella, Hans-Joachim Hoffmann-

Nowotny, Beat Fux (Hrsg.), Fertility and New Types of Households and Family Formation in Europe, Population Studies No. 35. Strasbourg: Council of Europe, 47-181.

Pinquart, Martin, Silvia Sörensen 2005: Belastungen pflegender Angehöriger. Einflussfaktoren und Interventionsansätze. In: Otto, Ulrich, Petra Bauer (Hrsg.), Mit Netzwerken professionell zusammenarbeiten. Soziale Netzwerke in Lebenslauf- und Lebenslagenperspektive. Tübingen: dgvt-Verlag, 617-638.

Plickert, Gabriele, Rochelle R. Côté, Barry Wellman 2007: It's not Who You Know, it's How You Know Them: Who Exchanges What With Whom? In: Social Networks, 29, 3: 405-429.

Preisendörfer, Peter 2001: Sozialprofil und Lebenslage von Haushalten ohne Auto. In: Kölner Zeitschrift für Soziologie und Sozialpsychologie, 53: 734-750.

Qureshi, Hazel 1996: Obligations and Support Within Families. In: Walker, Alan (Hrsg.), The New Generational Contract. Intergenerational Relations, Old Age and Welfare. London, Pennsylvania: UCL Press, 100-119.

Rabe-Hesketh, Sophia, Anders Skrondal 2005: Multilevel and Longitudinal Modeling Using Stata. College Station: Stata Press.

Rabe-Hesketh, Sophia, Anders Skrondal 2008 [2. Auflage]: Multilevel and Longitudinal Modeling Using Stata. College Station: Stata Press.

Rabe-Hesketh, Sophia, Anders Skrondal, Andrew Pickles 2004: GLLAMM Manual. Berkeley: The Berkeley Electronic Press.

Reher, David S. 1998: Family Ties in Western Europe: Persistent Contrasts. In: Population and Development Review, 24, 2: 203-234.

Reil-Held, Anette 2004: Crowding Out or Crowding In? Public and Private Transfers in Germany. SFB 504 Discussion Paper 04-68. Mannheim: Mannheim Research Institute of the Economics of Aging (MEA), University of Mannheim.

Reil-Held, Anette 2006: Crowding Out or Crowding In? Public and Private Transfers in Germany. In: European Journal of Population, 22, 3: 263-280.

Research Group AGES 2008: Generations in Europe (Project). Zürich: Research Group AGES. http://www.research-projects.uzh.ch/a1624.htm [15.07.2008].

Rokeach, Milton 1973: The Nature of Human Values. New York: The Free Press.

Rokeach, Milton 1976: Beliefs, Attitudes and Values: A Theory of Organization and Change. San Francisco: Jossey-Bass Publishers.

Rosenmayr, Leopold, Eva Köckeis 1965: Umwelt und Familie alter Menschen. Neuwied: Luchterhand.

Rosenmayr, Leopold, Gerhard Majce, Franz Kolland 1997: Jahresringe. Altern gestalten. Sozialwissenschaftliche Forschungen aus Österreich. Wien: Holzhausen.

Rosenthal, Carolyn J., Leroy O. Stone 1999: How Much Help is Exchanged in Families? Towards an Understanding of Discrepant Research Findings. QSEP Research Report No. 341. Hamilton: Research Institute for Quantitative Studies in Economics and Population, Faculty of Social Sciences, McMaster University.

Rossi, Peter H., Alice S. Rossi 1990: Of Human Bonding: Parent-Child Relations Across the Life Course. New York: Aldine de Gruyter.

Roux, Patricia, Pierre Gobet, Alain Clémence, François Höpflinger 1996: Generationenbeziehungen und Altersbilder. Ergebnisse einer empirischen Studie. Nationales Forschungsprogramm 32 Alter/Viellesse. Lausanne, Zürich: Seismo.

Rusconi, Alessandra 2005: Leaving the Parental Home in Italy and West Germany: Opportunities and Constraints. Aachen: Shaker Verlag.
Sarikaki, Alexandra 2001: Institutional Reactions Towards Low Fertility Trends in Greece. EURESCO conference "The Second Demographic Transition in Europe", Bad Herrenalb, Germany. http://www.demogr.mpg.de/Papers/workshops/010623_paper 24.pdf [15.07. 2008].
Schmidt, Roland 2005: Geteilte Verantwortung: Angehörigenarbeit in der vollstationären Pflege und Begleitung von Menschen mit Demenz. In: Otto, Ulrich, Petra Bauer (Hrsg.), Mit Netzwerken professionell zusammenarbeiten. Soziale Netzwerke in Lebenslauf- und Lebenslagenperspektive. Tübingen: dgvt-Verlag, 575-616.
Schmidtz, David, Robert E. Goodin 1998: Social Welfare and Individual Responsibility. For and Against. Cambridge: Cambridge University Press.
Schubert, Herbert J. 1990: Private Hilfenetze – Solidaritätspotentiale von Verwandtschaft, Nachbarschaft und Freundschaft. Ergebnisse einer egozentrierten Netzwerkanalyse. Materialien des Instituts für Entwicklungsplanung und Strukturforschung, 145. Hannover: Institut für Entwicklungsplanung und Strukturforschung.
Schütze, Yvonne, Michael Wagner 1995: Familiale Solidarität in den späten Phasen des Familienverlaufs. In: Nauck, Bernhard, Corinna Onnen-Isemann (Hrsg.), Familie im Brennpunkt von Wissenschaft und Forschung. Neuwied, Kriftel, Berlin: Luchterhand, 307-330.
Schwarz, Beate 2000: Frauen aus verschiedenen Familienformen und ihre alternden Eltern – Beziehungsqualität und wechselseitige Unterstützung. In: Zeitschrift für Soziologie der Erziehung und Sozialisation, 20, 4: 310-424.
Schwarz, Beate, Gisela Trommsdorff 2005: The Relation Between Attachment and Intergenerational Support. In: European Journal of Ageing, 2, 3: 192-199.
Segalen, Martine (Hrsg.) 1991: Jeux de familles: Parents, parenté, parentèle. Paris: Presses du CNRS.
Shanas, Ethel 1967: Family Help Patterns and Social Class in Three Countries. In: Journal of Marriage and Family, 29, 2: 257-266.
SHARE Project 2008: Country Specific Deviations From the Generic Questionnaire. shareproject.org [15.05.2008].
Silverstein, Merril, Vern L. Bengtson 1997: Intergenerational Solidarity and the Structure of Adult Child-Parent Relationships in American Families. In: American Journal of Sociology, 103, 2: 429-460.
Silverstein, Merril, Stephen J. Conroy, Haitao Wang, Roseann Giarrusso, Vern L. Bengtson 2002: Reciprocity in Parent-Child Relations Over the Adult Life Course. In: Journal of Gerontology: Social Sciences, 57B, 1: S3-S13.
Simmel, Georg 1958 [4. unveränderte Auflage]: Soziologie – Untersuchungen über die Formen der Vergesellschaftung. Berlin: Duncker & Humblot.
Skrondal, Anders, Sophia Rabe-Hesketh 2004: Interdisciplinary Statistics: Generalized Latent Variable Modeling. Multilevel, Longitudinal, and Structural Equation Models. Boca Raton, London, New York, Washington, D.C.: Chapman & Hall/ CRC.
Smelser, Neil J. 2003: On Comparative Analysis, Interdisciplinarity and Internationalization in Sociology. In: International Sociology, 18, 4: 643-657.
Snijders, Tom A. B., Roel J. Bosker 2004 [2. Auflage]: Multilevel Analysis. An Introduction to Basic and Advanced Multilevel Modeling. London: Sage.

Snijders, Tom A., Johannes Berkhof 2006: Diagnostic Checks for Multilevel Models. [Draft to be published in: Handbook of Quantitative Multilevel Analysis, de Leeuw & Kraft]. http://stat.gamma.rug.nl/mlhb_c4a.pdf [15.07.2008].

Snijders, Tom A., David A. Kenny 1999: The Social Relations Models for Family Data: A Multilevel Approach. In: Personal Relationships, 6, 4: 471-486.

SPF Economie, Direction générale Statistique et Information économique 2007: Le portail Marché du travail. http://statbel.fgov.be/port/lab_fr.asp [15.07.2007].

Spitze, Glenna, John Logan 1990: Sons, Daughters, and Intergenerational Social Support. In: Journal of Marriage and Family, 52, 2: 420-430.

Spitze, Glenna, John Logan 1992: Helping as a Component of Parent-Adult Child Relations. In: Research on Aging, 14, 3: 291-312.

Steenbergen, Marco R., Bradford S. Jones 2002: Modeling Multilevel Data Structures. In: American Journal of Political Science, 46, 1: 218-237.

Steinbach, Anja 2008: Intergenerational Solidarity and Ambivalence. Types of Relationships in German Families. In: Journal of Comparative Family Studies, 39, 1: 115-127.

Sundström, Gerdt, Bo Malmberg, Lennarth Johansson 2006: Balancing Family and State Care: Neither, Either or Both? The Case of Sweden. In: Ageing and Society, 26, 5: 767-782.

Szydlik, Marc 1999: Erben in der Bundesrepublik Deutschland. Zum Verhältnis von familialer Solidarität und sozialer Ungleichheit. In: Kölner Zeitschrift für Soziologie und Sozialpsychologie, 51, 1: 80-104.

Szydlik, Marc 2000: Lebenslange Solidarität? Generationenbeziehungen zwischen erwachsenen Kindern und Eltern. Opladen: Leske + Budrich.

Szydlik, Marc 2004: Inheritance and Inequality: Theoretical Reasoning and Empirical Evidence. In: European Sociological Review, 20, 1: 31-45.

Szydlik, Marc 2008: Intergenerational Solidarity and Conflict. In: Journal of Comparative Family Studies, 39, 1: 97-114.

Szydlik, Marc, Jürgen Schupp 2004: Wer erbt mehr? Erbschaften, Sozialstruktur und Alterssicherung. In: Kölner Zeitschrift für Soziologie und Sozialpsychologie, 56, 4: 609-629.

Tartler, Rudolf 1961: Das Alter in der modernen Gesellschaft. Stuttgart: Enke.

Tesch-Römer, Clemens, Hans-Joachim von Kondratowitz 2006: Comparative Ageing Research: A Flourishing Field in Need of Theoretical Cultivation. In: European Journal of Ageing, 3, 3: 155-167(13).

Therborn, Göran 2000: Die Gesellschaften Europas 1945-2000. Ein soziologischer Vergleich. Frankfurt a.M., New York: Campus.

Tornstam, Lars 1992: Formal and Informal Support to the Elderly in Sweden. In: Kendig, Hal L., Akiko Hashimoto, Larry C. Coppard (Hrsg.), Family Support to the Elderly. The International Experience. Oxford: Oxford University Press, 139-148.

Triandis, Harry C. 1994: Culture and Social Behavior. New York: McGraw-Hill.

Trommsdorf, Gisela, Bernhard Nauck (Hrsg.) 2005: The Value of Children in Cross-Cultural Perspective. Case Studies From Eight Societies. Lengerich: Pabst Science Publishers.

Trommsdorff, Gisela 1993: Geschlechtsdifferenzen von Generationenbeziehungen im interkulturellen Vergleich. Eine sozial- und entwicklungspsychologische Perspektive. In: Lüscher, Kurt, Franz Schultheis (Hrsg.), Generationenbeziehungen in „postmodernen" Gesellschaften – Analysen zum Verhältnis von Individuum, Familie, Staat und Gesellschaft. Konstanz: UVK Verlagsgesellschaft, 265-285.

Trommsdorff, Gisela, Beate Schwarz 2007: The "Intergenerational Stake Hypothesis" in Indonesia and Germany. Adult Daughters' and Their Mothers' Perception of Their Relationship. In: Current Sociology, 55, 4: 599-620.
Unger, Rainer, Alexander Schulze 2007: Gesundheit im Generationenzusammenhang. Elterneinflüsse auf die subjektive Gesundheit ihrer erwachsenen Kinder zwischen Pflegebedürftigkeit und Entlastung [Vortrag]. Tagung der Sektion „Familiensoziologie" in der Deutschen Gesellschaft für Soziologie, „Beziehungs- und Familienentwicklung", 27.-28.09.2007, Heidelberg.
Unger, Rainer, Alexander Schulze 2008: Generationenbeziehungen und Gesundheit [Vortrag]. Bedingungen und Potentiale intergenerationaler Beziehungen, Konferenz im Rahmen des Generations and Gender Programme 19./20.06.2008. Wiesbaden: Bundesinstitut für Bevölkerungsforschung.
Ungerson, Clare 2004: Whose Empowerment and Independence? A Cross-National Perspective on "Cash for Care" Schemes. In: Ageing and Society, 24, 2: 189-212.
United Nations 2006: UN Classifications Registry. UN. http://unstats.un.org/unsd/cr/registry/regcst.asp?Cl=2 [11.10.2006].
van Gaalen, Ruben I., Pearl A. Dykstra 2006: Solidarity and Conflict Between Adult Children and Parents: A Latent Class Analysis. In: Journal of Marriage and Family, 68, 4: 947-960.
van Oorschot, Wim 2008: Popular Deservingness Perceptions and Conditionality of Solidarity in Europe. In: van Oorschot, Wim, Michael Opielka, Birgit Pfau-Effinger (Hrsg.), Culture and Welfare State. Values and Social Policy in Comparative Perspective. Cheltenham, North Hampton: Edward Elgar, 268-288.
van Oorschot, Wim, Michael Opielka, Birgit Pfau-Effinger 2008a: The Culture of the Welfare State: Historical and Theoretical Arguments. In: van Oorschot, Wim, Michael Opielka, Birgit Pfau-Effinger (Hrsg.), Culture and Welfare State. Values and Social Policy in Comparative Perspective. Cheltenham, North Hampton: Edward Elgar, 1-26.
van Oorschot, Wim, Michael Opielka, Birgit Pfau-Effinger (Hrsg.) 2008b: Culture and Welfare State. Values and Social Policy in Comparative Perspective. Cheltenham, North Hampton: Edward Elgar.
Vaskovics, Laszlo A. 1993: Elterliche Solidarleistungen für junge Erwachsene. In: Lüscher, Kurt, Franz Schultheis (Hrsg.), Generationenbeziehungen in „postmodernen" Gesellschaften – Analysen zum Verhältnis von Individuum, Familie, Staat und Gesellschaft. Konstanz: UVK Verlagsgesellschaft, 185-202.
Vaskovics, Laszlo A. 1997: Generationenbeziehungen: Junge Erwachsene und ihre Eltern. In: Liebau, Eckart (Hrsg.), Das Generationenverhältnis: Über das Zusammenleben in Familie und Gesellschaft. Weinheim, München: Juventa, 141-160.
Walker, Alan (Hrsg.) 1996: The New Generational Contract. Intergenerational Relations, Old Age and Welfare. London, Pennsylvania: UCL Press.
Walker, Alexis J., Clara C. Pratt, Linda Eddy 1995: Informal Caregiving to Aging Family Members: A Critical Review. In: Family Relations, 44, 4 (Helping Contemporary Families): 402-411.
Wanner, Phillippe, Claudine Sauvain-Dugerdil, Edith Guilley, Charles Hussy 2004: Alter und Generationen. Das Leben in der Schweiz ab 50 Jahren. Neuchâtel: Bundesamt für Statistik.

Weick, Stefan 2006: Starke Einbußen des subjektiven Wohlbefindens bei Hilfe- oder Pflegebedürftigkeit. In: Informationsdienst Soziale Indikatoren, 35: 12-15.

Western, Bruce 1994: Institutional Mechanisms for Unionization in Sixteen OECD Countries: An Analysis of Social Survey Data. In: Social Forces, 73, 2: 497-519.

White, Lynn 1994: Growing up With Single Parents and Stepparents: Long-Term Effects on Family Solidarity. In: Journal of Marriage and the Family, 56, 4: 935-948.

Wolf, Douglas A., Sonali S. Ballal 2006: Family Support for Older People in an Era of Demographic Change and Policy Constraints. In: Ageing and Society, 26, 5: 693-706.

Wolfe, Alan 1989: Whose Keeper? Social Science and Moral Obligation. Berkeley, Los Angeles: University of California Press.

Wooldridge, Jeffrey M. 2003: Introductory Econometrics. A Modern Approach. Mason, Ohio: Thomson Learning.

World Values Survey (WVS) 2006: World Values Survey. http://www.worldvaluessurvey.org/ [17.12.2007].

Wurm, Susanne, Clemens Tesch-Römer 2006: Gesundheit, Hilfebedarf und Versorgung. In: Tesch-Römer, Clemens, Heribert Engstler, Susanne Wurm (Hrsg.), Altwerden in Deutschland. Sozialer Wandel und individuelle Entwicklung in der zweiten Lebenshälfte. Wiesbaden: VS Verlag für Sozialwissenschaften, 329-383.

Ziegler, Frank 2000: Familienpflege und Familiensolidarität. Über den Umgang erwachsener Kinder mit der Pflegebedürftigkeit ihrer Eltern. Fachbereich Geschichte und Soziologie. Konstanz: Universität Konstanz.

MIX
Papier aus verantwortungsvollen Quellen
Paper from responsible sources
FSC® C105338

If you have any concerns about our products,
you can contact us on
ProductSafety@springernature.com

In case Publisher is established outside the EU,
the EU authorized representative is:
**Springer Nature Customer Service Center GmbH
Europaplatz 3, 69115 Heidelberg, Germany**

Printed by Libri Plureos GmbH
in Hamburg, Germany